AMERYKA.

AMERYKA.PL

OPOWIEŚCI O POLAKACH W USA

DOROTA MALESA

KRAKÓW 2019

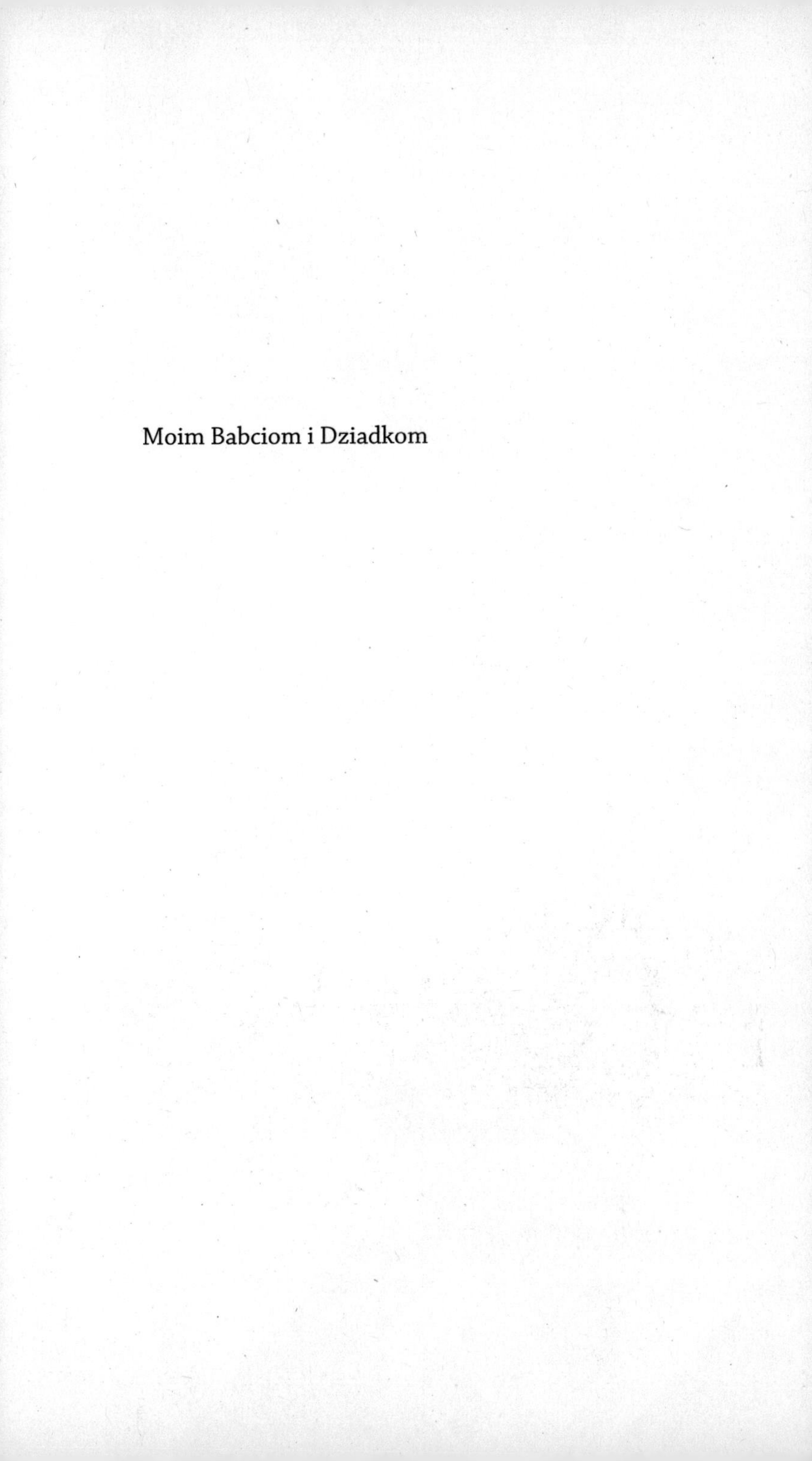

Moim Babciom i Dziadkom

N MILWAUKEE AV
HONORARY
POLISH VILLAGE

SEBEK SZUKA ŻONY

„Hej Dziewczyny!!! Nie przestawajcie się uśmiechać, nawet gdy wam smutno! Może ktoś zakocha się w waszym uśmiechu???!! ☺" Taki jest początek. Tak się przedstawia i od razu można wyczuć, że Sebek, pisząc to, sam też szczerzył się od ucha do ucha. Że wesoły z niego chłopak. Pogodny. Taki, z którym można i kabarety w telewizji obejrzeć, i drinka z palemką wypić w barze Milano.

Te kilka zdań ma być czymś w rodzaju zarzucenia wirtualnej wędki, linijkę niżej Sebek przechodzi do konkretów. „Szukam dziewczyny. Jeśli podobają ci się moje zdjęcia, nie krępuj się! Nigdy nie byłem żonaty. Nie mam dzieci. Nie biorę narkotyków". Tłumaczy mi, że po prostu tak to musi wyglądać. Żadnego owijania w bawełnę. Jak przy kupnie samochodu – od razu musi być wiadomo, czy nie bity, czy serwisowany i czy pierwszy właściciel.

Najważniejsze jednak jest to, co Sebek pisze na końcu: *no criminal records*, czyli że niekarany. Zbyt często tu, w Chicago, zdarza się, że dziewczyna się zakocha. Zaangażuje. Oczami wyobraźni widzi już firanki we wspólnej kuchni. A nagle się okazuje, że chłopak z kryminału. Lepiej, żeby laska miała pewność.

Zarzucona w internecie przynęta w końcu zaczyna działać. Krótki sygnał w komórce i dzięki amerykańskiej aplikacji randkowej OkCupid w życiu Sebka pojawia się Tonya.

– Zalajkowała mnie! Pisze: „*I'm mixed black female bla, bla, bla...*". Sto piętnaście funtów, pięćdziesiąt dwa kilo waży. Lubi popcorn, gotowanie, oglądanie horrorów i coś tam jeszcze. I lubi w domu siedzieć, bo ma czternastoletnią córkę. Fajna. Mieszka niedaleko. Murzynka. Fajna jak na ciemną.

– Umówisz się?

– Można się spotkać, skoro sam tu jestem. Na kawę ją zabiorę.

– To może coś z tego będzie? – dopytuję.

– Nie. Raczej nie. Wolałbym Polkę. Kurde no, szkoda, że nie Polka...

Do Polek zarejestrowanych na portalu Sebek odzywał się już wcześniej. Znalazł cztery. Deklarowały, że znają polski, więc napisał do nich po polsku. Nie odpisała żadna.

W Ameryce mieszka od dziewięciu lat. Żony szuka od siedmiu. Bez sukcesów, i to może budzić zdziwienie. Oglądając zdjęcia, które Sebek zamieszcza na portalach randkowych i Facebooku, trudno uwierzyć, że żadna jeszcze się na niego nie skusiła. Na fotografiach widać trzydziestosiedmiolatka łączącego w jednej osobie chłopaka z sąsiedztwa z członkiem boysbandu. Wysoki, szczupły, roześmiany, z włosami sięgającymi brody i grzywką niedbale zaczesaną na bok. Nosi niewyszukane, swobodne ubrania. Taki swojak w zwykłym T-shircie, zwykłych dżinsach, zwykłych trampkach. Czasem w hipsterskiej czapce, czasem przy sportowym samochodzie. Ani nie Adonis, ani nie gargulec. Widać, że miły. Widać, że niegłupi. Skończył przecież studia prawnicze na Uniwersytecie Wrocławskim. Widać też, że poczciwy, i to hasło chyba definiuje go najtrafniej. Tak bardzo, że największym kłamstwem na jego temat byłoby nazwanie go Sebastianem. On jest Sebek. Sebek – poczciwina. I już.

My możemy się dziwić do woli, ale Sebek przez ostatnie dziewięć lat miał wystarczająco dużo czasu, by przemyśleć stan rzeczy. Odkryć powód, dla którego wciąż jest singlem, choć tak bardzo nie chce. Poczynił obserwacje, przeanalizował sprawę i dziś mówi, że wszystkiemu winien przede wszystkim chicagowski system kastowy. Że na Jackowie[1] jak w Indiach.

– To jest strasznie zamknięte środowisko. Oni chodzili razem do szkół, mają swoje kontakty, jeden drugiemu daje pracę, żenią się między rodzinami. Jak przyjeżdżasz tu sam, jesteś przegrany. Polki, które się tu urodziły, chcą chłopaka z rodziną zadomowioną tu od pokoleń. Nie takiego, co dopiero przyjechał. Wiedzą, że emigrant z pierwszego pokolenia jeszcze się niczego nie dorobił, że dopiero musi zapierdalać, żeby cokolwiek osiągnąć. Nie ma rodziny, która by tu, na miejscu mu pomagała. Wolą takich, z którymi chodziły do college'u albo którzy mieszkają w okolicy od dawna. Reszta – won!

Gdy zaczynam się zastanawiać, czy Sebek aby nie przesadza, jego słowa potwierdza mi jedna z lokalnych polskich dziennikarek:

– Nikt nie powie ci tu tego wprost, ale to logiczne, że on nie ma żony i szybko nie znajdzie. Tutaj każdy lubi mówić wielkie słowa, ale to tak, jakby się dziwić, że w Warszawie żadna dziewczyna się nie kwapi, by wyjść za Wietnamczyka. Co to za prestiż?! Jakie bezpieczeństwo?! Nikt nie jest zainteresowany tym, by kogoś takiego dobrze poznać i może kiedyś pokochać.

Sama jest mężatką. Wyszła za Amerykanina.

---

1 Jackowo – potoczna nazwa Avondale, jednej z polskich dzielnic w Chicago; nazwa pochodzi od kościoła parafialnego (a później bazyliki) pod wezwaniem Świętego Jacka.

Takie podejście Sebka złości. Gdy wskaźnik poirytowania pokazuje poziom krytyczny, lubi cytować swoją znajomą, która kiedyś mu powiedziała: „Wszystkie moje polskie koleżanki to są suki". Albo – jak jego polscy koledzy – zaczyna pogardliwie nazywać tutejsze dziewczyny „polskimi księżniczkami". Jednocześnie wciąż liczy na to, że pewnego dnia dla którejś z nich sam stanie się księciem.

Na matrymonialnym rynku Chicago istnieją oczywiście jeszcze Polki, które – jak Sebek – też są tu pierwszym amerykańskim pokoleniem. Które ruszyły za ocean z podkarpackich lub podlaskich wsi, bez zielonej karty czy choćby pozwolenia na pracę. Które przez kilkanaście godzin dziennie sprzątają mieszkańcom Chicago domy, a wieczorami nalewają w barach piwo do kufli. Te jednak również nie są zainteresowane. Nie dlatego, że Sebek miastowy i wykształcony. Wiedzą po prostu, że taki mąż nie zabierze ich nigdy do Meksyku na egzotyczny turnus *all inclusive* albo chociaż na wczasy we Władysławowie. Nie pójdzie do pracy w garniturze, pod krawatem i z neseserem w ręku. Nie spełni ich amerykańskiego snu. Bo Sebek – tak jak one – siedzi w Ameryce nielegalnie.

– *Nie spiduj lewą lajną, dostaniesz tiket i pójdziesz do kortu!*[2] – tak mówi Sebek, siedząc za kierownicą pordzewiałego vana, którego kupił tu niedawno za tysiąc dolarów. Cena bardzo okazyjna, ale i tak nie osłodziła straty z ostatnich wakacji, kiedy utopił swojego kupionego *na pejmenty*[3] sportowego, złotego chryslera cabrio w zbyt głębokiej kałuży. Zalał silnik i po aucie. Zadawać szyku na ulicach już nie

---

2 *Nie spiduj...* (dial. Pol. amer.) – Nie pędź zbyt szybko lewym pasem, bo dostaniesz mandat i trafisz do sądu.

3 *na pejmenty* (dial. Pol. amer.) – na raty.

ma czym, przynajmniej do momentu, gdy kupi sobie nową *betę*[4] – bo to właśnie ma w planach. Teraz – jak przystało na chłopaka o sporym pierwiastku kobiecej wrażliwości – poprawia sobie humor zakupami w outlecie w położonej pod Chicago Aurorze. I właśnie stamtąd wracamy, sunąc niespiesznie i zgodnie z przepisami po autostradzie.

To o *lewej lajnie* to trochę żart Sebka na temat lokalnego *ponglisha*, czyli dialektu chicagowskiej Polonii, a trochę deklaracja, że sam już w jej rzeczywistość wtopił się bez reszty. On nie z tych, którym odpowiadałoby w Ameryce życie pariasa pozbawionego wszelkich praw. Przez dziewięć lat życia na nielegalu zdążył wypracować sobie system reguł, który pozwala mu przyzwoicie funkcjonować w nowym kraju.

Przede wszystkim, kiedy jeździ samochodem, nie przekroczy dozwolonej prędkości nawet o milę. W przeciwieństwie do większości ludzi w USA nie usiądzie też za kierownicą po wypiciu choćby jednego małego piwa. Bo choć tutejsza policja ma prawo zatrzymać kierowcę wyłącznie wtedy, gdy złamał jakiś przepis, to lepiej nie kusić losu. Chwila nieuwagi i trafiasz do aresztu. Deportują cię do ojczyzny i amerykański sen wspominasz już tylko wtedy, gdy bliscy z Polski wypominają ci jego zakończenie.

To dlatego patenty na szczęśliwe, bezpieczne i dostatnie życie bez zezwoleń Sebek kolekcjonuje niczym bibeloty.

– Tu jest tyle kruczków służących do obchodzenia prawa, że nawet ja jeszcze wszystkich nie znam. Takie sposoby są tutaj przekazywane z pokolenia na pokolenie. Ci, którzy mieszkają w Ameryce bez papierów od trzydziestu lat, przekazują je tym, co żyją tu od dziesięciu. A ci, co od dziesięciu, podają je nowo przybyłym. Taka lokalna mądrość życiowa.

---

4 *beta* (pot.) – samochód marki BMW.

Sam to polskie kombinowanie w amerykańskich realiach opanował już podczas swojego pierwszego wyjazdu do Stanów. Jest rok 2002, a Sebek właśnie kończy drugi rok studiów. Wcześniej każde wakacje spędza na dorywczej pracy w Niemczech. Zatrzymuje się u rodziny, wsiada na rower i codziennie jeździ zbierać śliwki i winogrona, by zarobić parę marek. Tym razem kumpel proponuje mu wspólny wypad do Stanów na program Work & Travel i tym sposobem bliski Polsce Zachód Sebek zamienia na zachód dziki. Trzeba wyłożyć sześć tysięcy złotych, ale w zamian dostaje się pozwolenie na legalną pracę w Ameryce. Sebek jako absolwent liceum ekonomicznego szybko to wszystko sobie w głowie szacuje i rozumie, że gra jest warta świeczki. Trzy miesiące spania w ruderze z hordą innych szukających szczęścia polskich młodziaków. Rezygnacja z domowego schaboszczaka na rzecz cheeseburgerów z McDonalda i studenckiej wersji spaghetti – makaronu z keczupem. Praca na dwa etaty, od świtu do nocy za najniższą możliwą stawkę – sześć dolarów za godzinę. W zamian zwrot kosztów wyjazdu. Plus dolarowa nadwyżka, dzięki której można ruszyć na wakacyjny *road trip* po Stanach i zostaje jeszcze na drobne wydatki.

Sebek mówi „tak" i wkrótce po raz pierwszy w życiu leci samolotem, z przesiadką w Düsseldorfie, by swoje pierwsze kroki w Ameryce postawić na wschodnim wybrzeżu kraju – w Rehoboth Beach w stanie Delaware. To właśnie tam dowiaduje się, co kombinowanie oznacza w praktyce. Zarabia mniej od swoich znajomych, bo nie cwaniakuje. Jeden z nich – aby w Stanach obłowić się jak najlepiej – zatrudnia się na drugi etat w klubie gejowskim, bo tam może liczyć na najwyższe napiwki. W trzy godziny potrafi zgarnąć trzysta pięćdziesiąt dolarów. Inni, którzy jak Sebek pracują w outlecie, do perfekcji opanowują system wynoszenia ciuchów ze sklepu. Szybko orientują się, że przeszukująca ich przy wyjściu ochrona nie ma prawa dotykać miejsc intymnych, obwiązują więc sobie outletowe ubrania wokół pachwin, by potem mieć co sprzedawać na aukcjach internetowych.

Lata później, gdy Sebek na stałe osiada już w Chicago, widzi, jak na boku dorabiają sobie Polacy zatrudnieni na co dzień w firmach telekomunikacyjnych. Ci po godzinach oferują prywatne usługi jako dostawcy internetu. W praktyce nielegalnie i za połowę rynkowej ceny podpinają swoich klientów do legalnie istniejących sieci, które sami zakładają w ramach regularnej pracy. Oczywiście dopóty, dopóki pracodawca się nie zorientuje. Ale przecież bez ryzyka nie ma zabawy.

Sebek jednak od łamania prawa woli działanie na jego granicy. Sprawdza, gdzie prawo federalne mija się w Ameryce z prawem stanu Illinois, i wyciska z tego, ile się da. Dzięki temu, przebywając w Stanach nielegalnie, może na miejscu płacić podatki i zarabiać na prawdziwą amerykańską emeryturę. Kluczem do tego jest *social security*, czyli dokument, który otrzymał podczas wyjazdu na Work & Travel i który nigdy nie zostanie mu odebrany. To właśnie na jego podstawie Sebek legalnie zakłada jednoosobową firmę przeprowadzkową i może pracować jako podwykonawca w przedsiębiorstwach, które w normalnych okolicznościach nigdy nie zatrudniłyby nikogo na lewo. Może też jak zwykły Amerykanin płacić w Stanach podatki lub wziąć kredyt na dom i samochód.

Jedną tylko kwestię Sebek zawala już na starcie: tę związaną z zalegalizowaniem pobytu. Mimo że z tym też spokojnie mógłby się uporać i nawet dobrze wie jak.

– To pierwsza i najważniejsza rzecz tutaj. Jak się przyjeżdża do Ameryki i chce się zostać legalnie, to nie można dopuścić do tego, żeby po sześciu miesiącach przepadła ci wizą turystyczna. Trzeba szybko zapisać się do jakiejś szkoły. Jakiejkolwiek. Wtedy zmieniają ci tę wizę na studencką i możesz legalnie pracować przez dwadzieścia godzin tygodniowo plus oczywiście dorabiać na czarno. Tę szkołę można ciągnąć nawet i przez dziesięć lat – skaczesz po semestrach. Raz się uczysz angielskiego, a potem nagle zmieniasz zdanie i szkolisz się na asystenta dentystycznego. I wtedy nic, człowieku, nie mogą ci zrobić. Byle tylko być gdzieś zapisanym. Byle ci papiery nie przepadły.

Sebkowi przepadły. Teraz jedynym ratunkiem jest dla niego ożenek.

Pół biedy, gdyby Sebkowi chodziło wyłącznie o dokumenty. Te na chicagowskim czarnym rynku matrymonialnym załatwić można praktycznie od ręki. Płacisz sześć tysięcy dolarów i w pakiecie dostajesz żonę. Obywatelkę lub przynajmniej taką z zieloną kartą. Rozwodzisz się po dwóch latach i Ameryka pada ci do stóp z całym wachlarzem możliwości.

Gdzie tam. Poczciwa i romantyczna do cna natura Sebka całą sobą woła nie o przyziemne papiery, ale o prawdziwą, wzniosłą miłość. W XXI wieku może to brzmieć trochę naiwnie, a mimo to Chicago nie jest na tyle bezduszne, by nie odpowiedzieć na to wołanie. Poszukiwania żony dla Sebka nabierają więc w mieście wymiaru szeroko zakrojonej akcji społecznej. Każdy jakoś chce mu pomóc. Kobiety szukają mu sąsiedzi. Przyjaciele. Fryzjerka. Mechanik samochodowy. Zleceniodawcy i zleceniobiorcy. Panie z kościoła. Nawet ksiądz z parafii na Trójcowie[5], gdzie Sebek kilka razy w tygodniu, po pracy, chodzi modlić się o dobrą

---

[5] Trójcowo – potoczna nazwa jednej z polskich dzielnic, pochodząca od usytuowanego tam kościoła pod wezwaniem Świętej Trójcy.

żonę. Nieraz tylko słyszy od znajomych: „Sebek, coś ty, gej, że żadnej dupy nie masz?".

Raz przyjechał do niego Marcin – zaprzyjaźniony Polak z Kalifornii. Wpadł tylko na weekend odpocząć, ale na wieść o rozterkach Sebka od razu zakasał rękawy i wziął się do roboty. Mieszkał kiedyś w Chicago, więc zagadał do dawnej koleżanki Marty, która też w Chicago czuła się samotna. Tak się dziewczyna ucieszyła, że z tej radości chciała od razu dla Sebka krupniku nagotować. Marcin zaaranżował dla nich randkę na Jackowie. Wypili drinka, porozmawiali. Niestety nie zaiskrzyło.

Teraz największym sprzymierzeńcem, autorytetem i przewodnikiem w skomplikowanym świecie polonijnych relacji damsko-męskich jest dla Sebka Robson. Przyjaciel. To do niego jedziemy autostradą, a potem po Belmoncie[6] w kierunku *na west od lejku*[7]. Zatrzymujemy się tylko na chwilę pod 7-Eleven[8] po sześciopak corony. Sebek nie pił alkoholu od pół roku. Nie to, żeby miał problem, po prostu się nie złożyło. Dziś ma ochotę się z Robsonem napić, najwyżej do domu wróci taksówką. Mówi, że dostał od księdza z Trójcowa dyspensę na alkohol, a ja do końca nie mam pewności, czy żartuje.

Przyjaźń Sebka z Robsonem to relacja, która w Polsce najprawdopodobniej nie miałaby racji bytu. Tutaj rozwija się świetnie.

– Chicago to jest jeden wielki polski magiel – mówi Sebek. – Jak mieszkasz w Polsce i jesteś z jakiegoś osiedla, to

---

6 Belmont Avenue – jedna z głównych ulic przebiegających przez polską dzielnicę w Chicago.

7 *na west od lejku* (dial. Pol. amer.) – na zachód od jeziora (tu: jeziora Michigan).

8 7-Eleven – sieć amerykańskich sklepów spożywczych.

trzymasz się z ludźmi z tego osiedla. Jak chodzisz do szkoły, to spotykasz się z ludźmi z tej szkoły. Jak kończysz szkołę aktorską, to zadajesz się z aktorami. Jak ekonomiczną – to z ekonomistami. I tak dalej, i tak dalej. A tu – przyjeżdżasz do Chicago i trafiasz do kotła. Wszyscy się tutaj ze sobą mieszają. Zaglądają sobie w życie, obgadują się nawzajem i sobie zazdroszczą. Obok siebie żyją ludzie z przeróżnych środowisk. Lekarze i prawnicy obok budowlańców i ludzi bez ambicji, którzy w Polsce najpewniej siedzieliby na zasiłku. Ludzie z Warszawy obok ludzi z ziemi monieckiej.

Sebek obok Robsona – chłopaka, od którego, oprócz polskiego pochodzenia, dzieli go właściwie wszystko.

Sebek – z Rybnika. Robson – z Podlasia.

Sebek – wykształcony. Robson – edukację ledwo liznął.

Sebek – nielegalny imigrant. Robson – dzięki ojcu pracującemu w kopalni w Appalachach, od roku obywatel USA.

Sebek – chudy jak patyk, aparycyjnie całkiem neutralny. Robson – muskularny, choć z brzuszkiem. Wydziarany. Tatuaże opowiadają całą jego historię – od miłości do Jagiellonii Białystok po dolary zarobione z trudem na amerykańskiej budowie.

Sebek – romantyk potrafiący godzinami opowiadać o uczuciach. Robson – stoik chlubiący się swym życiowym mottem: „Mi to wisi koło pisi".

I najważniejsze:

Sebek – kawaler. Robson – już od dawna z polską żoną.

W domu Robsona od razu widać kobiecą rękę. Nienachalna elegancja, gerbery w wazonie, rozplanowane ze smakiem dekoracje. Wszystko stylowe i wymyte sidoluksem niczym z „Elle Decoration". Już na pierwszy rzut oka w aranżacji wnętrza widać też jednak wkład Robsona. W salonie króluje gigantyczna (nawet jak na amerykańskie standardy) plazma, na której Robson gra w sieciowe strzelanki i pościgi samochodowe albo odpala hity z YouTube'a.

Dzisiaj to także plazma gra pierwsze skrzypce. Wraz z otwarciem pierwszych butelek piwa z telewizora i podłączonego do niego zestawu Dolby Surround ustawionego na pełen regulator zaczyna płynąć lista polonijnych przebojów. A ja szybko się dzięki niej orientuję, że Sebka i Robsona łączy jeszcze jedno – jakaś liryczna i niezwykle sentymentalna tęsknota za Polską. Gdy tylko cichną rapowe bity polskich grup Bonus RPK i Lukasyno & Kriso, chłopaki ulegają temu, co leży im na sercu. Klimat z imprezowego zmienia się więc na nostalgiczny, a ja – w zwykłym mieszkaniu na Jackowie – zaczynam się czuć jak w dziewiętnastowiecznym przydymionym Paryżu wśród reprezentantów Wielkiej Emigracji. Z tą tylko różnicą, że tamci ronili tęskne łzy nad kartkami *Pana Tadeusza*, a Robson i Sebek robią to przy rytmach Funky Polaka – polonijnego rapera. A może nawet naczelnego wieszcza chicagowskiej Polonii. I to z tajemnicą w tle: Funky Polak żył w Chicago, pisał o tym teksty, zdobywał popularność, aż tu w 2009 roku zagrał ostatni koncert na chicagowskiej „Polish Night" i zniknął bez śladu. Dziś na Jackowie tylko się o nim plotkuje. Jedni mówią, że mieszka w Nowym Jorku, inni – że wrócił do rodzinnych Kielc. Szczęścia w Ameryce nie znalazł. Tak jak Sebek. Nic więc dziwnego, że właśnie Sebek pokrzykuje teraz do mnie:

– Słuchaj tego, bo to o nas!

Posłuchaj, synu, tato ci opowie,
Jak na Jackowie stawiał pierwsze kroki.
Pulaski–Milwaukee, dolar na farta.
Stare adidasy i kurtka wytarta.
W portfelu magiczna zielona karta,
Bez języka naprawdę niewiele warta.

Oto Ameryka, droga otwarta.
Gazeta w łapie, na pracę polowanie.
Wynajęte, tanie, byle jakie mieszkanie.
Kakrocie[9] na ścianie, za nią Meksykanie.
Głośne stękanie, noce nieprzespane.
Telefony do domu, godziny przegadane.
Listy i zdjęcia, oczy zapłakane, trudne pytania.
Ciągle te same – jak mi tu jest? Czy wrócę, czy zostanę...

Dziwny miks hip-hopowych rymowanek, emigracyjnego wzruszenia i poczucia wspólnoty doświadczeń na tej spontanicznie zaaranżowanej domówce zaczyna się skraplać w postaci zwykłego gniewu. Gdy więc Funky Polak kończy, Robson zaczyna:

– Nigdy nie lubiłem tego miasta, nie lubię i nie będę lubił! Jedna chujoza! Wszyscy ci Polacy w Ameryce – chuj im w dupę! Oprócz bliskich. Noszą się jak nie wiem co. Na domkach sprzątają, ale w sklepie krzyczą na sprzedawczynię, że im za cienko wędliny ukroiła. Mój szef do kościoła lata trzy razy w tygodniu, ale w pracy to najchętniej wszystkich by zajebał. Od świtu do nocy na budowie haruję, dwadzieścia siedem dolarów na godzinę wyrabiam, żeby moja żona nie musiała tak zapierdalać.

Sebek tematu nie podejmuje. Jest pracowity, lubi przeprowadzkowy biznes, w którym robi. Nie ma problemu z tym, by harować. Ale chciałby mieć dla kogo. Inaczej bez sensu.

Robson widzi to praktycznie od początku pobytu Sebka w Stanach i też mu z tego powodu źle. No bo jak to, że taki chłopak o gołębim sercu nadal bez dziewczyny?! Gdy więc

---

9 *kakroć* (dial. Pol. amer.) – karaluch (od ang. *cockroach*).

wychodzimy na *porczę*[10] (którą w Polsce najpewniej nazwalibyśmy po prostu balkonem), kierunek naszych rozmów diametralnie zmienia samolot, który właśnie przymierza się do lądowania na pobliskim lotnisku O'Hare. Robson powoli wypuszcza w niebo dym z papierosa i krzyczy:

– Sebek! Zobacz! Lecą Polaczki, których nie wpuszczą do Ameryki! A może gdzieś tam leci też dupa dla ciebie, co?!

Nie chce, by Sebek był sam. Zależy mu.

– Lubię Sebka, bo jest jak Mariusz Max Kolonko: nie ściemnia, tylko mówi, jak jest. – Tak mówi mnie, bo na Sebka już krzyczy: – Ty to totalnie nieżyciowy jesteś! Życiowe to jest pójść do baru, wyrwać babę i się ożenić.

Poza tym, jak ma znaleźć żonę, kiedy w ogóle o siebie nie dba? Po cholerę do tych outletów bez przerwy jeździ, skoro ciągle chodzi w tym samym? To się w ogóle kupy nie trzyma i dlatego Robson zarządza program naprawczy. Po pierwsze – fryzura do zmiany. Za bardzo oldschoolowa. Skoro Sebek nie chce się ściąć „na Lewandowskiego", bo się boi, że będzie mu zakola widać, to niech chociaż trochę te włosy zapuści.

– Taki z ciebie, chłopie, kiedyś fajny Janosik był z tymi długimi włosami! Teraz to wyglądasz jak chodząca pieczarka.

Po drugie – ubiór. Albo chociaż inne trampki. Te, które Sebek ma dzisiaj na sobie, prawdopodobnie mogłyby opowiedzieć wszystkie jego perypetie z ostatniego dziesięciolecia. A dziewczyna przecież na buty uwagę zwraca. Czy modne, czy czyste. Przecież właśnie dlatego taki Robson zawsze wychodzi z domu w elegancko wyszorowanych lacoste'ach.

– Lacoste'y są szarmanckie – mówi.

---

[10] *porcza* (dial. Pol. amer.) – weranda (od ang. *porch*).

Sebek słucha pokornie i obiecuje obuwniczą metamorfozę, bo wie, że Robson ma rację. Kumpel zna się na rzeczy, chociaż sam kiedyś też uczył się na błędach. Na przykład wtedy, gdy w przypływie romantycznego uniesienia, na cześć ukochanej, wytatuował sobie na piersi imię „Agnieszka". Albo wtedy, gdy z Agnieszką się posypało, a on musiał wmawiać kolejnym dziewczynom, że nosi na klacie imię matki. Albo wtedy, gdy fortel w końcu nie wypalił, bo Robson musiał przyszłą żonę przedstawić teściowej.

I to pewnie przez takie właśnie historie Sebek nie złości się na przyjaciela, gdy ten mówi, jak jest. A może po prostu już się przyzwyczaił, że wszyscy i wszędzie w jego towarzystwie mówią wyłącznie o związkach? W końcu sam też tylko na to zogniskował swoją życiową soczewkę. Teraz patrzy na Robsonową suczkę, dobermankę Midnight krążącą między nami po *porczy*, zamyśla się na chwilę i refleksyjnie wypala:

– Patrz, Robson, jaki ten świat dziwny... Twoja Midnight ma już osiem lat, a jeszcze nigdy nie miała psa...

– A ty masz trzydzieści siedem i nadal nie masz baby!

W taksówce w drodze do domu Sebek dochodzi do wniosku, że to wszystko chyba ironia losu. Klątwa jakaś. Zupełnie jakby Ameryka mówiła mu: skoro uciekłeś z Polski przed miłością, to tu za karę też jej nie znajdziesz. Bo tak naprawdę to Sebek trafił do Ameryki z powodu dziewczyny.

Jest już późno i zrobiło się bardzo ciemno, ale na Montrose Beach pora nie gra roli. Na brzegu jeziora Michigan pachnie wodą i koniczyną. No i trochę marihuaną, choć to już za sprawą latynoskich nastolatków, którzy urządzili sobie tu małą imprezę. Gra ich muzyka i grają świerszcze. Żaglówki powoli dobijają do mariny, po okolicy jeździ Mosquito Squad, opryskując wszystko dookoła, by nikt nie wrócił do domu pogryziony przez komary. Jest miło i spokojnie.

Z wielkomiejskim, pocztówkowym widoczkiem na nocne chicagowskie *downtown*[11].

– To tu, w tym miejscu, po przyjeździe do Chicago siadywałem i płakałem za moją Anią.

Kiedy w 2003 roku jako student zobaczył ją po raz pierwszy na imprezie andrzejkowej, od razu wiedział, że od tego momentu czas dla niego będzie się już liczył jako „przed Anią" i „po Ani". Wiedział, mimo że okoliczności co najmniej nie sprzyjały. On przyszedł na imprezę z taką Elą, a ona ze swoim chłopakiem – kumplem Sebka. Tak się zapatrzył na jej długie włosy, tak jej w oczy spojrzał, że po powrocie do domu nie wytrzymał i napisał koledze w esemesie: „Ależ ty masz, chłopie, piękną tę swoją dziewczynę!". A piękna dziewczyna zajrzała swojemu chłopakowi przez ramię i to przeczytała. Ale nic z tym nie zrobiła.

Musiało minąć kilka długich miesięcy, by znów – już jako single – spotkali się na niezobowiązującej randce na wrocławskiej starówce. Szedł na to spotkanie ze świadomością, że albo wszystko, albo nic. Nie był z tych, co zaliczają każdą studencką imprezę w poszukiwaniu nowych zdobyczy. Ani z tych, co zdobędą trofeum i idą dalej. Czystej maści długodystansowiec.

Tego spotkania pod fontanną wiosną 2004 roku, mimo wszystkiego, co po nim nastąpiło, Sebek nie żałuje. Bo pięć lat młodszej od niego Ani, która właśnie zdawała na uniwersytet medyczny, zazdrościł mu przez lata cały Dolny Śląsk. Taka ładna była. Nawet urzędnik w krakowskim konsulacie, do którego pojechali załatwić Ani wizę do USA, tak się na dziewczynę zapatrzył, że aż mu na chwilę mowę odjęło.

Latem 2004 roku Sebek ponownie wyjeżdża z Work & Travel do pracy w Delaware, ale we wrześniu Ania do niego dołącza. Kupują auto za osiemset dolarów i razem ruszają

---

11 *downtown* (ang.) – śródmieście, centrum miasta.

w podróż po Stanach. Odwiedzają Florydę, Waszyngton, Nowy Jork, wodospad Niagara, Toledo i Buffalo. Robią dużo zdjęć, sypiają w tych zabawnych amerykańskich motelach, w których do pokoju wchodzi się prosto z dziedzińca. Na końcu docierają do Chicago i wtedy Sebek wpada na pomysł, że mógłby przed końcem wakacji jeszcze trochę dorobić. Od *lokalsów* słyszy o „ścianie płaczu" i postanawia zrobić z niej użytek.

Słynna ściana to nic innego jak tylko fragment stacji benzynowej Shella w polskiej dzielnicy, u zbiegu ulic Belmont i Milwaukee. Nazwa jest myląca, bo pojawiający się pod nią o świcie Polacy szukają tam nie smutku, lecz materialnego szczęścia. Wypatrują podjeżdżających samochodami chicagowskich pracodawców, którym brakuje dorywczej siły roboczej. Sebek ustawia się pod ścianą już następnego dnia i tak trafia na Amerykanina w rozklekotanej ciężarówce MAN, który szuka pomocnika do firmy przeprowadzkowej. Wsiada na pakę, jedzie do roboty. Przez kolejny tydzień zasuwa po schodach chicagowskich kamienic, trzy *flory*[12] w górę, trzy *flory* w dół. W trzydziestopięciostopniowym upale. Dźwigając w rękach sofy, fotele, regały i elektronikę. Bywa, że od siódmej rano do trzeciej w nocy. Nadaje się. Pracuje dobrze i zna angielski. Opuszcza więc Chicago z ofertą, by w kolejne wakacje znów zgłosił się do pracy.

Do przeprowadzek przyjeżdża na wakacje jeszcze przez trzy kolejne lata. Tym razem już bez formalności, całkiem na czarno. Na zwykłej wizie turystycznej, pozwalającej na pobyt w USA nie dłużej niż przez sześć miesięcy. Harmonogram zawsze ten sam: on tacha meble od rana do nocy, Ania robi zakupy i sprząta, a wieczorem czeka na Sebka z ciepłym obiadem. Jak w tradycyjnej polskiej rodzinie, tyle że bez ślubu.

---

[12] *flor* (dial. Pol. amer.) – piętro (od ang. *floor*).

I pewnie byłoby tak już zawsze, a przynajmniej do momentu, gdy Sebek skończyłby wymarzoną aplikację radcowską, otworzył we Wrocławiu własną kancelarię i zajął się prawem spółek handlowych. Wtedy ożeniłby się z Anią, wziął kredyt na dom we frankach szwajcarskich i pewnie wkrótce został ojcem. Tak by to wszystko zapewne wyglądało. Gdyby nie jakiś Bartek.

Ważne życiowe decyzje najczęściej mają swój początek w sprawach zupełnie drobnych i nie inaczej jest w przypadku Sebka. Zaczyna się po prostu od tego, że postanawia kupić kwiaty.

Jest wieczór jak każdy inny, idzie właśnie z wizytą do Ani i jej rodziców. Ale Ania jakoś nieszczególnie cieszy się z tego bukietu. Na tyle nieszczególnie, by nawet u poczciwego i ufnego Sebka zapaliła się w głowie czerwona lampka. Robi więc to, czego zrobić nie powinien i czego nigdy nie robił, lecz tym razem czuje, że musi. Ania wychodzi do łazienki, a on łapie jej telefon i znajduje w nim kilkadziesiąt wiadomości do jakiegoś Bartka. Jeden z nich o treści: „To, że się kochaliśmy, to nie znaczy, że będę twoją dziewczyną, bo ja mam chłopaka".

– Wyszła z tej łazienki, patrzy, a ja siedzę na dywanie i płaczę z tym telefonem w dłoni. Rozbeczałem się normalnie. Ona też. Myślałem, że oszaleję. Miałem ochotę wziąć ten telefon i pokazać jej matce, żeby zobaczyła, jaka jest ta jej jedynaczka. Jak ona swojej córki pilnuje? Jak to jest, że ona se poszła na imprezę ze znajomymi ze studiów, a tam jakiś koleś mi ją przeleciał? Już wtedy powinienem był ostentacyjnie wyjść, zabukować sobie bilet do Ameryki na stronie Orbisu i polecieć stamtąd w chuj.

Ale „stop" Sebek mówi dopiero dwadzieścia miesięcy później. Bo jak normalnie funkcjonować, gdy wypiera się z głowy niewierność ukochanej, a ona na każdym kroku pracuje już nad matrymonialnym planem B? Z upływem czasu okazuje się bowiem, że o własną dziewczynę trzeba konkurować nie tylko z jednym Bartkiem (którego Sebek nigdy nawet na oczy nie widział), lecz również z kilkoma innymi.

– Ona zawsze do mnie wracała i zawsze przepraszała, ale poczułem, że nie wytrzymam kolejnego razu, kiedy przyjdzie do mnie i zarzuci mi ręce na szyję. Gdy kogoś kochasz, to nie wyrzucisz tego uczucia z siebie tak szybko. Ale kiedy ktoś cię zdradzi raz i drugi raz, dasz komuś szansę, a on znowu zrobi ci gnój, to nawet nie masz już ochoty na seks z taką osobą. Nie chcesz nawet na nią patrzeć. Byłem zły i zakochany, więc po prostu do tej Ameryki uciekłem.

Nic nikomu nie mówiąc. Z dnia na dzień. 21 października 2007 roku.

Plan był taki, że posiedzi w Stanach przez pół roku, ukoi złamane serce i wróci. Minęło dziewięć lat.

Aby zrozumieć, dlaczego Sebkowi marzy się polska żona, wystarczy otworzyć jego lodówkę. Półka pierwsza, najwyższa: pęto kiełbasy wiejskiej, ser Rycki Edam. Półka druga, środkowa: obiadowa garmażerka z polskiego sklepu Kurowski Sausage Shop – rosół z makaronem, pierś z indyka faszerowana pieczarkami i serem, sernik z brzoskwiniami na deser. Półka trzecia, ostatnia: kilka zgrzewek soków Tymbark i półlitrowych nałęczowianek. Mała Polska w małej chłodziarce, pokazująca, że Sebek całą swoją amerykańską rzeczywistość buduje za pomocą polskich rekwizytów. Je polskie jedzenie, pracuje dla Polaków, ma polskich przyjaciół. Z polską żoną chciałby w święta smakować polskie pierogi i chodzić na pasterkę do polskiego kościoła.

W Chicago, mieście, w którym na jednego wolnego chłopaka przypadają dwie singielki, Sebek w ogóle nie bierze pod uwagę związku z Amerykanką. Nawet jeśli pozornie uprościłoby mu to życie. Nawet jeśli randkuje z nimi przez internet na OkCupid, a – paradoksalnie i nie do końca wiadomo dlaczego – na randkowy portal Polonii amerykańskiej Polskie Serca nie zagląda w ogóle. Nawet jeśli kilka razy był o krok od tego, by się na Amerykankę skusić, bo jakoś mu imponuje ten brak ceregieli. Kiedyś podwoził na lotnisko dziewczynę, której ogarniał przeprowadzkę. A ona spontanicznie wymyśliła, że przebukuje bilet lotniczy i pójdą razem na kolację. Innym razem w knajpie w Nowym Jorku podeszła do niego laska i bez żadnych wstępów zaproponowała, żeby poszli do niej.

– Fajne to i głupie jednocześnie. Jak w serialu *Seks w wielkim mieście*. Tak to tutaj działa. Strach taką Amerykankę brać, bo zawsze jakieś gówno wypadnie. Są fajne, ale tylko do pogadania. Każda jest przyzwyczajona, że się z tobą zwiąże, ale potem da się wyruchać koledze z pracy. Każda już przez dwa małżeństwa przechodziła. Bierzesz ślub, a potem któregoś dnia wracasz do domu i widzisz, że ona ci walizki na dwór wystawiła. Dla nich sprawa rozwodowa to pestka. A najgorsze jest to, że Amerykanki często wchodzą w nowy związek ze starymi długami lub niezapłaconymi podatkami. Chcesz brać z taką ślub i nagle się okazuje, że wcześniej musisz spłacić trzydzieści tysięcy dolców jej długu[13]. Mnie się strasznie, ale to strasznie marzy prawdziwa polska rodzina.

„Marzy" w tej sytuacji jest słowem kluczem, bo po dziewięciu latach w Ameryce Sebek już wie, że trafiając do środowiska chicagowskiej Polonii, znalazł się w świecie, od którego z Polski uciekł. Szukał miejsca, gdzie w miłości czarne będzie czarne, a białe – białe. Gdzie ktoś, gdy pokocha, będzie kochał bezinteresownie i tradycyjnie. A tu znów się nie udaje. Zupełnie jak w piosence Martyny Jakubowicz: „Casanova tu u nas nie gości".

---

[13] Według amerykańskiego prawa w momencie ślubu trzeba wykazać, że zapłaciło się podatki za ostatnie pięć lat.

– Tutaj wszystko jest na odwrót: najpierw bierzesz ślub dla dokumentów, a dopiero potem naprawdę drugą osobę poznajesz, dowiadujesz się, z kim się ożeniłeś. Tutaj pierwsze pytanie, jakie zadaje ci dziewczyna, to „czy masz papiery?". Nawet Polacy ciągle się puszczają, zdradzają, a potem żenią i wszystko jest OK, jak gdyby nigdy nic.

Gdy zaczynam wątpić, czy to, co mówi Sebek, jest wynikiem zwykłych, postronnych obserwacji, czy po prostu przemawia przez niego desperacka samotność, znajduję książkę *Ameryka – to nie tak miało być* napisaną przez socjolożkę badającą społeczność Polonii amerykańskiej.

> Więzi emocjonalne w wielu przypadkach, zwłaszcza wśród emigrantów, są mocne tylko pozornie. Życie daje niezwykle dużo dowodów na to, że są one kruche i niepewne, że czyha na nie wiele pułapek. Jedną z nich jest odosobnienie i często nawet kochający się ludzie nie są w stanie przetrwać próby czasu. Za taką cezurę czasową, bezpieczną dla małżeńskiego związku w warunkach emigracyjnych uchodzi rok. (...) Wielu emigrantów, bez względu na płeć, tłumaczy nawiązywanie nowych związków partnerskich osamotnieniem. (...) Człowiek nie umie znieść izolacji. Ucieka od tej wolności, której przyszło mu doświadczyć, i... dostaje się w nowe więzy[14].

To by wyjaśniało, dlaczego w towarzystwie Sebka i jego przyjaciół tak trudno mi się połapać w opowieściach o związkach i rozstaniach. Zwrot „być za kimś" w ich ustach zastępuje zarówno „bycie zakochanym po uszy", jak i prozaiczne „bardzo ją lubię". Słowa „ślub", „związek" czy „miłość" nie padają prawie nigdy. Zamiast nich bez przerwy słyszę,

---

[14] K. Piotrowska-Breger, *Ameryka – to nie tak miało być*, Kraków 2005, s. 114–115.

że ktoś komuś „pomógł". Robson „pomógł" swojej żonie Asi, bo dzięki niemu dostała zieloną kartę i może jechać na wakacje do Polski. To najważniejsze. Nikt nie dopytuje, czy wcześniej byli w sobie zakochani (byli) ani jak długo się znali (pięć lat). Tak to funkcjonuje. Jakby najbardziej romantycznym wyznaniem na Jackowie było nie „Kocham!", lecz „Jestem za nią/nim, więc chętnie jej/jemu pomogę".

Najlepiej dla Sebka byłoby, gdyby o Ani zapomniał w tym samym momencie, w którym przekroczył amerykańską granicę i postanowił, że tym razem zostaje w Stanach na dłużej. Niestety – wiejący od jeziora Michigan wiatr, który chłodną jesienią 2007 roku przenika wszystkich do szpiku kości, nijak nie chce wywiać resztek uczuć, tęsknoty i sentymentu.

W ten sposób jeszcze przez kolejne dwa lata, eksternistycznie, zza oceanu, Sebek robi, co może, by naprawić związek, od którego sam uciekł. Cel zamierza osiągnąć drogą wysyłkową. Na Dzień Kobiet wysyła Ani kwiaty, a wtedy ona w swoim opisie na Gadu-Gadu[15] publikuje smutne emotikony. Na Boże Narodzenie wysyła jej mejlem link do piosenki *All I Want for Christmas Is You*, Ania odpowiada emotikonem zapłakanym. W czerwcu 2008 roku, gdy Ania ma urodziny, wysyła jej bilet lotniczy za tysiąc dwieście dolarów i zaprasza na wakacje do Stanów. Czeka w hali przylotów chicagowskiego lotnika O'Hare, ale wraca do domu sam.

Telefonu od niej doczekuje się dopiero po siedmiu latach. Ania płacze do słuchawki, mówi, że zrobiła Sebkowi krzywdę. Że gdyby bardziej wtedy naciskał, toby do niego przyleciała. Że źle teraz trafiła – ma dziecko z facetem, którego nie kocha. Że żałuje. Ale teraz to Sebek już jej nie chce. Od tej

---

15 Gadu-Gadu – popularny na przełomie XX i XXI wieku komunikator internetowy. W polu „status" można było opisywać swój stan ducha i w ten sposób informować o nim znajomych.

pory nie mają żadnego kontaktu. Bo sam, po okresie miłosnej żałoby, zaczyna eksplorować świat polonijnych dziewczyn.

Z pierwszą – Sylwią – rozdziela go Nowy Jork.

Studentkę z nowosądeckiej wsi, która przyjechała na wakacje na wizie turystycznej, poznaje w polskiej knajpie Milano, gdzie dorabia jako barmanka.

– Wszedłem do tego baru, powiedzieliśmy sobie „cześć", popatrzyliśmy sobie w oczy i zobaczyłem to, co facet powinien zobaczyć w kobiecie. Że ja jej się podobam, a ona mnie. Pomyślałem: „Kurde, będziesz miał, chłopie, problem".

I ma, bo wszystko układa się świetnie do momentu, gdy po dwóch dobrze rokujących miesiącach znajomość przerywa kryzys ekonomiczny. Firma przeprowadzkowa, w której pracuje Sebek, plajtuje z dnia na dzień, trzeba więc spakować manatki i przenieść się tam, gdzie nadal praca jest. Na Manhattan, do Nowego Jorku.

– Przejechałem sześćdziesiąt mil i aż mi się chciało płakać w tym samochodzie. Bo, kurczę, dwa lata czekałem, żeby jakąś fajną kobietę poznać, już byliśmy na lodach w parku, już powoli coś się dzieje i nagle trzeba zostawić wszystko, i pojechać stąd. Takie życie w tej Ameryce.

W przypływie ułańskiej fantazji przez kolejne tygodnie, gdy tylko kończy pracę w piątkowy wieczór, od razu rusza w dwunastogodzinną podróż *overnight*[16] na weekend do Chicago. Byle tylko znów spojrzeć Sylwii w oczy. Do czasu, gdy miłosne uniesienia zostają pokonane przez rachunki za benzynę, a przede wszystkim – gdy przychodzi świadomość, że związek na odległość nie ma sensu. Dziś nie mają ze sobą żadnego kontaktu.

Z drugą – Moniką – rozdziela go Atlanta.

Po dziesięciu miesiącach nowojorskiej banicji Sebek wraca do Chicago i na drugie tyle zatrudnia się jako kierowca tira. Rozwozi towar.

---

[16] *overnight* (ang.) – nocny.

– W niedzielę rano wychodziło się z domu, jechało do Jersey City. Wracało we wtorek wieczorem, a w środę rano już do Bostonu, powrót w piątek wieczorem albo w sobotę. I co ty masz wtedy robić, jak za chwilę znów trzeba jechać? Bierzesz tylko wypłatę, zanosisz do banku, prześpisz się, wypijesz piwo i tyle masz z życia. Poszedłem któregoś dnia do Copernicus Center, bo akurat był koncert Heya, Kaśki Nosowskiej. Taką fajną dziewczynę poznałem – Monikę. Tak dobrze nam się gadało i ona mówi: „To co robimy?". A ja, że jutro o szóstej rano jadę do Atlanty, więc nawet cię do domu nie zaproszę, dziewczyno. Bo co? Do pracy nie pójdę? Musiałem jej odmówić. Od razu było wiadomo, że nic z tego nie będzie, skoro ja tak dziko pracuję. Taka prawda. Dlaczego w Ameryce dziewięćdziesiąt procent tych wszystkich kierowców ciężarówek, tirowców jest rozwiedzionych? Bo facet jeździ do Kalifornii i z powrotem przez pięć lat czy dziesięć, a żona siedzi sama w domu. Co z tego, że on przyniesie dwa tysiące dolarów w tydzień, jak go nigdy nie ma? Jedna laska, z którą się spotkałem w parku, od razu mnie olała, jak tylko się dowiedziała, że ciężarówkami do Bostonu jeżdżę.

Z trzecią – Karoliną – rozdziela go przyszłość.

A wcześniej łączy podobieństwo emigracyjnych życiorysów. Ona też przyjeżdża do USA na wizie turystycznej. Też początkowo tylko na wakacje. Też pracuje na czarno, tyle że sprzątając amerykańskie domy. Też ma numer *social security* z jakiegoś studenckiego wyjazdu. Też przyjechała do Ameryki z powodów sercowych, choć ona akurat chciała sprawdzić, czy będzie tęsknić za chłopakiem, z którym właśnie się w Polsce zaręczyła. Sebek widzi w Karolinie siebie sprzed lat i ochotniczo zgłasza się na mentora. Przewodnika po chicagowskiej dżungli. Bez żadnych niecnych celów, ot, z porywu dobrej woli.

Pożycza jej swój samochód, by mogła zrobić na nim prawo jazdy. Zaprasza na wieczorne seanse do oldschoolowego kina dla hipsterów na Logan Square. Na drinka do polonijnego baru Milano. Na piwko nad jezioro. Na dyskotekę do Michelli[17]. Na kolację w domu. Dużo polonijnego wsparcia. Za dużo, by dziewczyna się nie zakochała. Za mało, by z wzajemnością, choć Sebkowi jakoś pod sercem ciepło się robi, gdy ostatniego wieczoru wakacji, przed powrotem Karoliny do Polski, dziewczyna spontanicznie się do niego przytula.

Po trzech latach Karolina dzwoni, a z potoku jej słów wykrzykiwanych w ekstatycznym szale Sebek rozumie, że wróciła. Wylądowała właśnie na lotnisku O'Hare, tym samym, na którym kiedyś czekał na Anię. Karolina w Polsce się dusiła, było jej ciasno. Jakby mile pozamieniały się w kilometry. Nie wyszła za mąż. Zostawiła chłopaka. Przeprowadza się do Ameryki na stałe.

Sebek gasi jej romantyczny zryw zupełnie nietypowym dla siebie pragmatyzmem, gdy jeszcze tego samego dnia jedzą pizzę w polonijnej knajpie Retro.

– Musiałem jej powiedzieć wprost i po polsku: „Dziewczyno, jeśli ty chcesz tutaj zostać, to musisz szukać faceta, który jest obywatelem. Inaczej wiza ci się skończy i będziesz w czarnej dupie. To wszystko w złą stronę idzie. Ty się we mnie nie możesz zakochać, bo mi to niepotrzebne". Z tej restauracji zabrałem ją do kościoła, potem na spacer i powiedziałem: „Ty sobie to wszystko przemyśl, bo ja naprawdę chcę dla ciebie dobrze". Ze złości trzy miesiące się do mnie nie odzywała.

Potem dała ogłoszenie na portalu Polskie Serca, że szuka chłopaka. Znalazła kierowcę z obywatelstwem. Wyszła za niego za mąż. A Sebek dalej jest sam.

*

---

[17] Michella Terrace Dance Club – chicagowska dyskoteka popularna wśród Polonii.

– American Express, Discover, Chase, Marriott i Citibank z dwoma procentami *cashbacku*[18] za każdą transakcję. W sumie pięć. Idealna liczba, w sam raz.

Sebek stoi w kuchni, sięga do portfela i układa w wachlarz wszystkie swoje karty kredytowe. Jeśli miałby opowiadać o swoich pasjach, to właśnie jedna z nich. Jeśli kiedykolwiek go spotkacie, bądźcie pewni, że wam też zrobi prezentację. Jeśli o czymkolwiek potrafi opowiadać dłużej i piękniej niż o miłości, to tylko o pieniądzach. I o systemie swoich kart.

Na stół trafia karta Citibanku.

– Zostawiam sobie te, które mam najdłużej otwarte, i te, które zwracają dwa procent za każdą wydaną sumę, bo wtedy buduję sobie historię kredytową. Poza tym wychodzi ci jakieś trzysta, czterysta dolarów rocznie zwrotu *keszu*.

Obok karty Citibanku karta Chase.

– Odkąd przyjechałem do Stanów, miałem już dwadzieścia pięć kart kredytowych. Karty przysyłają tu na okrągło, ale zasada jest taka, żeby nie otwierać więcej niż dwóch rocznie, inaczej obniża ci to status kredytowy o kilka punktów i jak chcesz potem kupić dom albo samochód, to nie dostaniesz kredytu na dobry procent.

Obok Chase'a Marriott Rewards.

– Za takie karty płaci się osiemdziesiąt, dziewięćdziesiąt dolarów rocznie, ale one oferują duże bonusy – mile lotnicze, punkty na darmowe doby hotelowe. Musisz w trzy miesiące wydać dwa albo trzy tysiące dolarów, ale za to dostajesz na start kartę, a na niej pięćdziesiąt albo sto tysięcy mil. Bierzesz te mile, wykorzystujesz, a potem dzwonisz do banku, że ci się ta karta nie podoba, i ją zamykasz. Odczekujesz dwa lata i dostajesz znów tę samą kartę, znów

---

18 *cashback* (ang.) – zwrot części kwoty przy płatności kartą.

z takim bonusem. Za sto tysięcy mil możesz pięć razy polecieć do Nowego Jorku gratis.

Dzięki bonusom z kart kredytowych latał za darmo do Nowego Jorku, San Francisco, Los Angeles, Miami. Nic nie płacąc, spał na Manhattanie albo w Kalifornii w hotelu nad samym oceanem. Karty są dla niego ważne, bo tu, w Ameryce, każdy patrzy, czym płacisz. To one pokazują, że nie jesteś gołodupcem. A jeśli Sebek chce znaleźć żonę, musi udowodnić, że go na to stać.

Nie raz i nie dwa pracownica polskiego banku jakoś bardziej się do niego uśmiechała po tym, jak przychodził wpłacić większą gotówkę. Zdarzało się, że dziewczyna w polskim barze, widząc, jak Sebek parkuje swojego sportowego chryslera, od razu odklejała się od przypadkowo poznanego faceta, by przenieść wzrok na niego. Bywało, że laska go pytała, gdzie pracuje, i od razu było widać, że w głowie kalkuluje, na co by wystarczyła jego miesięczna pensja.

W otoczeniu Sebka miłość i pieniądze tworzą najbardziej udany związek. Młodsze dziewczyny z Polonii patrzą, jakim samochodem jeździ. Starsze – czy ma biznes, czy jest ustawiony, czy będzie w stanie utrzymać rodzinę. Nie ma mocnych, trzeba zarabiać, i to dobrze.

Sebek żyje dość skromnie, nie imprezuje, większość odkłada. Gdy z oszczędności w końcu zbiera mu się pierwsze sto tysięcy dolarów, spełnia swoje marzenie i po kilku latach obserwowania mechanizmów giełdowych zaczyna grać na Wall Street. Całość inwestuje w firmę produkującą baterie słoneczne i teraz kilkanaście razy na minutę, za pomocą specjalnej aplikacji w telefonie, sprawdza, jak mu idzie. Był taki moment, kiedy jego akcje znienacka trzasnęły dziesięć procent w dół.

– Wszystko było robione według wskazań, brane na raty, partiami i nagle zaczęło lecieć. Siedziałem przed komputerem i nie wiedziałem, co robić, bo powinienem to szybko sprzedać, żeby dalej nie tracić. Pomyślałem wtedy: „Panie Boże, teraz cię potrzebuję. Potrzebuję twojej mądrości. To moja pierwsza inwestycja w życiu na Wall Street. Zainwestowałem sto kawałków. Ty zdecyduj za mnie, pomóż mi". Wcisnąłem przycisk „Sprzedaj" i co się stało? Wyskoczył *error*! A chwilę później wszystko zaczęło się podnosić i była taka jazda do góry, że o jedenaście procent wszystko urosło. Nie tylko nie straciłem, ale wręcz na tym zarobiłem. Pan Bóg nie pozwolił mi sprzedać tych akcji, rozumiesz? On wiedział, że to jest dla mnie bardzo dużo pieniędzy, przecież ja na to tyle pracowałem!

Oprócz Boga w swoich finansowych wyborach Sebek liczy jednak głównie na Donalda Trumpa, który wymyślił, że po zbudowaniu na granicy z Meksykiem muru można by go obłożyć bateriami słonecznymi. Choć więc Sebek amerykańskiego prezydenta nie lubi, to biznesowo mu z nim po drodze.

– Ja w Ameryce miałem tylko trzy marzenia. Pierwsze – żeby zarobić tu sto tysięcy dolarów. Drugie – żeby mieć na Wall Street rachunek i pograć sobie na akcjach jak Wilk z Wall Street. Zostaje tylko jedno marzenie, które się jeszcze nie spełniło. To moja kochana żona.

To trzecie marzenie ma na imię Nikola.

To przez Nikolę szaleńczo – niczym chomik w policzkach – gromadzi pieniądze na koncie.

To przez Nikolę tłumaczył Karolinie, żeby dała sobie z nim spokój, skoro on nie ma obywatelstwa.

To przez Nikolę powiedział Ani, że już nie jest nią zainteresowany, gdy dzwoniła do niego zapłakana.

To przez Nikolę odrzucił krupnik, który chciała mu zaoferować Marta.

To przez Nikolę nie reaguje, gdy Robson mówi, że „ma dla niego dupę".

To przez Nikolę nie zaprosi Tonyi z portalu OkCupid na więcej niż kawę.

Poznali się cztery lata temu w pracy. Nikola szyta na miarę największych Sebkowych marzeń. Polka z Jackowa, która przyjechała do Ameryki jako kilkunastoletnia dziewczyna. Z papierami. Z sentymentem do kraju. Piekąca ciasta. Dobra. Uśmiechnięta. Wierząca. Z małym dzieckiem z jakiegoś wcześniejszego przypadkowego związku.

– Nigdy nie poznałem dziewczyny, która by mi się tak bardzo podobała. Tak bardzo by mi odpowiadała. Która robiłaby na mnie takie wrażenie tą swoją prostotą i swoim sercem. Tym, jak potrafi do mnie dotrzeć.

Nikola powiedziała, że Sebkowi pomoże. A przez ten głupi chicagowski dialekt Sebek do dziś nie wie, czy miała na myśli, że jej też na jego widok motyle w brzuchu trzepoczą, czy po prostu – że weźmie z nim koleżeński ślub dla papierów. Jak by nie było, z tą chwilą amerykański świat wreszcie wydał się Sebkowi piękny. W zasadzie to piękny jest nadal, choć o Nikoli pozostało już tylko wspomnienie.

Bo dziewczyna zmieniła zdanie.

Powiedziała, że jeszcze nie teraz. Jest dziesięć lat młodsza od Sebka, musi się wyszumieć. Pożyć. Poprosiła, by dał jej dwa lata, i wrócą do rozmowy. Minęły cztery. Sebek odsunął się w cień, by nie przeszkadzać. Nikola szumi z jakimś wydziaranym gościem z siłowni. Sebek czeka.

To dla Nikoli trzyma w kuchni butelkę coli z nadrukowanym jej imieniem.

To dla Nikoli polubił The Kelly Family i disco polo, bo ona też lubi.

To dla Nikoli publikuje na Facebooku sentencje o miłości i wielkiej tęsknocie.

To dla Nikoli nie poszedł oglądać fajerwerków na 4th of July, bo wolał zobaczyć, czy w jej domu pali się światło.

To dla Nikoli na razie nie wyjedzie do Polski.

– Do kiedy dajesz sobie czas z tym czekaniem na Nikolę?

– No jeszcze góra rok.

– A jeśli w tym czasie ona wyjdzie za mąż za kogoś innego?

– Może tak być. Może też się okazać, że mnie już tu nie będzie. Nie będę czekać w nieskończoność. Ale naprawdę chciałbym z nią być. Chciałbym jej pomóc.

A jeśli będzie musiał uciekać od miłości, tym razem w odwrotnym kierunku – z Ameryki? Wtedy wróci do Polski. Może znów – jak za pierwszym razem – z przesiadką w Düsseldorfie? Żeby jakieś koło zatoczyć. Klamrę zrobić. Pożegnać tę Amerykę na dobre. Na rybnickim osiedlu z wielkiej płyty czekają rodzice, których nie widział od dziewięciu lat. I których nadal nie będzie mógł w Polsce odwiedzać, jeśli zostanie w Stanach, ale się nie ożeni. Tata by wolał, żeby Sebek dalej próbował spełniać amerykański sen. Mama chciałaby go mieć przy sobie – żeby wrócił i został prawnikiem, tak jak to było ustalone. Odłożone dwieście tysięcy dolarów starczy na budowę domu w Polsce. Pewnie też na rozkręcenie małego biznesu.

– Myślę o tym powrocie cały czas. Każdego dnia. Brat się odezwie do mnie, a ja potem zadaję sobie pytania. On ma normalną rodzinę, trójkę dzieci, dom wybudowany. Dlaczego ja nie? Drugi raz bym tu nie przyjechał. Widzę, że ludzie są w Polsce prawnikami. Poukładali sobie życie, a ja nic. Trochę to wszystko zawaliłem, bo jeśli wrócę do Polski, nie będę już mógł być prawnikiem... Ale może przynajmniej będę miał żonę prawniczkę.

Imię bohatera zostało zmienione.

DOSTANIESZ ZŁOTĄ GWIAZDĘ

Lubi patrzeć na ten portret, choć Kuba na nim zupełnie nie jak on. Bardziej jak Kościuszko. Danuta wylicza szczegóły. Przede wszystkim nie te usta i nie ten nos. Nos się złamał w dzieciństwie, gdy brat niechcący wyrzucił Kubę z wózka, i nigdy już prosty się nie zrobił. Brakuje też blizny na brodzie – dodatku, który pojawił się, kiedy Kuba wywinął orła gdzieś na pustyni w Kalifornii. No i okularów brak. A to przez nie, przez ten cholerny astygmatyzm, Kuba nie został pilotem, choć tak bardzo chciał.

W dziedzinie aparycji Kuby Danuta Kowalik ma wiedzę ekspercką. Nieformalną profesurę. Bo nikt go nie znał tak jak ona. I nikt na świecie nie był do niego tak bardzo podobny. Nawet stopy mieli identyczne. Nawet dłonie.

Jest takie zdjęcie, na którym dłonie Danuty i Kuby leżą obok siebie i nikt nie może zgadnąć, które są czyje. Ona wie. Dłonie Kuby to te jaśniejsze, nierówno opalone – pracował przecież w rękawiczkach. Żaden portret i żadne zdjęcie nie pokazało też światu, że Kubie urwało kiedyś kawałek łokcia. Została paskudna rana, po której pewnie w parę tygodni nie byłoby śladu, gdyby od razu nie zdjął z niej sobie szwów, bo było mu niewygodnie. Rana, którą Danuta nocami opatrywała i smarowała maścią, żeby się szybciej i ładniej zagoiła, żeby tak nie bolała. Smarowała potajemnie, gdy Kuba już spał, bo bardzo się złościł, że traktuje go jak dziecko.

12 maja minęło czternaście lat od momentu, gdy stało się jasne, że żaden inny człowiek, żadna inna kobieta nie dowie się już o Kubie tak wiele. Od tego dnia temat zabliźniania ran staje się dla Danuty codziennością.

Na przedmieściach Chicago, w niespełna trzydziestotysięcznym Niles, cmentarze są dwa. Oba przy głównej arterii miasta – Milwaukee Avenue. Oba mija się, jadąc autobusem na północ w kierunku stanu Wisconsin. Cmentarz starszy, pod wezwaniem Świętego Wojciecha, na dobrą sprawę mógłby znajdować się w Polsce. Zabytkowe płyty nagrobne jak na Powązkach. Na nagrobkach co krok polskie nazwiska: Lipski, Sobieraj, Wiczyński, Gracz... Jest nawet sporych rozmiarów memoriał katyński, na który miejscowa Polonia zbierała pieniądze przez dziewięć lat. Zaprojektował go Wojciech Seweryn, który rok po odsłonięciu pomnika zginął w katastrofie smoleńskiej.

Cmentarz nowszy, Maryhill Cemetery, stoi niecałe trzy mile dalej, a dotarcie do niego jest wyzwaniem niemal survivalowym. Przechodząc lub przejeżdżając przez Milwaukee Avenue do bramy głównej, trzeba się mocno nagimnastykować, żeby przypadkiem nie dołączyć do stałych lokatorów. Po dwa pasy ruchu w każdą stronę, sznur niezwalniających ani na chwilę samochodów. Świateł czy choćby przejścia dla pieszych brak.

Po wejściu na teren cmentarza trafia się jednak do nieco dziwacznej (przynajmniej z polskiej perspektywy) rzeczywistości. Cała przestrzeń wygląda jak ogromny trawnik, na którym ktoś przypadkowo poustawiał doniczki ze sztucznymi kwiatami. Trzeba podejść bliżej, przyjrzeć się dokładniej, by zobaczyć, że każda donica przypisana jest do wbitej w ziemię niewielkiej tablicy pamiątkowej. Taka asceza wynika z surowych reguł wprowadzonych przez władze cmentarza. Z regulaminem odwiedzających zapoznaje ulotka (w trzech językach: angielskim, hiszpańskim i polskim), którą otrzymują przy wejściu. Na niej wyraźnie napisane:

> – Żywe i sztuczne kwiaty powinny być ustawiane w dopuszczonych w tym celu pojemnikach. Dopuszczalne są wazony od 6 do 8 cali, doniczki nieprzekraczające 18 cali długości, 6 cali wysokości oraz 8 cali szerokości. Wszystkie pojemniki powinny być wykonane z plastiku lub drewna i wyposażone w odpowiedni drenaż.
>
> – Dozwolone są rabatki maksymalnie do 18 cali. Kamienie dekoracyjne i stawianie płotków jest bezwzględnie zabronione. Wszystkie rośliny zostaną ścięte równo z trawą po 14 października.
>
> – Flagi są dozwolone, pod warunkiem że są umieszczone w zaaprobowanych pojemnikach. Flagi będą usuwane, jeśli staną się postrzępione, wyblakłe lub nieestetyczne.

I tak dalej, i tak dalej, i tak dalej. Dwustronicowa litania reguł, obowiązków i zakazów. Z których Danuta nie robi sobie absolutnie nic.

Swojego smutku nie projektowała pod wymiar. W osiemnastu calach się nie mieści. Pomagam jej więc wyjąć z auta wszystkie nagrobne dekoracje i bibeloty, a i tak zajmuje nam to dobry kwadrans. Na trawnik przy grobie Kuby trafia sterta amerykańskich flag i proporczyków, małych i dużych, kupionych ostatnio na *yard sales*, wyprzedaży garażowej. Dwadzieścia pięć centów za dziesięć sztuk. Są sztuczne kwiaty i ścięte przez Danutę w przydomowym ogródku czerwone róże. Piknikowe wykałaczki w kształcie chorągiewek. Biało-niebiesko-czerwone *patriotic bows* – kokardy do zawieszenia na pobliskim drzewie.

– Pod tym drzewem siedziałam po śmierci Kuby. Dwa razy dziennie. Przez pięć lat. Stoliczek miałam taki wygodny. Mogłam sobie postawić kawę, parasolkę i krzesełko. Przynosiłam mu książki, czytałam na głos jak nawiedzona. Tak, żeby mnie słyszał. Ludzie patrzyli na mnie, jakby mi się coś z głową stało. I pewnie się stało. Bo jak można inaczej?

Wie jednak, że i tak trzyma się dzielnie. Dotychczas w rocznicę śmierci Kuby musiała wziąć dzień wolny tylko raz, gdy zupełnie nie dało się pracować. A znała matkę, która na pogrzebie swojego syna zmarła. Serce jej nie wytrzymało. Danutę już czasami tylko „chandra tłucze". Tak bardzo, że nie ma siły wstać z łóżka. Ale wstaje, bo co robić?

Teraz Danuta odwiedza Kubę rzadziej. Najczęściej zagląda po drodze ze szkoły dla dzieci specjalnej troski, gdzie pracuje jako asystentka nauczycielki. Bywa jednak, że nie ma jej na cmentarzu nawet przez dwa tygodnie. To wtedy, gdy musi odetchnąć.

W takie dni jak dziś obecność na Maryhill jest jednak absolutnie obowiązkowa. Jest 4 lipca, amerykański Dzień Niepodległości. Ulubione święto Kuby. Zawsze tego dnia wychodził z domu rano, wracał dopiero ciemną nocą, po pokazie fajerwerków w chicagowskim Navy Pier[1]. Dziś zamiast ukochanych fajerwerków odpalamy mu (oczywiście – nielegalnie) zimne ognie. Danuta jest zadowolona. I z ogni, i z dekoracji.

– Czy to nie wygląda *cute*[2]? Wygląda *cute*. A ja lubię *cute*. Tak nawpycham tu wszędzie tych ozdób, to potem od razu

---

1 Navy Pier – molo nad jeziorem Michigan, jedna z głównych atrakcji Chicago.

2 *cute* (ang.) – uroczo.

mi lepiej. Kiedyś jeszcze rozsypywałam tu confetti, ale mnie faceci z administracji zrugali. Mówili: „Co ty tu wyprawiasz, kobieto?! Tego jest za dużo!". A ja się pytam: „*Why not*?! Co za problem, że flag za dużo?! Jest święto! A syn żołnierz! Niech dziecko ma flagi".

Wracamy, gdy na trawniku wokół grobu nie ma już choćby jednego niezagospodarowanego centymetra. Zostawiamy za sobą najbardziej bizantyjsko ustrojony nagrobek na całym Maryhill. Z napisem: „Jakub H. Kowalik »Kuba«. Son. Brother. LCPL U.S. Marine Corps. Operation Iraqi Freedom. Dec 2 1981 – May 12 2003".

W rodzinie, w której wszyscy, poza rodzicami, służyli w wojsku lub policji, po prostu musiało się to tak potoczyć. Dziadkowie, wujowie, stryjowie, kuzyni. Czerwone berety, zielone berety, czołgiści, załoga kutrów torpedowych.

A mimo to Danuta i tak szykowała dla Kuby setki alternatywnych scenariuszy.

Scenariusz pierwszy: Kuba jako inżynier. Albo mechanik samochodowy. Albo choćby złota rączka. Częściej miał ręce brudne niż czyste, bo gdy tylko coś się zepsuło, on siadał, grzebał, naprawiał. Majsterkował godzinami. Zmysł techniczny miał po tacie – absolwencie technikum mechanicznego. Zupełnie inaczej niż jego starszy o trzy lata brat Paweł, który po pięciu minutach rzucał wszystko, wykrzykując na odchodne: „Kuba, weź ty się tym zajmij".

Scenariusz drugi: Kuba jako weterynarz, skoro w domu od zawsze mieli małe zoo.

– Matko Boska święta, gdziekolwiek, cokolwiek znalazł, wszystko do domu znosił. Modliszki, motyle jakieś dziwne, wszystkie te malutkie dziwactwa. Potrafił mnie w środku nocy obudzić, gdy wracał z jakiejś dorywczej roboty. Ptaszka znalazł gdzieś pod rynną i kazał się nim opiekować. Antybiotyk dawać. A jak ptaszka nie dało się już uratować, to musiałam mu pogrzeb robić – z trumną i krzyżykiem, ze wszystkim.

Scenariusz trzeci: Kuba historyk, zajmujący się na co dzień wszystkim tym, co go tak pasjonowało w ukochanych filmach historycznych.

Scenariusz czwarty: Kuba pracujący z ludźmi. Wykorzystujący to, że straszny z niego – jak to mówi Danuta – *latopisz*. Czyli według jej słownika stworzenie, które całe dnie przebywa poza domem. Które nie może żyć bez rozmów, śmiechu, spotkań, odwiedzin u przyjaciół.

Scenariusz piąty, szósty, siódmy, ósmy... Którykolwiek. We wszystkim byłby świetny. Ze wszystkim by sobie radził. Byle nie zdecydował się na to wojsko.

Danuta wie doskonale, że jednak wybierze właśnie to, już w momencie, w którym robi synowi zdjęcie podczas wakacji na Helu. Kuba stoi nad brzegiem morza w krótkich spodenkach i białej czapeczce na głowie. W stronę obiektywu celuje ze spluwy zrobionej z patyka. Ma wtedy siedem lat. Zero pojęcia o tym, że za dwanaście w Maine East High School w Niles, tej samej, którą kończyli Hillary Clinton i Harrison Ford, pojawi się oficer, który zobaczy w Kubie przyszłego *marine*.

W łamaniu regulaminu cmentarza Maryhill Danuta Kowalik ma wprawę. Jest rok 1992, właśnie mija pięć miesięcy od momentu, w którym razem z dziesięcioletnim Kubą i trzynastoletnim Pawłem przylatuje do Chicago jednym z ostatnich rejsów linii Pan Am. Danuta niezdarnie krąży autem po cmentarnych alejkach, ćwicząc koperty i parkowanie prostopadłe. Przygotowuje się do egzaminu na prawo jazdy.

– Wszyscy uczą się tu na cmentarzu jeździć. Każdy manewr można spokojnie przećwiczyć. Kiedyś niechcący wjechałam w groby i trzeba było uciekać.

Nauczycielem jazdy jest dla niej Henryk Kowalik. Mąż.

– Tu w Stanach zawsze pisali jego imię „Henry K. Kowalik". Musiałam ciągle tłumaczyć, że żaden „Henry K.", tylko po prostu Henryk. Mój Henio.

Danuta wzbrania się, że nigdy nie siądzie za kierownicą, a on tłumaczy, że w Stanach bez auta ani rusz. Że to pierwsze, co musi zrobić, by nauczyć się życia po amerykańsku. Ma rację. Sam w Ameryce jest już od ponad dekady. W Polsce pracował jako nauczyciel. Pierwszy raz za ocean wyjeżdża na początku lat osiemdziesiątych. Jest już żonaty z Danutą. Do Stanów zaprasza go kolega, z którym chodził do technikum mechanicznego. Drugi raz wyjeżdża w 1986.

– To było oczywiste, że tam wróci. Był Ameryką absolutnie zafascynowany. Tym, że tu jest wszystko, a u nas w Polsce nie ma nic. Że są telewizory i *erkondyszyny*[3]. Że masz pieniądze i możesz sobie wszystko kupić. Że jak chcesz pracować, to praca jest i nikt cię o nic nie pyta.

Henryk na dobre rzuca posadę nauczyciela w Polsce i zaczyna w Chicago pracować na czarno. Zakłada z kolegą maleńką firmę: malują mieszkania, kładą kafelki, składają meble. On tęskni i marzy o tym, by znów mieć całą rodzinę blisko siebie. Ona – ledwo już daje radę.

– Ile można?! Ja sama, z dwójką dzieci, *full time* mama. Do tego praca na etacie w poradni wychowawczo-zawodowej, wyjazdy na szkolenia dla nauczycieli. Sporo tego, na jedną biedną Danusię trochę za dużo.

Gdy więc po czterech latach dochodzą do wniosku, że jedynym rozwiązaniem jest powrót Henia do kraju, jak na

---

3 *erkondyszyny* (dial. Pol. amer.) – klimatyzacja.

ironię, zostaje mu przyznana zielona karta. Dwa lata później dostaje ją już cała rodzina.

W Ameryce całą czwórką spotykają się w lutym 1992 roku. Jest brzydka, szara zima. Miejskie śmieci walające się po chodnikach wyzierają spod topniejącego śniegu. Wychodzą z lotniska, a wtedy Kuba pyta: „Czy to tak wygląda ta ładna Ameryka, o której tatuś opowiadał?".

Na początku Danuta jakoś podświadomie się przed całą tą Ameryką wzbrania. Przez pierwsze miesiące nawet nie rozpakowuje trzech walizek, które przywiozła ze sobą z Polski. Tak samo długo praktycznie w ogóle nie może jeść. Nic nie smakuje. Henryk robi, co może. Na Belmoncie, w centrum polskiej dzielnicy, wykupuje cały asortyment delikatesów, od kiełbasy śląskiej po polędwicę sopocką. Nic z tego. Smak nie ten. Danuta zaczyna nawet sama robić makaron, ale to też nie pomaga, bo tym razem mąka nie ta. Owoce? Tylko ładnie wyglądają, smakują jak papier. Smaków rodzimej Dąbrowy Tarnowskiej w chicagowskich realiach nijak nie da się odtworzyć. Danuta myśli wtedy, że Ameryka jest jej wroga. Ale naprawdę wroga to ona się robi znacznie później.

Po krótkim pobycie w Chicago Kowalikowie przeprowadzają się na przedmieścia, do Niles. Wynajmują mieszkanie przy ulicy Cumberland, w jednym ze schludnych, prostych wielorodzinnych domków. Dobry adres. Albo chociaż przyzwoity, bo bez luksusów – mieszkanko znacznie mniejsze niż poprzednie. Chłopcy muszą dzielić pokój, ale za to mają pod nosem bardzo dobrą szkołę – i to dla niej cała ta przeprowadzka. Dodatkowo w okolicy spore centrum handlowe, boisko do futbolu amerykańskiego, szpital. No i cmentarz, który jeszcze wtedy przydaje się wyłącznie do nauki jazdy.

W latach dziewięćdziesiątych Niles uchodzi za przystań dla zamożniejszych Polaków uciekających przed zgiełkiem

Chicago, ale samym Kowalikom wiedzie się nieszczególnie. Henryk zaczyna tracić kluczowych klientów. Danuta przez pierwszy rok nie pracuje, by przystosować się do życia w Ameryce. Codziennie wsiada do autobusu i jedzie do Chicago na Michigan Avenue na intensywny kurs angielskiego w National Louis University. Musi ze słuchu porządkować wersy piosenek Beatlesów. Jest prymuską, ma talent („Bozia dała mi dobre ucho"). Po jednym semestrze potrafi już sama dogadać się w urzędzie imigracyjnym i dopytać, czemu zielona karta Kuby jeszcze do nich nie dotarła.

Gdy jednak kończy kurs, nie może znaleźć żadnej pracy.

– Nawet do Jewela[4] pakować zakupy nie chcieli mnie przyjąć. Może to dlatego, że napisałam prawdę o swoim wykształceniu? Może powinnam była napisać, że mam tylko *high school* i nic więcej. A nie prawdę – że w Polsce skończyłam pedagogikę specjalną?

Praca pojawia się całkiem niespodziewanie. Podczas spaceru widzi szyld z napisem: „Kinder Care Learning Center". To przedszkolna sieciówka, popularna w całych Stanach. Wchodzi do środka i mówi, że chce u nich pracować. Jakimś cudem się udaje. Ma to, czego potrzebują: kierunkowe wykształcenie, doświadczenie i znajomość polskiego.

– Zaczynałam jako *teacher assistant*[5]. *Five dollars* za godzinę na start. Pięć *dolaresów*. Myślałam, że się zapłaczę. Potem podnieśli stawkę do *seven dollars*, ale pracowałam tylko dwadzieścia dwie godziny tygodniowo. Więc jak po dwóch tygodniach dostałam pierwszego czeka, pokładaliśmy się z mężem ze śmiechu. W Ameryce ludzie za takie pieniądze kupują sobie buty.

---

4 Jewel-Osco – sieć amerykańskich supermarketów.

5 *teacher assistant* (ang.) – asystent nauczyciela.

Zawsze to jednak jakiś start. Kopniak na szczęście. Może nie wiatr, ale przynajmniej zefirek w żagle. Dwa i pół roku po przyjeździe Danuty do Stanów Kowalikom jakoś w końcu zaczyna się układać. Są plany kupienia własnego domu. Jest dobra szkoła dla chłopców. Jest praca dla Danuty, nowe kontrakty dla Henryka. Są nawet walizki spakowane na rodzinny wyjazd do Wisconsin. *Life is good.*

I wtedy Henryk umiera.

– To wszystko dlatego, że nie spłukałam wanny.

4 września 1994 roku groteskowo i tragicznie kończy się to, co się zaczęło dwadzieścia trzy lata wcześniej, siedem i pół tysiąca kilometrów od Chicago, w Małopolsce. Mają po siedemnaście lat. Ona z Dąbrowy Tarnowskiej, on ze Szczucina. Gdy się poznają, jest zbolała i nieszczęśliwa. Bardzo samotna. Kilka miesięcy wcześniej straciła matkę, w okolicznościach tak tragicznych, że do dziś nikomu o nich nie opowiada. Ojciec, milicjant, jest wiecznie w pracy. Czasem w ostatniej chwili okazuje się, że nie zjawi się w domu na święta, a ona musi błyskawicznie wykombinować, jak przetransportować siebie i trójkę młodszego rodzeństwa dwadzieścia kilometrów dalej – na wigilię do babci.

Wybierają z Heniem te same studia – pedagogikę specjalną w Krakowie. Świetnie się uczą. Podczas studiów, jeszcze przed ślubem, rodzi się ich pierwszy syn – Paweł. Nieplanowany, ale z miłości. Drugi – Kuba – przychodzi na świat trzy lata później, w okienku między dwoma wyjazdami Henryka do Stanów.

W pierwszych dniach września 1994 roku Paweł ma już szesnaście lat, Kuba trzynaście. Danuta czterdzieści. Tak jak Henryk. Za trzy tygodnie planują świętować jego urodziny. Teraz jednak całą czwórką przygotowują się do rodzinnego wypadu do Wisconsin. Ameryka cieszy się właśnie długim weekendem z okazji Labor Day – święta obchodzonego na cześć wszystkich, którzy ciężką pracą przyczyniają się do rozkwitu i prosperity Stanów Zjednoczonych. Właśnie wtedy, tuż przed wyjazdem, historia z wanną zmienia ich życie.

– Ja tę wannę wyczyściłam, ale nie zdążyłam spłukać i położyć maty na dnie. Mąż poszedł wziąć *szałer*[6] i wtedy usłyszałam to łup! Poślizgnął się i upadł.

Środa. Henryka boli, ale za nic w świecie nie chce iść do lekarza. Przecież w całym swoim życiu chory był tylko raz – na anginę.

Czwartek. Henryk nie idzie do pracy, bo ból nie pozwala mu normalnie funkcjonować.

Piątek. Henryk leży w domu. Cierpi tak, że nie może się już ruszać.

Sobota. Zaczyna wymiotować krwią. Boi się. Po południu w końcu zgadza się, by zabrano go do szpitala.

Niedziela. Po dwudziestu sześciu godzinach walki lekarze nie są w stanie już nic zrobić.

– Ostre zapalenie trzustki i wylew wewnętrzny.

Na jego grób w Maryhill Cemetery trafić można bardzo łatwo.

– *Section eleven*, na samym *cornerze*[7] cmentarza. – Zaledwie kilka metrów od miejsca, w którym dziewięć lat później pochowany zostaje Kuba. – Zaraz po pogrzebie męża stałam koło jego grobu i powiedziałam sobie na głos: „Coś ty, kurwa, Heniu, najlepszego narobił?!".

Choć jest dopiero marzec, to słońce nad San Diego już wyrabia sto procent normy. Filtry ochronne zawodzą, dekolt i twarz Danuty prawie skwierczą, ale i tak to jeden ze

---

6 *szałer* (dial. Pol. amer.) – prysznic.

7 *Section eleven*... (ang.) – sekcja jedenasta w samym rogu.

szczęśliwszych dni od czasu, gdy Henia zabrakło w jej świecie. Kalifornia, której wcześniej jakoś nigdy nie udało się jej odwiedzić, wyzwala endorfiny w mózgu. U boku – syn Paweł i nowy partner Józek, zwany Joe, zwany Kotem, w którego mieszkaniu w Schaumburgu pod Chicago Danuta od niedawna mieszka. No i Kubuś – taki dziś piękny, taki elegancki w tym mundurze.

Jest rok 2002. Sześć miesięcy wcześniej w Nowym Jorku runęły wieże World Trade Center, a wraz z nimi ostatnia nadzieja na to, że Kuba jednak zrezygnuje ze szkoły wojskowej. „Kraj mnie potrzebuje, mamo", więc koniec dyskusji.

Jednak teraz ani na niebie, ani w głowie Danuty choćby jednej chmurki. Przy takiej pogodzie, w tak uroczystej atmosferze trudno przecież snuć czarne scenariusze.

– Taka z niego dumna byłam. Myślałam sobie: „Tylu chłopaków w tym wojsku, Kuba będzie *the lucky guy*. Cieszmy się – jest *graduation day*. Kubuś kończy szkolenie wojskowe, od dziś jest pełnoprawnym *marine*".

Siedząc na trybunach Marine Corps Recruit Depot, Danuta myśli o własnych potyczkach z losem i dochodzi do wniosku, że wywalczyła w nich co najmniej uczciwy remis. Te miesiące po śmierci Henia, kiedy Kuba – z szoku czy smutku, a może ze wszystkiego po trochu – w ogóle przestaje mówić. Ten moment, w którym Paweł wybiega z terapii rodzinnej, trzaskając drzwiami i wrzeszcząc, że do niczego mu to niepotrzebne. Te dyskusje, w których dorastające chłopaki proszą ją, by kupiła im pagery, a ona nie bardzo wie nawet, za co opłaci mieszkanie. To wszystko już za nią. Pieśń przeszłości. Topór wojenny z życiem został zakopany.

Nie ma limitu osób, które mogą przybyć na dzisiejszą uroczystość, Danuta myśli więc też o tym, czy sprawdzi się jej patent na to, by Kubuś, biegnąc w *motivational run*, pokazowym treningu świeżo upieczonych *marines*, dostrzegł ją w tłumie i wiedział, że mama jest blisko.

– Ubrałam się na ten dzień jak pół idioty. Lniana sukienka, bo gorąco, a na nią – niebieska kurtka przeciwdeszczowa z kapturem, z flanelką w środku. To była nasza wspólna kurtka, Kuby i moja. Więc jak tylko chłopaki biegli, założyłam ten kaptur na głowę i krzyknęłam „Hej, Kuba!", a on od razu mnie zauważył. „Mamo, jak cię tam zobaczyłem, to myślałem, że padnę" – tak potem powiedział.

Kuba znika z areny, by prostą koszulkę i treningowe spodenki zamienić na mundur reprezentacyjny i wziąć udział w dalszych uroczystościach. Chwilę wcześniej ustawia się w kolejce do szybkiej sesji zdjęciowej. Wyciąga przed siebie ręce, wkłada mundur przyczepiony z tyłu tylko na rzepy, zakłada pośpiesznie czapkę na głowę i pozuje do pamiątkowego zdjęcia. Wygląda świetnie. Jakby wiedział, że to na podstawie tej fotografii po jego śmierci powstanie portret, na którym wygląda jak Kościuszko.

You will find us always on the job
The United States Marines.
Here's health to you and to our Corps
Which we are proud to serve;
In many a strife we've fought for life
And never lost our nerve;
If the Army and the Navy
Ever look on Heaven's scenes;
They will find the streets are guarded
By United States Marines[8].

---

[8] Fragment hymnu amerykańskiej piechoty morskiej: „Zawsze znajdziesz nas na służbie, / Nas – amerykańskich *marines*. / Jesteśmy dla ciebie i naszej piechoty, / Której służymy z całych sił. /

Danucie w domu przypomina Kubusia nie tylko „kościuszkowski" portret, ale też worek z jego osobistymi rzeczami, nieśmiertelnikami, ubraniami i skarpetami, które z Iraku do Chicago wróciły wraz z kurzem pustyni i piaskiem drobnym jak mąka. Leżą w *bejsmencie*[9], dotąd nieuprane, by z powierzchni ziemi nie zniknął choćby atom tego, co matce po nim pozostało. Ona potrzebuje mieć syna przy sobie cały czas.

Pewnie dlatego jej samochód, sfatygowany, biały SUV marki Toyota, wygląda jak mobilne muzeum pamięci Jakuba Kowalika. Przy kierownicy, w schowku na napoje, zamiast wody zawsze leży jego zdjęcie. Obok zdjęcia na desce rozdzielczej okrągła naklejka z napisem: „*My son is a United States Marine*"[10]. Na tylnym siedzeniu jeździ pluszowa żaba w czerwonej koszulce USMC (United States Marine Corps). Kuba podarował ją Danucie w San Diego, podczas *graduacji*. To taki ich wewnętrzny dowcip – częściej niż „Mamą" nazywał ją „Żabą". Nie wiadomo dlaczego, tak wyrażał swoją czułość i już. Jest też tablica rejestracyjna toyoty, na której zamiast tradycyjnego numeru widnieje napis: „KUBUS 21". I najważniejsze, a zarazem najbardziej bolesne: szarfa zwisająca z siedzenia kierowcy. Trochę już wyblakła, trochę podniszczona, nadal wymowna. Eleganckie złote frędzle, biały prostokąt w prostokącie czerwonym, a na nim – Złota Gwiazda. Atrybut każdej członkini klubu

---

W wielu bitwach walczyliśmy o życie, / Lecz nigdy nie straciliśmy zimnej krwi, / Gdy spojrzysz w niebo – czy w armii, czy w marynarce, / Zobaczysz na nim ulice strzeżone / Przez United States Marines".

9 *bejsment* (dial. Pol. amer.) – piwnica (od ang. *basement*).

10 *My son*... (ang.) – Mój syn służy w Marynarce Stanów Zjednoczonych.

Gold Star Mothers. Amerykańskich matek, które straciły swoich synów na wojnie.

– Wszystkie mówimy, że myśmy się do tego klubu nie zapisywały. Nie chciałyśmy do niego należeć. Nam to po prostu zostało dane.

W rozmowach z Kubą ta nieszczęsna Złota Gwiazda pojawia się tylko raz – w dniu, w którym najczęściej wymawianym przez Amerykanów słowem jest „terroryzm". 11 września 2001 roku Danuta widzi się z synem dopiero wieczorem, ale myśli o nim cały dzień, od momentu, gdy w drodze do pracy słyszy w radiu o ataku na nowojorskie Twin Towers. Z upływem godzin boi się coraz bardziej. Trochę tego, że Chicago będzie kolejnym celem zamachowców, ale bardziej że teraz już na pewno nie wybije Kubie z głowy decyzji, o której chłopak przebąkuje od dwóch lat. Że za trzy miesiące pojedzie na szkolenie do San Diego na wojskowy *bootcamp*[11].

– Zdecydowałem i idę.

– Czy ty widzisz, co się dzieje? Nie wiadomo, co z tego będzie!

– No to jak zginę, to dostaniesz Purple Heart[12] i Złotą Gwiazdę.

– Dziecko, czy ty zdajesz sobie sprawę z tego, co ty mówisz?! Ty jesteś wart wszystkie miliony na świecie i ty mi mówisz, że dostanę Złotą Gwiazdę?

Taki to był jego niby-żart.

---

11 *bootcamp* (ang.) – obóz rekrutów.

12 Purple Heart – Purpurowe Serce, odznaczenie przyznawane w imieniu Prezydenta Stanów Zjednoczonych tym, którzy zostali ranni lub zabici w czasie służby wojskowej w Siłach Zbrojnych Stanów Zjednoczonych.

Kuba pewnie wie, że nietrafiony, temat Złotej Gwiazdy nigdy już do ich rozmów nie wraca. A tych jest sporo, choć coraz częściej już tylko telefonicznych, bo po raz ostatni przyjeżdża na przepustkę we wrześniu 2002 roku. Odkąd Kuba jest w wojsku, Danuta śpi z dwoma telefonami przy boku. W szkole, w której pracuje, też od razu zastrzega, że nigdy podczas lekcji komórki nie wyłączy.

Grudzień 2002. Po rozpoczęciu służby w Camp Pendleton. Kuba dzwoni i opowiada Żabie o Melanie – dziewczynie, którą poznał na miejscu. I jeszcze o jej córeczce – małej Aero, na punkcie której całkowicie oszalał. Mówi, że nie chciałby długo czekać z założeniem rodziny i że może właśnie Melanie będzie tą jedyną. Ona ma to „coś", nie jest wyłącznie ładna. Kuba dobrze pamięta, co Danuta od zawsze mu mówiła: „Piękne i *blondie* nadają się tylko do Hollywood".

Luty 2003. Po przybyciu na trening do Kuwejtu dzwoni, by uspokoić Danutę, powiedzieć, że wszystko w porządku. Bo jeszcze podczas ich poprzedniej rozmowy miał nadzieję, że go do tego Kuwejtu nie wytypują. Podobnie jak wszyscy inni – kto by się pchał, gdy atmosfera na Bliskim Wschodzie robi się tak napięta? Ale go wybrali, wpisali na listę jako ostatniego... Teraz jest jednak zadowolony. Mają w bazie Pizzę Hut, a w walentynki awansował do stopnia *lance cpl*, starszego kaprala.

Marzec 2003, Irak. 19 marca wybuchła wojna, więc ruszyli tu z Kuwejtu czołgami. Opowiada o tym, że codziennie biega po pustyni. Że w oddali widzi światła Babilonu, gdzie stacjonują polskie wojska. Może kiedyś mógłby do nich dołączyć, pracując jako tłumacz. Wszyscy są w bazie głodni, bo konwoje z jedzeniem są wysadzane w powietrze. Irakijczycy są mili i częstują ich grillowanym mięsem.

11 maja 2003, Irak. Kuba dzwoni z życzeniami – jutro w Ameryce Dzień Matki. To jego ostatni telefon do Danuty.

W kraju, który od wieków ma na swoim koncie wojny i wojenki w każdym możliwym zakątku świata, struktura wojska nie może być nieskomplikowana. To, co potocznie określa się po prostu mianem U.S. Forces, to zbiór mniejszych i większych, bardziej i mniej prestiżowych formacji. Na liczącą ponad półtora miliona amerykańskich żołnierzy armię składa się więc U.S. Army (siły lądowe), U.S. Air Force (siły powietrzne), U.S. Navy (marynarka), U.S. Coast Guard (straż wybrzeża) i wreszcie piechota morska, czyli U.S. Marine Corps. Ta ostatnia to w amerykańskiej armii prawdziwe *crème de la crème*.

Do *marines* zgłasza się tak wielu ochotników, że siłą rzeczy wybierani są wyłącznie ci najsprawniejsi fizycznie i najlepiej wykształceni. Rekrutów kusi głównie różnorodność wykonywanych w tej formacji zadań (od typowo wojskowych po inżynieryjne) oraz to, że w przeciwieństwie do armii lądowej *marines* służą głównie za granicą. To właśnie oni trafiają na czołówki gazet, bo biorą udział w najważniejszych konfliktach zbrojnych i misjach stabilizacyjnych świata: na Pacyfiku, w Korei i Wietnamie, w Libanie, Tajlandii, Bejrucie, Zatoce Perskiej i Somalii. Służba w *marines* od lat wiąże się z najlepszym wyszkoleniem i sprzętem, najwyższą w całym wojsku gażą, ale też z największą śmiertelnością. Jedna czwarta ofiar amerykańskiego wojska wywodzi się właśnie z ich szeregów. A ci, którzy z konfliktów zbrojnych wracają żywi, często jeszcze przez lata muszą walczyć z zespołem stresu bojowego.

Mimo to służba w *marines* kusi. Choćby ze względu na dodatkowe profity, które dla wielu młodych chłopaków mieszkających w Ameryce nigdzie indziej nie byłyby dostępne.

Po pierwsze – dodatki rodzinne, dzięki którym żona i dzieci oficera piechoty morskiej mają zapewnioną przyszłość bez względu na okoliczności. Kuba jednak nie zdążył się ożenić. Po drugie – GI Bill, czyli stypendium na (niezwykle w Stanach kosztowne) studia. Przyznaje się je po dwóch latach służby, Kuba był w armii tylko półtora roku. Po trzecie – co istotne dla obcokrajowców – obietnica amerykańskiego obywatelstwa. Swoje Kuba otrzymał z okazji urodzin. Pierwszych po śmierci.

Koniec świata do Danuty przychodzi razem z bólem głowy. Takim, jaki opisuje się, gdy chce się opisać ból nie do opisania: rozdzierający skronie, zagłuszający zmysły, rodzący pragnienie, by cały świat na moment zamilkł. Migreny to kolejne ogniwo łączące Danutę z Kubą – on sam kiedyś z bólu stracił nawet przytomność i Danuta teraz też jest tego bliska.

Migrena zawsze przynosi cierpienie i zawsze osłabia. Dziś – dodatkowo – irytuje jak nigdy, bo nie pozwala się porządnie nacieszyć. Tym, że dziś 12 maja – amerykański Dzień Matki. Tym, że Kuba wczoraj wieczorem dzwonił z życzeniami. Tym, że powiedział, że niedługo wraca. A wtedy jeszcze tylko trzy trasy: Irak – Kuwejt, Kuwejt – Kalifornia, Kalifornia – Chicago i Kuba już razem z nią, na przepustce, w domu. Po raz pierwszy od ośmiu długich miesięcy.

Może właśnie przez tę migrenę Danuta nie zwraca najmniejszej uwagi na to, co rano – gdy szykuje się do pracy – mówią w CNN. A mówią, że w Iraku coś wybuchło i że są ofiary.

Ona już biegnie do szkoły, by podzielić się dobrymi nowinami, na które wszyscy tam czekają, bo jako jedyna w okolicy ma dziecko w Iraku. Poza tym pracuje tam już dziewięć lat, więc wszyscy oni jak rodzina. Danuta chwyta marker w dłoń i pisze na tablicy w *lunch roomie*: *„I spoke with Kuba. He is ok. He will be leaving Iraq soon and going to Kuwait*”[13].

Najchętniej wieściami od syna podzieliłaby się jeszcze z całym światem, ale sił jej starcza już tylko na telefon do przyjaciółki. Po powrocie do domu daje za wygraną. Odpuszcza *barbecue*, które Joe urządza razem z sąsiadem. Musi się po prostu położyć spać.

Zasypia mocno, snem kamiennym. Dającym ukojenie. A raczej – takim, który ukojenie by dał, gdyby w środku nocy nie został przerwany łomotaniem do drzwi. Gdy słyszy pukanie, świadomość wraca do niej jednocześnie: powoli i błyskawicznie. Nie na tyle szybko, by pamiętała o założeniu szlafroka. Na tyle, by uświadomiła sobie, że goście o tej porze oznaczają tylko jedno.

Ciało w porozumieniu z podświadomością robi wszystko, by do drzwi dotrzeć jak najpóźniej. Rozum – z każdym stopniem, który pokonuje do drzwi z położonej na piętrze sypialni – przypomina jej o tym, co mówił jej Kuba i co ona mówiła jemu.

…

– Kraj mnie potrzebuje, mamo.

…

– Tylu chłopaków w tym wojsku, ty będziesz *the lucky guy*.

…

---

13 *I spoke…* (ang.) – Rozmawiałam z Kubą, wszystko u niego w porządku. Niedługo wyjeżdża z Iraku i wraca do Kuwejtu.

– Dostaniesz, mamo, Złotą Gwiazdę.

...

– Żabo, oni nigdy nie dzwonią. Jeśli coś się dzieje, pukają do drzwi.

...

I teraz pukają. Są u niej, przed domem w zacisznym, podmiejskim Schaumburgu, w którym nic prócz spokoju ducha nie powinno się ludziom przydarzać. Podchodzi do drzwi, patrzy przez wizjer. Widzi mundury. Nie galowe, tylko takie zielone, normalne. Wie jedno – za żadną cenę nie może im otworzyć.

– Mrs. Kowalik, proszę otworzyć drzwi.

– Nie!

– Zawsze mu mówiłam: ja prawie ciebie zgubiłam.

Bo niewiele by brakowało, a urodziłby się w samochodzie podczas drogi na porodówkę. Kuba przychodzi na świat 2 grudnia 1981 roku i od tej pory zegar precyzyjnie odmierza dwadzieścia jeden lat, pięć miesięcy i dziesięć dni jego życia. Z pierwszym synem – Pawłem – poród poszedł jak po maśle. Druga ciąża Danuty – ta z Kubą – jest jednak skomplikowana, musi więc rodzić w szpitalu specjalistycznym. W Krakowie oddział położniczy jest zamknięty z powodu jakiejś bakterii, trzeba jechać do Tarnowa. Poród na szczęście przebiega bez większych komplikacji. No, z wyjątkiem tego, że na świat miała przyjść dziewczynka. Paulina Anna. A pojawia się on.

To jednak akurat Danutę cieszy jak mało co.

– To mąż marzył o córkach, a ja zawsze jak u Maryli Rodowicz: „Chcę mieć syna ślicznego, chcę mieć syna dzielnego, który byłby podobny do ciebie".

Nowa sytuacja na tyle jednak zaskakuje rodzinę, że przez kilka pierwszych dni życia Kuba w ogóle nie ma imienia.

W szpitalu aż do wypisu funkcjonuje jako „Kowalik syn". I dopiero za jakiś czas Danuta z dwiema innymi kobietami leżącymi z nią na oddziale dochodzi do wniosku, że skoro cała trójka noworodków taka urocza, taka pulchna jak Puchatek, to może wszystkie nazwą synów Kubuś.

W późniejszych latach Danuta lubi mówić o Kubie *the miracle baby*, bo choć od samego początku pojawiają się wokół niego jakieś problemy, to równie szybko znajdują się na nie rozwiązania. Mniej to jednak zasługa cudu, bardziej – jej waleczności i uporu. Z tych mniejszych i większych problemów Kuby rodzi się zresztą to, co Danuta otwarcie nazywa *overprotectiveness* – zwykła matczyna nadopiekuńczość. Świadomość, że Kuba, choć nigdy nie narzeka, jest synkiem, na którego ciągle trzeba chuchać i dmuchać.

Niecałe dwa tygodnie po narodzinach Kuby w Polsce wybucha stan wojenny i z tego powodu dla pulchnego Puchatka zaczyna brakować jedzenia.

– Kubuś mój, będąc *bejbikiem*, zaznał głodu. Naprawdę zaznał głodu. On płakał i ja. Pomaga zaprzyjaźniony ksiądz z Dąbrowy Tarnowskiej – dostarcza rodzinie mleko dla niemowlaka, a przy okazji czekoladę, masło, a nawet banany dla starszego syna, Pawła.

Po klęsce głodu przychodzą problemy z alergią, właściwie na wszystko. Od czekolady, przez owoce, po pyłki traw.

– Ciągle musiałam patrzeć, żeby on nie wszedł w krzaki, w pokrzywy, w trawę. Jednego razu przyszedł do domu, stanął pod drzwiami w Dąbrowie Tarnowskiej, a ja się go pytam: „Chłopczyku, a co ty chciałeś?". Własnego dziecka nie poznałam, taki był spuchnięty.

Trzeba z Kubą jeździć do krakowskiego pulmonologa, wydawać krocie na szczepionki z Anglii. Bez pieniędzy przysyłanych regularnie przez Henryka z Ameryki na pewno by się nie udało. I właśnie ta alergia zaważa później na decyzji Danuty o tym, by dołączyć z synami do męża w Chicago.

– Kiedy lekarka usłyszała, że mamy szansę jechać do Stanów, od razu powiedziała, że to najlepsze rozwiązanie. Bo tam nie będzie miał alergii na to, co ma w Polsce. I to okazało się prawdą. Przynajmniej połowicznie, bo z Iraku, razem z rzeczami Kuby wraca także jego inhalator. Pomagał mu, gdy w okolicy szalały burze piaskowe.

Gdy 12 maja 2003 roku do domu Danuty pukają wojskowi, dobrze wie, że tym razem jej *miracle baby* nie udało się już uchronić od złego. W pierwszych miesiącach od śmierci Kuby każdego dnia zadaje sobie pytanie, jak potoczyłyby się sprawy, gdyby przed alergią nie uciekli do Ameryki.

– To była ostatnia rzecz, jaką chciałam zrobić – otworzyć te drzwi. Chyba z piętnaście minut tak stali. „Nie wpuszczę was. Ja wiem, co mi chcecie powiedzieć. Nie chcę was tu widzieć. Nie chcę. Jedźcie sobie stąd!"

Na zewnątrz było zimno, deszczowo. Spałam w takiej cieniutkiej białej flanelowej koszulce z niebieskimi różyczkami z długim rękawem i w skarpetkach, bo mi nogi strasznie marzły. Tak im właśnie w końcu otworzyłam. Było ich trzech: dwóch oficerów (major i *casualty officer*[14]) i kapelan, bo Kuba miał na nieśmiertelniku napisane, że jest katolikiem.

Kiedy weszli, to nie dawałam dojść im do głosu. Zaczynali: *„Mrs. Kowalik, we are very sorry, but we have to tell you…"*[15], a ja przerywałam: *„I don't want to hear it! Don't want to hear it*

---

14 *casualty officer* (ang.) – oficer informujący rodzinę i bliskich o śmierci ich krewnego w czasie służby.

15 *Mrs. Kowalik, we…* (ang.) – Pani Kowalik, jest nam przykro, ale musimy pani powiedzieć…

at all!"[16]. Docierało to do mnie i nie docierało. Powtarzałam, że rozmawiałam z moim synem wczoraj, więc mi nie mówcie, że zginął. W przyszłym tygodniu kończą robotę w Iraku i wracają do Kuwejtu. Wreszcie major przerwał: „*Mrs. Kowalik, it was yesterday. But everything changed. It happened today. Whatever was yesterday, it was yesterday*"[17].

Nie wiem, ile u mnie siedzieli. Wieki całe. Mój Joe się obudził, zszedł na dół i zaczął zalewać się łzami. Ja nie. Przez kolejne pół roku nie potrafiłam się rozpłakać.

Wiedzieli z raportu, że mam jeszcze jednego syna, kazali mi do niego zadzwonić. Taka jest procedura – muszą powiadomić wszystkich członków najbliższej rodziny. Nie zgadzałam się, nie w środku nocy. Była czwarta nad ranem. A oni powiedzieli, że nie wyjdą, póki tego nie zrobię. Muszą wiedzieć, że on wie. Więc w końcu zadzwoniłam i mu powiedziałam. A on: „Mamo, o czym ty mówisz? Przecież wczoraj rozmawiałaś z Kubą i wszystko było OK. To jakaś pomyłka". Odłożył telefon i poszedł dalej spać. Nie uwierzył.

Do dnia, w którym zginął Kuba, na wojnie w Iraku śmierć poniosło ponad dwustu żołnierzy. Kuba jest dziesiątym poległym w maju 2013. Nie zdąży dojechać do Bagdadu. Ginie sto czterdzieści kilometrów od stolicy, w maleńkiej bazie w miejscowości An-Numanijja na wschodzie kraju. W raporcie, który dostała Danuta, jest wyłącznie data śmierci chłopaka (12 maja po południu) oraz informacja o tym, że razem z Kubą zginął inny żołnierz – pochodzący z Kalifornii Meksykanin Jose F. Gonzalez Rodriguez, trzy lata młodszy od Kuby.

---

16 *I don't...* (ang.) – Nie chcę tego słuchać!

17 *Mrs. Kowalik, it...* (ang.) – Pani Kowalik, to było wczoraj. Ale wszystko się zmieniło. To się stało dziś. Wczoraj to wczoraj.

A Danuta chce wiedzieć, jak to się stało, że w dniu śmierci Kuby żołnierze z jego grupy wrócili już do Kuwejtu, a jej syn jeszcze został w Iraku. W jakich okolicznościach zginął? W jakim stanie jest jego ciało? I kiedy przywiozą je z powrotem do Stanów?

Wiadomo, że Kuba służył w 1st Maintenance Battalion, czyli w tak zwanej brygadowej grupie remontowej. To druga linia Pierwszej Dywizji Piechoty Morskiej, a w zasadzie – jej logistyczne wsparcie. Zadania jego batalionu były pracą ciężką i żmudną: kopanie okopów, budowa baz, dostarczanie paliwa i amunicji szybko przemieszczającym się grupom szturmowym.

Wiadomo też, że Kuba zgłosił się na ochotnika, by w Iraku zostać dłużej i zająć się tym, co było jego specjalizacją. *Ammunition detachment*. Wszystko, co miało wkrótce wystrzelić lub wybuchnąć, przechodziło przez jego ręce. Dbał o to, aby szturmowcom niczego nie zabrakło.

Tyle faktów. Nic więcej.

Przyczyna tragicznej śmierci Kuby w oficjalnych dokumentach opisywana jest lakonicznie jako *handling unexploded ordnance that detonated* – operowanie niewybuchami, które eksplodowały. Danuta woli jednak po prostu mówić, że wybuchło coś, co wybuchnąć nie powinno. Prawdopodobnie jakiś pocisk granatnika. Więcej nic nie wie.

Ciało syna dociera do Chicago po dwunastu dniach, cztery dni później organizują mu wojskowy pogrzeb. Już po pogrzebie Danuta dostaje zdjęcie przysłane przez przyjaciół Kuby z Kuwejtu. Stoją na baczność na pustyni przed dwoma wbitymi w ziemię karabinami. Na karabinach – kaski, przy karabinach – wojskowe buty. Spontaniczny wojskowy memoriał ku pamięci Kuby i Jose.

Danuta w domu w Schaumburgu szykuje nam kawę. Dla mnie zwykłą, dla siebie lurę. W zasadzie to po prostu wodę zabarwioną na czarno dla smaku, bo musi uważać na ciśnienie. Do kawy delicje szampańskie i torcik wedlowski, z polskiego sklepu. Zachomikowany od jakiegoś czasu na specjalną okazję. A co może być bardziej specjalnego niż rozmowa o Kubie? Cały deser serwuje na zastawie z duraleksu.

– Dostałam te duraleksy lata temu, na moje odejście z pracy w Polsce, na pożegnanie. Całe pudło tego było, teraz zostało może sześć sztuk. Ale przetrwały. Duraleks jest twardy, bardzo trudno go zniszczyć. Nie zbije się od byle czego, jak się go zwyczajnie upuści. Tłucze się dopiero, jak się zderzy z czymś naprawdę mocnym.

Tak mi tłumaczy, a ja zaczynam się zastanawiać, czy nadal mówi o zastawie, czy może już bardziej o sobie.

O Danucie też nie sposób mówić inaczej niż jak o twardej kobiecie. Pozory? Trudno powiedzieć.

– Zabita głowa jest zabitą głową. Zabite serce to jest lód. Tam u mnie w środku teraz jest lód. Tam jest skała i ja nie wiem, czy ona kiedykolwiek skruszeje. Tam w środku jest dalej to, co było, to wszystko dalej tam siedzi.

Po śmierci Kuby wojsko proponowało Danucie i jej drugiemu synowi pomoc psychologa. Odmówili, twierdząc, że sami muszą sobie ze wszystkim poradzić. Danuta momentami walczyła ze sobą, na przykład gdy jadąc samochodem, chciała odbić kierownicą i uderzyć w jeden z filarów na autostradzie. Paweł zamykał się u siebie na całe godziny i grał w gry wojenne na playstation. Danuta niedługo po tragedii zakończyła swój dziesięcioletni związek z Joem. Ciągle ją pytał, kiedy będzie znów taka promienna jak kiedyś, a ona nie miała dla niego innej odpowiedzi niż „nigdy". Przyjaźnili się aż do końca – zmarł na serce trzy lata temu.

Paweł na pięć lat związał się z dziewczyną, której brat zginął w wypadku motocyklowym tego samego dnia co Kuba. Teraz oboje są sami. Danuta mieszka w Des Plaines pod Chicago, ale na całe lato wynajmuje mieszkanie przyjaciołom i wprowadza się do Pawła, który nadal mieszka w Schaumburgu.

Pracuje od dziewiątej rano do wpół do drugiej – tak samo jak wtedy, gdy Kuba żył. I w tym samym miejscu – Kinder Care Learning Center. Już osiemnasty rok. Różnica jest jedna – z takim bagażem smutku w portfolio o wiele trudniej jej znieść, gdy nieuleczalnie chore dzieci, którymi się zajmuje, umierają. A każdego roku umiera jedno lub dwoje.

Żalu ma w sobie mało. Do siebie w ogóle, bo czuje, że zrobiła wszystko, by Kuba do wojska nie poszedł. Nawet jeśli Paweł nadal ją o to obwinia.

Do polskiej ambasady – trochę. Jest jej przykro, że po stracie syna nikt nie udzielił jej wsparcia, nie napisał nawet listu z kondolencjami.

– Tak jakby nazwisko Kowalik nie istniało. A przecież Kuba był obywatelem polskim, tylko że w amerykańskim wojsku.

Najwięcej w niej żalu do George'a Busha i marzy o tym, by mu to kiedyś wygarnąć. W 2006 roku razem z piętnastoma innymi Gold Star Mothers zostaje zaproszona do Waszyngtonu. Na cmentarzu Arlington otworzono właśnie wystawę z portretami wszystkich żołnierzy poległych w Iraku. W programie jest też zwiedzanie Białego Domu i spotkanie z prezydentem. Danuta nie pojawia się na czas. W samolocie, którym leci do stolicy, psuje się silnik, muszą wrócić do Chicago, dolatuje dopiero kolejnym. Za późno. Żałuje do dziś.

– Najmocniejszą wiązankę, jaką wymyśliłam, chciałam mu puścić. Że wojna w Iraku jest zupełnie bez sensu. Że to jest nic innego jak morderstwo. Że z mojego punktu widzenia on jest po prostu mordercą. Kiedyś jeszcze będzie okazja. Jeszcze mu to powiem.

Wojska nie obwinia. Już nie.

– Na rekrutera byłam zła, ale wcześniej, zanim Kuba poszedł do wojska. Ten oficer przez dwa lata do mnie telefonował, a ja krzyczałam na niego, żeby zostawił Kubę w spokoju.

Teraz wojsko nie jest już wrogiem. Harmonogram jej życia wyznaczają kolejne uroczystości wojskowe, na które jeździ razem z Pawłem. Memorial Day poświęcony tym, którzy zginęli za ojczyznę. Veterans Day – dzień wszystkich, którzy służyli w wojsku. Gold Mothers Day – organizowany w każdą ostatnią niedzielę września. 4th of July – na cześć niepodległej Ameryki. I oczywiście bale charytatywne United States Organization, na których spotyka hollywoodzkie gwiazdy – Billa Murraya czy Gary'ego Sinise'a.

– Po śmierci Kuby to wojsko dawało mi podporę i siłę. Dało mi świadomość, że Kuba nie zginął dlatego, że się zapił i wpadł pod auto. Robił wspaniałą robotę i zginął, wykonując swoją pracę. Z chłopczyka, który urodził się w Dąbrowie Tarnowskiej pod imieniem Kowalik syn, stał się amerykańskim bohaterem. Zupełnie niechcący, przez to, że zachciało nam się przyjechać do Stanów, nasza rodzina wpisała się w historię Ameryki.

Danucie zostało teraz jeszcze tylko jedno marzenie związane z płytą DVD, która przyszła do niej czternaście lat temu. Przysłał ją jeden z oficerów, z którym Kuba był na misji. Fotograf amator. Na płytkę nagrał zdjęcia z całej trasy, którą pokonał jej syn – od Kuwejtu po bazę An-Numanijja.

Teraz Danuta chciałaby pojechać do Iraku i ruszyć śladami syna. Może uda jej się porozmawiać z ludźmi, których tam poznał. Może opowiedzą jej prawdę, której sama nie zdołała ustalić. Może na miejscu są jacyś świadkowie dramatu, który rozegrał się 12 maja 2003 roku. Nie umie się pogodzić z tym, że ciągle w jej głowie więcej jest pytań niż odpowiedzi.

Przed wyprawą Danutę powstrzymuje sytuacja w Iraku. Ale też wspomnienie z wyjazdu na uroczystości wojskowe na Hawajach.

– W sali kinowej puszczono nam film o ataku Japończyków na Pearl Harbor. Siedzieliśmy wymieszani – Amerykanie obok japońskich turystów. Słyszałam szloch Japończyków, przecież to ich najbliżsi tam zginęli. A wtedy usłyszałam też amerykańskie głosy: „*What are you doing here? We don't want you here!*"[18]. W tym momencie poczułam, że gdybym pojechała do Iraku, tamci ludzie też popatrzyliby na mnie i powiedzieli: „*What the fuck are you doing here? Your son is a killer!*"[19].

Na razie więc Danuta decyzję o wyjeździe odkłada. Żyje z dnia na dzień. Dla siebie. Dla Pawła. I dla małego Jacoba – chłopca, który urodził się rok temu najlepszemu przyjacielowi Kuby, Dougowi, i który swoje imię zawdzięcza tragicznie zmarłemu wujkowi. Planuje krótkofalowo. Dziś ma w planach tylko jedno.

– Buszując w *bejsmencie*, znalazłam takie maleństwo, bibelocik. Dostałam to kupę lat temu od mojej bratowej i dzisiaj już się rozleciało. Jest z metalu, na takiej podstawce

---

[18] *What are*... (ang.) – Co ty tu robisz? Nie chcemy cię tu!

[19] *What the*... (ang.) – Co ty tu, kurwa, robisz? Twój syn to morderca!

z napisem „Drzewko szczęścia". Z kamyczkami, turkusikami, które nie wiedzieć kiedy odpadły, poodklejały się. Ja sobie naprawię dziś to drzewko szczęścia i postawię tam, gdzie powinno stać, a nie gdzieś tam leżeć w *bejsmencie* w pudełku. I będę pilnować mojego drzewka szczęścia.

Może karta jeszcze się odwróci. Danuta ma dopiero sześćdziesiąt jeden lat.

POLAMER
US
MONEY EXPRESS
TATTOO

GODZINY OFISOWE

BARBARA

– Ta na okładce to Barbara? – pyta pani z blond trwałą ondulacją, kładąc na ladzie najnowszy numer „Pani Domu", bo do sklepu przyszła po mięso i ploteczki. Kiełbasa jest miejscowa. Ploteczki – też świeżutkie, lecz zamorskie. Dopiero co przez ocean z Polski przybyły.

– Tak, tak, Barbara – odpowiada od niechcenia ekspedientka, ewidentnie nie mając pojęcia, jaka Barbara.

– No rzeczywiście... cała Barbara... – zamyśla się klientka, a wtedy ja nie wytrzymuję.

– Na miłość boską, jaka znowu Barbara?! – wykrzykuję zza pleców pani z ondulacją, choć zaczynam się zastanawiać, czy klientce nie chodzi przypadkiem o Barbarę Wołodyjowską. – To nie żadna Barbara, tylko Magdalena Zawadzka!

– Zaaaawaaaadzkaaaa?! – Pani z ondulacją zwraca się w moim kierunku. – To Zawadzka teraz TAK WYGLĄDA?!

– Cóż, nie jestem ekspertką – odpowiadam asekuracyjnie – ale tak! Tak wygląda Magdalena Zawadzka. Choć być może specjaliści od fotoszopa z „Pani Domu" dodali trochę od siebie.

– Uff... no to dobrze, że fotoszop, bo już mnie, cholera, złość wzięła, że ona tak się trzyma.

Klientka myląca Magdalenę Zawadzką z tajemniczą Barbarą najnowszy numer „Pani Domu" starannie wygrzebała spośród ciasno ułożonych w pięć rzędów periodyków. Żeby było trudniej – przywalonych jeszcze kartonem pełnym delicji szampańskich. Wybierając „Panią Domu", odrzuciła i magazyn „Kobra", i „Poradnik Domowy", i „Cienie i Blaski", i „Krzyżówki z Koroną", i kilkadziesiąt innych gazet. Klient musi mieć do dyspozycji wszystko, co tylko mu się w głowie umyśli. W tym polonijnym sklepiku na gazety w zasadzie nigdy nie ma promocji – i tak zejdą, bez względu na wszystko. Upust jest na to, czym można lekturę zagryzać. Dziś na stojące tuż przy ladzie śliwki nałęczowskie. Trzy sztuki za zaledwie dolara. Dobry *deal*, *smart shopping*, nazywajcie to sobie, jak chcecie. Tu i tak po angielsku mówić nie wypada. Tu jest Polska. Choć nie do końca.

Ja dziś bowiem nie po gazety i nie po śliwki, lecz – jak Pani Ondulacja – po wędlinę, więc gdy przychodzi moja kolej, nieśmiało zaczynam:

– To ja bym może tej szyneczki poprosiła.

– A ile?

– No... tak z piętnaście deko.

– Czyli ile?

– Nooo... piętnaście deko to piętnaście deko...

– Bez sensu. Nic nie rozumiem. *Kłodrę* mogę ukroić.

– A ile to *kłodra*?

– *Kłodra* to *kłodra*! – ekspedientka traci do mnie cierpliwość, bo przed chwilą wszystko wiedziałam najlepiej, na temat Barbary i Magdaleny się wymądrzałam, a teraz wykładam się na elementarnej wiedzy.

– To poproszę.

Dopiero w domu do mnie dociera, że w świecie polonijnych delikatesów zachowałam się jak ostatnia ignorantka. Widać, że ja nie stąd. *Kłodra* to *kłodra*. *Kłodra pałnda*. *Quarter pound of ham*. Ćwierć funta szynki. I już.

69 CENTÓW ZA FUNT

Pani Wiesia Bochenek wychodzi na Milwaukee Avenue i bez wstępu mówi:

– Ooooo taaakieee! Taaakie kolejki tu kiedyś były, proszę pani! Ludzie stali i czekali. Jak na Marszałkowskiej, choć ja jestem z Łodzi, więc wolę mówić, że jak na Piotrkowskiej.

W 2017 roku kolejki już się tu nie uświadczy, ale akurat teraz w zarządzanym przez panią Wiesię Polamerze ruch jest dość spory. Polamer to największa polonijna firma wysyłkowa z centralą w Chicago. Środa to dzień seniora. Każdy powyżej sześćdziesiątki może wysyłać paczki taniej, więc ludzie korzystają.

Do przypominającego pocztę biura pierwsza klientka przychodzi chwilę po dziewiątej, czyli tuż po otwarciu. Emerytka. Jej głos przebija się przez dźwięki płynące z telewizora – wzniosłe śpiewy *Czerwonych maków na Monte Cassino*, bo lokalna telewizja Polvision retransmituje właśnie uroczystości ku czci generała Andersa. Kobieta tacha za sobą dwa gigantyczne, wypełnione po brzegi kartony. Te pakunki to prawie większe od niej, a ona przecież jeszcze schodziła z nimi wcześniej z drugiego piętra chicagowskiej kamienicy. Teraz trafią do Kraśnika pod Lublinem. Wcześniej na centralne miejsce polamerowskiego biura: na sięgającą nieco powyżej kolan, pomalowaną na szaroniebiesko ladę, na której ustawiono wielką elektroniczną wagę do ważenia paczek.

– Boże, jaka pani silna, że to wszystko podnosi! – zachwyca się seniorka, gdy stawiam pudła na wagę, bo do takiej pomocy się dziś zaoferowałam. Chociaż tyle mogę zrobić, kolejnego problemu już nie rozwiążę.

– Nie da rady. Za ciężkie. Obie paczki o siedem funtów za ciężkie – wyrokuje małomówna i konkretna pani Ewa, która ma dziś zmianę przy wadze. Wie, że do Polski nie wyślą nic, co waży więcej niż siedemdziesiąt funtów, czyli dokładnie trzydzieści jeden kilogramów i siedemdziesiąt pięć gramów. Sześćdziesiąt dziewięć centów za funt – jak słyszymy w reklamie w Polvision, gdy retransmisja uroczystości się kończy. „To najniższa cena paczek w całym Chicago" – zachwala lektor, ale sytuacji naszej klientki wcale to nie poprawia.

– Matko Boska, jak to za ciężkie?! W domu na wadze przecież ważyłam i dobrze było! Po siedemdziesiąt funtów każda. Nie ma mowy, że za ciężkie!

– Pani wchodzi, to sprawdzimy.

I zaczynają się prawdziwe chicagowskie czary. W pierwszej chwili naiwnie myślę, że pani Ewa zaprasza po prostu klientkę do siebie za ladę. Błąd. Nie mija sekunda, a zmęczona seniorka z Kraśnika nagle objawia swoje supermoce: zdejmuje buty, podciąga spódnicę nad kolana, dziarskim ruchem wskakuje na ladę i gołymi stopami staje na wadze.

– Ile pani waży na tej swojej domowej wadze?

– Równiutko sto pięćdziesiąt dziewięć funtów, pani Ewo!

– No to widzi pani, wszystko się zgadza – wyjaśnia spokojnie pani Ewa, jakby taki eksperyment przeprowadzała co najmniej kilka razy dziennie, i to z zamkniętymi oczami. – Pani waga domowa zepsuta. Nie doszacowuje. O siedem funtów. Proszę spojrzeć.

Z nagimi faktami nie ma co dyskutować, nie ma też co sugerować, że może to jednak waga w placówce jest trefna. Czego jak czego, ale uczciwości pań z Polameru nigdy nie należy podawać w wątpliwość. One wszystkie tu jak rodzina. Trzeba dokupić nowe kartony i przepakować wysyłki. Do nowego pudła trafiają więc głównie ubrania, starannie otulane przez seniorkę workami na śmieci, żeby przypadkiem nic się na nie w czasie podróży nie wylało. W dwóch pozostałych pakunkach zostają ręczniki i pościele. W Polsce odbierze je rodzina, a gdy już wszystko zostanie wysłane, w ślad za paczkami podąży też sama klientka wraz z mężem. Po latach. Już na stałe. W Ameryce zostawią dywany, meble, krzesła. Ukochane, wyeksploatowane, zapisane we wspomnieniach, ale zbyt ciężkie, by był sens Polamerem wysyłać.

Siedemnaście lat emigracji posortowane według etykiet „Polamer" albo „Śmietnik".

Gdy to wszystko kupowała, nie planowała powrotu.

Ale mąż zachorował na raka wątroby.

Zdecydował, że chce umrzeć w Polsce.

Lot powrotny mają 4 lipca.

– Fajerwerki po raz ostatni będę oglądać z samolotu.

ŁYK POLSKIEJ SAHARY

Witryna kusi: „Świeży tatar * Sałatki * Wyrobów garmażeryjnych * Polskie soki * Drzemy i powidła". Pisownią i składnią nikt się nie przejmuje, bo to przecież nie uniwersytet, tylko Kurowski Sausage Shop przy 2976 N Milwaukee Avenue. Jeden z ostatnich biznesów garmażeryjnych na chicagowskich *Miłłokach*[1], czyli w sercu Polish Village. Dlatego tak cenny dla wszystkich, którzy tęsknotę za Polską leczą przez żołądek.

– Trzydzieści lat temu to było zupełnie inne miasto! Mała Polska na *Miłłokach*. Restauracja na restauracji. A dziś

---

1 *Miłłoki* – potoczna nazwa polskiej dzielnicy w Chicago. Określenie pochodzi od głównej arterii dzielnicy – Milwaukee Avenue.

tu zostaliśmy tylko my, drugie *deli*[2] Alex i jeszcze Bristol. A z restauracji tylko Czerwone Jabłuszko i Staropolska – wylicza mi zza stoiska mięsnego pani Jagoda, której tradycyjny sklepowy uniform – czarny fartuch z czarnym daszkiem – nie psuje przemyślanej stylizacji. Natapirowane włosy, długie srebrne kolczyki, korale, a na twarzy okulary przeciwsłoneczne w biało-czarną kratkę na bokach, noszone nawet we wnętrzu. Czysta awangarda. W Polsce była nauczycielką matematyki.

– Wszystko pani opowiemy, ale może najpierw serniczka z galaretką ukroję, co? Lubi pani? Lubi? – dopytuje jowialnie pani Mariola z oberżyną na włosach. Wygląda na taką, co zawsze jest wesoła i podekscytowana, ale dziś to szczególnie, bo do Chicago przyjechał ksiądz z Gorlic. A pani Mariola też z Gorlic i nawet trzydzieści lat temu była na tego księdza prymicji. Trzeba dziś to uczcić!

– Czego się pani do tego serniczka napije? Jaka kawka? Rozpuszczalna czy sypana? Zwykły jacobs czy może nasza polska sahara[3]? Do tego mleko lub śmietanka! I może jeszcze kiełbaski ukroję, tylko pani powie której, bo mamy dosłownie wszystko!

Tego ostatniego pani Mariola mówić nie musi, sama widzę, że asortyment jest imponujący.

Salceson z drobiu, ozorkowy ciemny, wiejski, domowy lub ostry. Indyk wędzony lub gotowany. Polędwica cygańska lub z wieprza. Kiełbasa wiejska, weselna, swojska, rzeszowska, żywiecka, bigosowa, krakowska, myśliwska, śląska, jałowcowa, BBQ lub tarnowska.

Kurczak rosołowy lub kura Amish.

---

2 *deli* (slang.) – delikatesy.

3 Sahara – polska marka kawy wypalana przez firmę MK Café w Swadzimiu koło Poznania.

– Kura Amish?! – pytam zaskoczona, bo jakoś do całej tej litanii w ogóle nie pasuje.

– To taka organiczna, bardziej zdrowotna – tłumaczy pani Mariola.

– To amisze produkują, taka sekta – dorzuca pani Jagoda.

PANI MORSKA CZY LOTNICZA?

– A pani? Od jak dawna w Stanach? – zagaduję w Polamerze kolejną klientkę, dystyngowaną kobietę w spodniach w kant.

– Od tak dawna, że aż wstyd się przyznać – słyszę w odpowiedzi.

Kobieta czule tuli w objęciach ramę obrazu. W przeciwieństwie do swojej poprzedniczki ślącej paczki do Kraśnika kompletnie się nie przygotowała – rama w ogóle niezabezpieczona przed podróżą.

– Nie wiedziałam jak, a pani Zosia zawsze zaradzi – tłumaczy bez cienia zakłopotania.

Spoglądam za ladę i wiem, że klientka ma rację. Pracująca dziś w duecie z panią Ewą pani Zofia zaradzi z pewnością. Za panią Zofią – wysoką, bardzo szczupłą elegancką kobietą w stalowym garniturze, fuksjowej koszuli i z okularami na łańcuszku – gromadzą się bowiem całe połacie, oceany folii bąbelkowej. Obok folii – papierowe ręczniki, papier toaletowy, batony Kit Kat w wielkich amerykańskich paczkach, kakao Nesquik, rodzynki, żurawina, migdały w czekoladzie i herbata Lipton. Wszystko, co Polacy mogą chcieć dopakować do paczek do ojczyzny na ostatnią chwilę. W ramach spontanicznego zakupu – zupełnie jak przy stoiskach kasowych w centrach handlowych, gdzie zawsze coś jeszcze dorzuci się do koszyka.

Obraz, którego rama właśnie przygotowywana jest do wysyłki, dotarł do Polski już wcześniej. Zwykły, prosty. Martwa natura z kwiatami. W Chicago nie miał kogo cieszyć – przez ponad dekadę stał za zasłoną. Może nad Wisłą kwiatuszkom będzie lepiej.

Z kolei klientka z Małopolski fatyguje się dziś do Polameru głównie po to, by wysłać do Polski toporek strażacki. Taki malutki, ale ładny, wnuki się ucieszą. Chciałaby jeszcze dosłać akumulator do samochodu, ale nie wolno, bo to kwas. Zakazów trzeba przestrzegać.

– Co najdziwniejszego ludzie wkładają do paczek? Surowe mięso. Dlatego trzeba ich upominać – mówi pani Zosia, wskazując na ścianę biura. Na ścianie napis: „Zgodnie z zarządzeniem Ministerstwa Zdrowia, NIE WOLNO wysyłać w paczkach świeżego mięsa".

Słane z Polameru od ponad czterech dekad paczki są jak gigantyczne jajka niespodzianki. Teraz, gdy w Polsce kapitalizm i niczego nie brakuje, nadziewane nie tyle wedle potrzeb, ile głównie wedle własnej fantazji.

– Dzieci mi ciągle mówią: „Co ty tyle dla nas pakujesz?". Ale mnie się po prostu tak wszystko układa – opowiada mi pani od toporka.

Janusz Kopeć, pracujący w Polamerze od 1984 roku, po godzinach pisze wiersze o Chicago i Podkarpaciu. Jednak to zawartość polonijnych paczek może być dla niego prawdziwą poezją.

– Kiedyś to do pierwszej czy trzeciej w nocy te paczki przyjmowaliśmy. Nie było rzeczy, której ludzie by stąd nie wysyłali. Auta, kuchenki mikrofalowe, urządzenia do robienia lodów, cytrusy i maszynki do strzyżenia owiec.

Za panią od toporka czeka w kolejce siwy wąsaty pan. Do Polski nadaje leki, drewnianą figurkę Matki Boskiej, dwie płyty CD. I stetoskop. Za panem w sandałach – trzydziestolatka. Niecodzienny widok, bo młodych tu niewielu. Jeśli przychodzą, to głównie w imieniu rodziców. Dziewczyna kładzie na ladę kije golfowe. Pani Ewa pyta:

– Pani jest morska czy lotnicza?

Przesyłka morska idzie do Polski około sześciu tygodni. Lotnicza – niecały tydzień. Paczki na statek układa się po lewej stronie, lotnicze – po prawej. Gdy wybija południe, na podłodze przy magazynie stoi już dwadzieścia pudeł. Pani Zosia i pani Ewa mówią, że to mało.

UZALEŻNIONA

Przy witrynie z wędlinami w Kurowski Sausage Shop, pod panowaniem pani Jagody i pani Marioli, zatrzymuje się Amerykanka. W dorodny, tłusty boczek domowej roboty wpatruje się jak w Tadż Mahal, a że wyglądam jej na swojaka, to mnie pyta, co to.

– A, taka wieprzowina zrolowana – odpowiadam najdokładniej, jak umiem, a przechodząca obok nas klientka, cmokając, dokrzykuje entuzjastycznie polsko-amerykańską mieszkanką: – *Delicious! Delicious*[4]*!* Mniam, mniam!

Ostatecznie Amerykanka decyduje się nie na boczek, lecz na parę pęt kiełbasy, czuje się w obowiązku wytłumaczyć mi, że korzenie jej wyboru sięgają dwóch wieków wstecz.

– Mam na nazwisko Zajączkowski, ale w ogóle nie mówię po polsku. Moja rodzina przypłynęła do Stanów na początku XIX wieku. Tata prowadził tu mały spożywczak, więc wychowałam się na smaku kiełbasy. Ale potem o nim zupełnie zapomniałam. Teraz jednak w remoncie domu pomaga

---

[4] *delicious* (ang.) – pyszna.

mi robotnik z Polski, który zawsze przynosi ze sobą polskie przysmaki. Uzależnienie wróciło.

Specjalnie po polską kiełbasę przejechała osiemdziesiąt sześć mil. Z innego miasta. Z innego stanu. Z Milwaukee w stanie Wisconsin.

GODZINY OFISOWE

Ta książka już nie istnieje i niewykluczone, że jestem ostatnią osobą, której ją pokazano. Pół roku później – na początku 2018 roku – spłonęła razem z domem swojej właścicielki. Podniszczony stary album na wagę złota. *Album pamiątkowe z okazyi Srebrnego Jubileuszu Parafii śś Apostołów Piotra i Pawła w Chicago, Illinois. 1895–1920.* Pożółkła księga, cała zapełniona życzeniami od parafian i czymś, co dziś nazwalibyśmy przestrzenią reklamową. Wszelkiej maści biznesy w pamiątkowej publikacji się ogłosiły, a ich właściciele nie mogli mieć pojęcia, że niespełna sto lat później dziennikarka z Polski na ich podstawie będzie się dowiadywać, jak przedsiębiorczość Polaków z Chicago wyglądała u swoich początków.

Parafia pod wezwaniem Świętych Apostołów Piotra i Pawła razem z działającymi w jej obrębie biznesami dalej od zarządzanego przez panią Wiesię z Polameru i sklepu z wędlinami Kurowski Sausage Shop znajdować się już nie mogła. (I nadal nie może, bo parafia wciąż istnieje, choć nie ma już polskiego charakteru). Polamer i Kurowski to serce północnego Chicago. Przedsiębiorstwa z księgi parafialnej mają adresy na chicagowskim południu. Dwa końce miasta, a mimo to mechanizmy i pomysły na biznes w obydwu miejscach dokładnie te same.

Przeglądam więc księgę, by zobaczyć, na czym w 1920 roku nasi w Chicago robili pieniądze. I widzę, że na wszystkim.

Jan Patka. Polski Pogrzebowy. Wynajmuje karety i Automobile na wszelkie okazye. 'Kumotrowie' zawsze na czas mogą mieć Automobil. 3756 Paulina Ulica.

Polonia Dry Goods Store. Pierwszorzędny polski skład towarów łokciowych, męskiej galanterii, ubrań dla małych dzieci, koszul, kołnierzyków, spodniej bielizny dla niewiast i mężczyzn, wstążek i.t.p. Precz z Żydami – Swój do Swego!

Bank Polski. Depositors State Bank. 4633–4637 South Ashland Avenue. Niema bezpieczniejszego miejsca na Wasze oszczędności.

Hyp! Hyp! Do naszego! Wojciech Kolniak. 3732 South Paulina Street. Ma wszystko na składzie od igły do maszyny. Naprzeciw szkoły.

Nowa wielka wojna! Przeciwko tasiemcom i robakom brzusznym. Moja specyalna kuracya tasiemca wyleczyła już dużo ludzi, którzy stracili nadzieję wyleczenia się. Leczę także inne choroby tak u mężczyzn jak i kobiet za pomocą najnowszych aparatów elektrycznych.

Home Building Real Estate Improvement Co. Kup Dom, a wtenczas każdy dolar, który wpłacisz da ci wygodne mieszkanie i zapłaci za dom ten.

Wasz rodak, a nie kto inny! Michał Kosiek. Jedyny zegarmistrz polski z naszej parafii. Mam długie doświadczenie starokrajskie i amerykańskie w zakresie jubilerskim. Pierścionki ślubne dostarczam na zamówienie bez żadnego ździerstwa i okłamywania.

Jedyna polska fabryka przetworów farmaceutycznych, kosmetycznych i technicznych. Rodacy domagajcie się w aptekach i groserniach[5] następujących naszych artykułów:

H.C.W. Nerve Tonic – na wzmocnienie nerwów;

Distemco – na zołzy i katar;

H.C.W. Foot and Talcum Powder – proszek przeciw poceniu się nóg.

The White Eagle Dairy Co. Pierwszorzędna polska mleczarnia w Chicago. Każdego czasu można dostać świeże mleko, masło, ser i śmietanę, za które ręczymy, że jest czyste i zdrowe. Prosimy rodaków o poparcie.

Jedyny Polski Skład Pianin W Chicago. Polecamy się pamięci Szan. Publiczności, prosząc o łaskawe poparcie przy zakupie pianina albo fonografu. Jak dotychczas Polacy nie bardzo zważali na to, lecz teraz naród się budzi i przestaje popierać obconarodowców, natomiast udaje się swój do swego. 5054 S. Ashland Ave.

Wojciech Kudła. Pierwszorzędna Grosernia i Buczernia[6]. Usługa grzeczna i skora.

Wykonuje prace plumbiarskie[7]. Zakłada rury gazowe i odchodowe. Żadnych prac nie przewłóczy. 3528 S Wood ulica.

---

5 *grosernia* (dial. Pol. amer.) – sklep spożywczy (od ang. *grocery*).

6 *buczernia* (dial. Pol. amer.) – sklep mięsny, rzeźnia (od ang. *butcher's*).

7 *prace plumberskie* (dial. Pol. amer.) – prace hydrauliczne (od ang. *plumber* – hydraulik).

Dr. F. Kruszka. 3708 So. Paulina St. Godziny ofisowe: od 9 do 12 rano.

Stephen I. Witmański. Attorney at law. Młody, energiczny adwokat polski, który Wam zawsze sumiennie doradzi i załatwi sprawy.

TRZY GRZECHY GŁÓWNE

– A Polaka to pan pozna po kartotece? – pytam Grega, polonijnego prawnika, noszącego w klapie marynarki polskiego orzełka. A on bez namysłu odpowiada, że rozpozna bez problemu. Greg pochodzi z Saint Louis w stanie Missouri, ale mieszka w Chicago, gdzie pracuje jako prawnik. Jego zdaniem Polaków – i w Saint Louis, i w Chicago – łączy to, że w konflikt z prawem wchodzą raczej szablonowo. W zasadzie to głównie z trzech powodów: jeden – jazda pod wpływem alkoholu, dwa – zawieszone prawo jazdy, trzy – bójka na weselu.

– Ostatnio przyszedł do mnie z prośbą o obronę Polak. Miał problemy, bo się lał z innymi na weselu. Przyjechała policja, ale byli ugodowi. Powiedzieli: „Może już wystarczy i wszyscy się rozjedziemy spokojnie do domów?". Polak odpowiedział: „To ja zdecyduję, kiedy wystarczy". Zawołał trzech swoich kumpli i zrobił jeszcze większą rozpierduchę. Skończyło się na przyjeździe piętnastu radiowozów i areszcie.

SPÓŹNIENI

W zasadzie większe i mniejsze awanturki na polonijnych weselach można by potraktować jako podtrzymywanie tradycji biznesowej, którą niektórzy interpretują nieco na opak. W końcu w długiej i bogatej historii Chicago jednym z najbardziej efektywnych „biznesmenów" był lokalny bandzior polskiego pochodzenia. Żyjący na przełomie XIX i XX wieku Jake „Greasy Thumb" Guzik na hazardzie i pośredniczeniu w prostytucji wzbogacił się na tyle, że po śmierci zostawił rodzinę z małą fortuną, a dodatkowo – doczekał się (kontrowersyjnie zaszczytnego) stanowiska osobistego skarbnika Ala Capone. Od „naszych" wywodzi się też jego kolega po fachu – Earl „Hymie" Weiss, czyli bardzo skuteczny chicagowski gangster, złodziej samochodów, notoryczny łamacz sejfowych kodów i płatny zabójca Henryk Wojciechowski.

Jednak mówiąc serio, na tak zwanym Polakowie każdy orze, jak może, i to w zasadzie od samego początku. Czyli mniej więcej od połowy XIX wieku, gdy w Polsce wioska za wioską zaczynają się wyludniać, opuszczane przez mieszkańców szukających szczęścia za oceanem.

Marzenia o workach dolarów, które będzie można zarobić, rozwiewają się zazwyczaj dokładnie w momencie przybicia do brzegów Ameryki. Z różnych powodów, między innymi z takiego, że nasi do Stanów przybywają po prostu zbyt późno. Przynajmniej w stosunku do ich sąsiadów z Niemiec czy Skandynawii. W 1862 roku Kongres Stanów Zjednoczonych uchwala Homestead Act, na mocy którego każdy imigrant chcący przyjąć amerykańskie obywatelstwo dostaje automatycznie sześćdziesiąt pięć hektarów należących do państwa niezamieszkanych ziem. O ile tylko ma się w kieszeni odrobinę kapitału, a w sercu zuchwałość i odwagę, można ruszyć na Dziki Zachód. Uprawiać w Ameryce rolę i czynić sobie ziemię poddaną.

Większość Polaków pokonuje jednak ocean dopiero w momencie, gdy wszystkie grunty zostają już rozdane. To raz. Dwa – najczęściej do nowego kraju przybywają praktycznie bez grosza przy duszy. Z kilkunastoma dolarami w kieszeni, bez wyuczonego zawodu, nierzadko nawet bez umiejętności czytania i pisania trudno podbijać świat i stawać się rekinem biznesu czy osadnictwa. Nasi imigranci robią więc to, co pewnie każdy zrobiłby na ich miejscu. Unikając nieznanego, podążają śladami tych, którzy w Stanach wydeptali już swoje ścieżki. Tam, gdzie mieszkają już ich rodziny lub sąsiedzi z ich wiosek. Gdzie istnieją już polskie osady, polskie kościoły, polskie szkoły. Gdzie jest choć trochę jak w domu. A najbardziej jak w domu jest w Chicago.

Gdyby więc jakaś polonijna parafialna księga pamiątkowa została wydrukowana w połowie XIX wieku (co w rzeczywistym świecie nie byłoby możliwe, bo pierwszy polski kościół w Chicago – pod wezwaniem Świętego Stanisława Kostki – wzniesiono w 1867 roku), nie znaleźlibyśmy w niej choćby jednej wzmianki o polskich biznesach. Pierwsi chicagowscy imigranci ekonomiczni polskiego pochodzenia startowali najczęściej z pozycji niewykwalifikowanych robotników. Krążyli od jednego przedsiębiorstwa do drugiego, stanowiąc ostatnie ogniwo łańcucha pokarmowego przemysłu.

Gdy już jednak polska przedsiębiorczość w chicagowskim wydaniu zaczęła kiełkować, to od razu na wszystkie strony. Najczęściej nasi zaczynali otwierać własne spożywczaki, masarnie i sklepy z ubraniami, a także niewielkie fabryki wyrobów drewnianych lub tytoniowych, prowadzili browary i wyszynki. Szacuje się, że w latach 1873–1895 w Chicago działały dziewięćdziesiąt trzy polonijne biznesy, ale już na początku XX wieku: trzysta *salunów*, sto siedemdziesiąt pięć sklepów z artykułami spożywczymi, pięćdziesiąt osiem składów obuwia, trzydzieści dziewięć piekarni, osiemnaście aptek oraz dziewięć składów mebli i sprzętu domowego[8].

Te dane z impetem kuli śniegowej pchają nas do lat dwudziestych XX wieku i księgi parafialnej z reklamami polskich firm. W Chicago działało ich już wówczas ponad piętnaście tysięcy i zatrudniały trzydzieści tysięcy osób. A potem do roku 2017, gdy egzotycznymi perłami w koronie polonijnych biznesów są Polamer i sklep Kurowskiego.

DWA RAZY

– Najgrubsza afera to się tu zrobiła, jak w lutym wprowadzili w Illinois nowe prawo, że za siatki w sklepie trzeba płacić po siedem centów – opowiada mi dziewczyna, która dziś od świtu ma u Kurowskiego dyżur przy kasie. – Matko święta, co tu się działo! Pytam klientkę, czy zapakować, a ona mówi, że tak. To ja mówię, że poproszę siedem centów, a ona wtedy, żeby jednak nie pakować. To ja rozpakowuję, a ona wtedy się orientuje, że przecież nie ma innej siatki, a pod pachą zakupów na cały tydzień nie uniesie. Więc jednak daje te siedem centów, ja wtedy pakuję to, co chwilę wcześniej wypakowałam, a kolejka w tym czasie się robi już po horyzont.

Zaczynam się zastanawiać, czy taka batalia o głupie siedem centów może mieć swoje korzenie w tym, że rzeczywiście kiedyś nam tu, w tym Chicago, tak strasznie ciężko

---

8 K. Groniowski, *Struktura społeczno-zawodowa Polonii amerykańskiej*, w: *Polonia amerykańska. Przeszłość i współczesność*, pod red. H. Kubiaka, E. Kusielewicza i T. Gromady, Wrocław–Kraków 1988.

było. I że choć dziś stać nas i na ogórki od Krakusa, i na twaróg Piątnica, i na krówki milanowskie, to dla naszych przodków byłyby to prawdziwe rarytasy.

Zanim zdążę o to kogokolwiek zapytać, moje rozmyślania przerywa miły starszy pan który zagląda mi do zeszytu z notatkami, wykrzykując: „No, pani to tu chyba stoi i jakieś donosy pisze, młoda panno, co?". Pan Władysław z warszawskiego Bródna, który do Ameryki przyjechał po studiach na SGPiS[9], do moich „donosów" chce dopisać jeszcze jedną prawdę.

– Proszę zapisać tak: do Ameryki przyjeżdża się dwa razy, pierwszy raz po rozum, drugi raz po pieniądze.

Za pierwszym razem uczysz się, jak ta Ameryka funkcjonuje, i zdajesz sobie sprawę, jak inny to jest świat. Za drugim – wiesz już, jak ten świat okiełznać. Zaczynasz zarabiać. Sam tak właśnie zrobił. Najpierw w 1967 roku, gdy przypłynął tu na Batorym. Potem w 1980, gdy przyjechał już na stałe. W Ameryce pracował jako poligraf, od piętnastu lat jest na emeryturze. Na użytek własny i rodziny ma dwa domy: na Logan Square w Chicago i za miastem, nad jeziorem. Na użytek biznesowy – kilka mieszkań na wynajem.

Odprowadzając pana Władysława do wyjścia, przystaję przy automacie ze zdrapkami, tuż obok starowinki w białej chustce na głowie. Dobrze, że na zdrapkach duże znaki, inaczej nie wiedziałaby, czy wygrała. A wygrała. Dwa dolary.

– To chyba dobrze, co? – zagaduję.

– Wie pani, to jest tak, że raz się wygra, dwa razy się przegra. Kiedyś to i dwadzieścia dolarów wygrałam.

---

9 SGPiS – Szkoła Główna Planowania i Statystyki w Warszawie. Dziś: Szkoła Główna Handlowa (SGH).

Zawsze sobie obiecuję, że więcej nie kupię, ale co tu jestem, to kupuję. Są tu tacy, co kupują te zdrapki za trzydzieści dolarów, i wtedy jest większa wygrana, ale mnie na to nie stać.

– A teraz za te dwa dolary to co pani sobie kupi?

– Dwie nowe zdrapki.

Myślę o tym, czy pani od zdrapek jest w Ameryce po raz pierwszy, czy drugi.

SPOSOBEM

Wysyłka jest rytuałem. Nie wysyła się od wielkiego dzwonu. Wysyła się regularnie. Chicagowski Polak w domu ma karton, do którego systematycznie pakuje wszystko, co przyjdzie mu do głowy. Gdy karton wypełnia się do magicznych siedemdziesięciu funtów, pudło jest zamykane i trafia do Polameru. Na jego miejsce ustawia się kolejne, by obrządek zapełniania rozpocząć od nowa.

Jeśli chce się do kraju wysłać pieniądze, robi się to na dwa sposoby. Można tradycyjnie – przelewem zagranicznym przy okienku (które w praktyce jest po prostu zwykłym stoliczkiem) w Polamerze. Można awangardowo, lecz nie mniej popularnie – kupując pluszowego misia, delikatnie go rozpruwając, wkładając banknoty do środka i nadając w paczce z całą resztą innych bibelotów.

– Jesteśmy narodem, który lubi dawać, ja u innych nacji tego nie zauważyłam – opowiada zarządzająca Polamerem na *Miłłokach* pani Wiesia Bochenek. – Emigranci z Europy Wschodniej wysyłają i czekają, aż coś dotrze, zanim wyślą coś kolejnego. A my nie – my bez przerwy wysyłamy.

Skrzętnie wypracowywane przez lata rytuały najlepiej ułatwiać sposobem.

Dziś na przykład do wsi Miłakowo na Kujawach wyjadą z Polameru upominki wysyłane nie w kartonie, lecz w walizce na kółkach.

– Karton trzeba wyrzucić, a walizka zawsze krewnym się przyda – wyjaśnia mi autorka pomysłu. – W podróż zabiorą albo mogą potem coś do niej włożyć i na strychu położyć.

A dziarska pani Basia o aparycji zaradnej właścicielki małego biznesu to już tak często paczki do Stalowej Woli wysyła, że walizkami sobie głowy nie zawraca, tylko na cel rytuału stworzyła sobie własny wehikuł. Dumnym krokiem wchodzi właśnie do biura Polameru, ciągnąc za sobą coś na kształt mobilnej tratwy. Cztery deseczki zbite na planie prostokąta z przymocowanymi od spodu kółkami.

– Sama sobie pani ten wózeczek zrobiła?

– Sama, samiutka. Tu na *erji*[10] te deseczki leżały, to wzięłam i zmontowałam. Wszystkim się podoba.

– A na wózeczku co pani wiezie?

– A słodycze i kawę.

– Ale w Polsce przecież są słodycze i jest kawa, to po co wysyłać?

– Ale jak się w Polsce ma dzieci i wnuki, to jak nie wysyłać? Przecież oni tam na to wszystko czekają!

MAMY WŁASNĄ KOŻUCHOWSKĄ

Bywa często i tak, że między królującymi na *Miłłokach* Polamerem a Kurowski Sausage Shop pojawia się coś na kształt sprzężenia zwrotnego. Kurowski sprzedaje u siebie produkty, które wcześniej zamawia z Polski. Klienci je kupują tylko po to, by chwilę później zapakować je w paczki i Polamerem

---

10 *erja* (dial. Pol. amer.) – okolica (od ang. *area*).

wysyłać w prezencie z powrotem do kraju. Jakby dzięki tym polonijnym biznesom i romantycznej podróży przez Atlantyk przedmioty zyskiwały jakąś wyższą rangę. Jakby smakowały już zupełnie inaczej, lepiej. Jakby smakowały Zachodem.

Pani Anna do Kurowski Sausage Shop regularnie przychodzi po „Życie na Gorąco", które zajmuje tu honorowe miejsce tuż przy kasie. Miejscówka to naprawdę ekskluzywna, bo już po amerykańskie wydanie „Super Expressu" i największą chicagowską gazetę – „Dziennik Związkowy" – to trzeba parę kroków po sklepie zrobić.

– A co tam pani czyta w tym „Życiu na Gorąco"?

– Najpierw to sudoku rozwiązuję. Dopiero potem czytam ploteczki.

– A tę panią z okładki, Małgorzatę Kożuchowską, to pani zna?

– Znam, znam. Pewnie, że znam. Ale my tu w Chicago mamy własną – Basię Kożuchowską. Też aktorka, a przynajmniej nam bliższa. Tworzyła Polski Teatr w Chicago. Ploteczki z Polski dobrze się czyta. Bo o polityce to ja nie czytam. Nie znam się i nie lubię.

Czyli zupełnie odwrotnie niż pani Alicja, która – choć każdego miesiąca płaci siedemset dolarów *rentu*[11] za mieszkanie na Belmoncie, nigdy nie żałuje grosza na swój ulubiony magazyn „W Sieci". Każdy numer czyta od deski do deski, a przeczytany starannie odkłada na stertę leżącą w centralnym miejscu jej salonu.

– Czytam to i nie wierzę, co to się dzieje w tej Polsce! Kiedyś czarownice latały na miotłach, a teraz latają na parasolkach. Żałobę robią nie wiadomo po czym – chyba po tych dzieciach, co je sobie wyskrobały. I jeszcze ta Kopaczowa,

---

[11] *rent* (ang.) – opłata za wynajem, czynsz.

co zapewniała, że trumny w Smoleńsku godnie zostały zapakowane, a teraz się okazuje, że pięć ciał w jednej trumnie. Gdybym nie czytała gazet, tobym tego wszystkiego nie wiedziała. A tak to wiem, że jedna Pawłowicz porządna. Lubię ją, superbabka, wyszczekana. Nie jak ten Błaszczak – bułkę przez bibułkę. No i Dudę lubię. Przystojny, wykształcony, a nie jak ten Komorowski. A jak pokazali mi w gazecie zdjęcia, jak Duda popala papieroski, to lubię go jeszcze bardziej!

PACZKA Z AMERYKI

Jeszcze trzy lata temu na witrynie miłłokowego Polameru widniał napis: „Tu kupisz bilety na Batorego", choć nasz kultowy transatlantyk nie kursuje od 1988 roku[12], a na żyletki w tureckiej stoczni złomowej poszedł w roku 2000. Co bardziej sarkastyczni do dziś się z tego śmieją i mówią, że w Polamerze to czas się zatrzymał. Jednocześnie mało kto nie wykorzystał okazji, by przy napisie zrobić sobie pamiątkowe zdjęcie. W końcu to z tego miejsca stęsknionych za krajem Polaków zabierało się autobusem do Kanady – Montrealu lub Quebecu, by tam mogli wejść na pokład statku, który ich zawiezie do Gdyni.

Kierująca Polamerem pani Wiesia napis o Batorym wspomina z sentymentem, bo sama kiedyś płynęła na jego pokładzie do Polski. W przeciwieństwie do szyderców doskonale jednak wie, że tam, gdzie pracuje, czas nie stoi w miejscu, lecz pędzi jak oszalały. Gdy spojrzy wstecz, widzi rok 1978, gdy w miejscu starej drukarni przy Milwaukee

---

12 TSS Stefan Batory – flagowy statek Polskich Linii Oceanicznych w latach siedemdziesiątych i osiemdziesiątych. Jego poprzednik, MS Batory, pływał przez Atlantyk do 1969 roku.

Avenue powstał Polamer i tym samym stał się całym jej amerykańskim życiem. Wybierając we wspomnieniach rok po roku, bez zająknięcia potrafi opowiedzieć historię polskiej emigracji do Chicago przez pryzmat paczek, które ruszały do ojczyzny. I spraw, jakie w związku z imigracją w Polamerze załatwiano.

– Najwięcej serca i serdeczności wzajemnej mieli ci, którzy pojawili się tu w latach siedemdziesiątych. Gdy tylko ktoś nowy do Chicago przyjeżdżał, to ludzie z jego regionu już wszystko dla niego przygotowywali. Często nie znali języka i potrzebowali naszej pomocy. Więc myśmy w ich imieniu te zaproszenia i bilety organizowali. Grupa solidarnościowa to już była zupełnie inna imigracja. Oni mieli łatwiejszy start ekonomiczny, ale też nie okazywali tak dużego zainteresowania, by pomóc następnym. Znali angielski, więc wiele rzeczy mogli załatwić sami. Rzadziej pojawiali się w Polamerze z paczkami dla bliskich, bo bliskich – w przeciwieństwie do emigracji wcześniejszej – pozabierali ze sobą do Ameryki. Jak stan wojenny przyszedł, to mieliśmy kolejki największe. Tu obok nas, gdzie teraz jest Tatoo[13], to była Barbara's, czyli taka pani Basia, która sprzedawała odzież. Zawsze miała wszystko, co akurat było potrzebne w Polsce. Czyli jak były komunie, to ona miała sukienki komunijne. Jak święta – to świąteczne ubrania. Skoro w Polsce brakowało wszystkiego, to to wszystko dostarczaliśmy. Stąd szły całe kontenery. Cukier, mąka, ryż, kakao… Nie mogłam uwierzyć, że można było tyle wysyłać.

Jeśli więc czas w Polamerze się zatrzymał, to dopiero teraz, gdy wraz z wejściem Polski do Unii Europejskiej i otwarciu europejskich granic dla polskich pracowników przez *Milłoki* przestał płynąć strumień świeżej imigranckiej krwi.

---

[13] *tatoo* (ang.) – tatuaż.

Teraz do kraju idzie w paczkach już nie ratunek, ale zbytek. Prezenty. Serdeczność i pamięć.

Ci, którzy przed laty do Polameru się przyzwyczaili, nie będą z niego rezygnować. Tak jak osiemdziesięcioletnia babuleńka, która ledwo jest w stanie wejść do biura, nie ma więc nawet mowy, by jeszcze tachała za sobą paczki. W ręku niesie tylko czekoladki – miły upominek bez okazji dla pani Ewy. Resztę bierze na siebie jej młoda asystentka. Będą nadawać przesyłkę do Zambrowa, do siostry naszej klientki.

– Wysyła jej do Polski te paczki od czterdziestu lat – wyjaśnia mi asystentka. – Kupuje w polskim sklepie pampersy, słodycze i banany i wysyła. Tłumaczę jej, że w Polsce to wszystko jest trzy razy tańsze, więc żeby wysłała pieniądze, ale nie chce mnie słuchać. Mówi, że jak wyśle siostrze banany, to siostra przynajmniej te banany zje, a pieniądze zachomikuje i będzie dalej biedować. A przecież sama bogata nie jest. Wysyła wszystko, co ma. Swoją miłość tak wysyła.

– Jak mój tatuś żył, to zamiast paczek wysyłałam mu do Polski pieniądze – wspomina pani Wiesia Bochenek. – W tytule przelewu pisałam: „Na cytryny". Albo: „Na banany". Nic nie kupował. Odkładał. Może trzeba było mu słać te banany...

STWORZENIE ŚWIATA

KACZUCHA

Artur ma w domu kometę. Nie no, przecież wiadomo, że nie prawdziwą. Prawdziwa to jest wielka jak ćwierć Warszawy! A jakby się ją postawiło w Pasadenie – czyli tam, gdzie Artur mieszka – to skrajnymi brzegami dotykałaby północnych i południowych granic miasta. Czyli jasne, że nie prawdziwą. Ma w domu małą replikę. Taki jakby pomnik komety.

Gdyby ta prawdziwa kometa leżała sobie i odpoczywała beztrosko na terenie kalifornijskiego miasteczka należącego do aglomeracji Los Angeles, dom Artura łaskotałby ją w kuper.

Tak, tak, w kuper. Kuperek. Bo naukowcy mogą tę kometę nazywać po swojemu: 67P/Czuriumow-Gierasimienko – od nazwisk ukraińskich odkrywców Klima Czuriumowa i Swietłany Gierasimienko, którzy w 1969 roku powiadomili świat o jej istnieniu. Nie zmienia to jednak prozaicznego faktu, że piękne i tajemnicze ciało niebieskie o skomplikowanej nazwie wygląda po prostu jak gigantyczna kaczka!

Teraz pomnik 67P, czyli naszej kaczuchy, zajmuje w domu Artura honorowe miejsce w salonie i nie wypada tego nazywać nonszalancją. Po pierwsze dlatego, że to na dobrą sprawę jedyny kosmiczny element wystroju wnętrz. Poza nim, oprócz zwykłych przedmiotów codziennego użytku, salon parterowego domu na wzgórzu z widokiem na całe Los Angeles zdobią (i to gęsto) wyłącznie zdjęcia z rodzinnych wojaży. Po drugie – każdy by tak na jego miejscu zrobił. Upamiętnił i udomowił coś, co zabrało mu osiem lat życia. I co na początku znajomości było nawet nie kaczątkiem, ale po prostu maleńką kropką. Pikselkiem na mapie. Relacja Artura z kometą była więc trochę randką w ciemno.

Misja to wielki i długoletni projekt kosmiczny.

Sonda to kosmiczny statek wystrzeliwany hen, hen, w górę.

Orbita to tor poruszania się ciała niebieskiego.

Lądownik to część sondy, dziwaczny robot, któremu powierza się konkretne zadania.

W ten sposób misja Rosetta, oficjalnie zainaugurowana w 2004 roku (nie licząc przygotowań – czyli całej dekady dyskusji na temat tego, jak ją zrealizować, które ciało niebieskie badać i kto za to wszystko zapłaci), miała na celu wystrzelenie sondy kosmicznej na orbitę komety 67P, zrobienie jej zdjęć i umieszczenie na niej lądownika.

Do pracującego nad misją międzynarodowego zespołu NASA i ESA[1] Artur dołącza w 2010 roku w charakterze menedżera części prowadzonej przez NASA. Co oznacza po prostu, że misją kieruje i decyduje o jej przebiegu. W momencie pojawienia się Rosetty w życiu Artura sonda w kierunku komety leci już od sześciu lat. Zostały jej jeszcze cztery.

Po co cały ten ambaras? Ano po to, że choć w 2010 roku kometa 67P/Czuriumow-Gierasimienko od ponad czterdziestu lat jest już odkryta i nazwana, to jednak do tej pory nikomu nie udało się porządnie jej zbadać. Nie wiadomo,

---

1 ESA (European Space Agency) – Europejska Agencja Kosmiczna.

jak wygląda. Jaką ma powierzchnię. Z czego jest zbudowana. Po obserwowanej przez teleskopy i komputery kropce trudno stwierdzić cokolwiek więcej ponad to, że istnieje. Gdy więc w 2014 roku sonda wreszcie dociera na miejsce, a do NASA spływają jej pierwsze zdjęcia, wszyscy najpierw się cieszą, a potem śmieją. Cieszą – bo się udało. Śmieją – bo właśnie wtedy okazuje się, że kometa wygląda jak kaczka.

Przez kolejne dwa miesiące sonda lata wokół 67P i robi jej zdjęcia. Na ich podstawie naukowcy tworzą mapę komety i pierwszy model 3D – właśnie ten, który teraz zdobi salon w domu Artura. Zastanawiają się nad tym, w której jej części najlepiej i najbezpieczniej umieścić lądownik. Muszą unikać buchających gejzerów, gigantycznych głazów, pęknięć i kraterów.

– Te nasze dyskusje w ogóle nie licowały z powagą misji, na którą wydano półtora miliarda dolarów. Ktoś mówił: „Skoro nie możemy lądować na tyłku kaczki, to może wylądujemy na jej szyi?". Wtedy nasz *project scientist*[2] się oburzał i grzmiał, żebyśmy pamiętali o naukowej terminologii. Bo inaczej to nie przystoi. I że mamy operować zwrotami: płat mniejszy lub większy komety. Ale zawsze, gdy kończył swoją tyradę, ktoś wyskakiwał z tekstem: „Ej, to może w takim razie wylądujmy na głowie kaczki, co?". Nasz *project scientist* nawet już raz się ugiął i zaproponował, żebyśmy zamiast kaczki mówili o czarnym łabędziu, bo ten ptak nadałby więcej powagi i powabu komecie, ale to się nie przyjęło i szybko wróciliśmy do kaczki.

– I gdzie w końcu wylądowaliście?

– Nad dziobem.

---

2 *project scientist* (ang.) – główny naukowiec misji.

Po wszystkich tych dyskusjach na temat najmniejszego detalu misji każdy, kto nie jest naukowcem, najprawdopodobniej dawno straciłby cierpliwość. Tym bardziej że prawdziwe problemy dopiero się zaczęły. Lądownik Philae, który siadał na komecie na oczach całego świata (12 listopada 2014 roku o tym wydarzeniu mówiły media w każdym zakątku kuli ziemskiej), umościł się na niej wyjątkowo niefortunnie. Harpuny, które miały go przymocować do powierzchni, z niewiadomych powodów nie zadziałały. Philae, zamiast osiąść na komecie, jak Bóg przykazał, odbił się od niej jak piłeczka pingpongowa, po czym zniknął w niewiadomym miejscu. Zlokalizowanie go zajęło naukowcom kolejne półtora roku.

Będąc zwykłym zjadaczem chleba, nieszczególnie zaznajomionym z ideą podboju kosmosu, trudno nie zadawać sobie pytania: po licho właściwie ten cały trud i po licho wydana fortuna? Odpowiedź jest prosta. Krew, pot i łzy wylane przez Artura i jego zespół nad ciałem niebieskim, o którym wiedza z pozoru nikomu nie jest potrzebna do szczęścia, były po to, by wiedzieć, skąd jesteśmy.

– W kometach zachował się czysty materiał zamrożony w pierwszych dniach Układu Słonecznego. Przechowują informację o tym, skąd wziął się nasz świat. Jakie były pierwsze molekuły, które później spowodowały, że powstaliśmy my.

Badanie komety 67P pozwoliło dotrzeć do źródeł.

Ja natomiast staram się dotrzeć do źródeł świata Artura Chmielewskiego. Znajduję je na warszawskim Mokotowie. To tu w latach siedemdziesiątych XX wieku w Liceum Ogólnokształcącym imienia Królowej Jadwigi Artur kończy swoją pracę maturalną. Buduje laser. W tym samym czasie poznaje profesora z University of Michigan, który akurat gości w Warszawie na rosyjsko-amerykańskiej konferencji naukowej. Znajomość owocuje zaproszeniem na studia do Stanów.

– To była podróż w nieznane. Czułem się jak Kolumb. Był rok 1975, więc dziwne, że dostałem paszport i wizę. W tamtych czasach zwykle było albo tak, że Amerykanie cię chcieli zgarnąć, ale Rosjanie nie chcieli wypuścić, albo Rosjanie się zgadzali, ale Amerykanie nie zamierzali przyjąć. Mnie się udało, ale i tak, siedząc w samolocie, gryzłem się myślą, że uciekam z kraju. Że nie jestem patriotą. Wszystkie książki, które czytałem, były skoncentrowane na patriotyzmie. Na tym, że trzeba bronić kraju, że 1 września i Westerplatte, i walka do ostatniej kropli krwi. Ja byłem szczurem, który opuszcza okręt.

Nie, nie. Nie tak powinna się zaczynać historia z cyklu *self-made man*. Inaczej: *rags to riches*[3]. Inaczej: od pucybuta do milionera, a więc kultowa narracja Ameryki. Opowieść o *self-made manie* zawsze jest opowieścią o śmiałku, który przemierza Atlantyk bez zasobów, kontaktów i możliwości, lecz z głową pełną marzeń, by po drugiej stronie zrealizować swój *American dream*. To kolejne hasło zrośnięte nierozłącznie z całą tą filozofią, symbolizujące, że ciężką pracą można w Stanach osiągnąć absolutnie wszystko. Za *self-made manów* uznaje się i syna skromnego wytwórcy świeczek Benjamina Franklina, i wywodzącego się z rodziny analfabetów Abrahama Lincolna, i Andrew Carnegiego, który ze skrajnie biednego imigranta przemienił się w jednego z najbogatszych mieszkańców Ameryki, i Arnolda Schwarzeneggera z jego drogą od dzieciństwa w przemocowej

---

3 *rags to riches* (ang.) – od łachmanów do bogactwa.

austriackiej rodzinie, przez bycie osiłkiem, jakich wielu, po karierę w Hollywood i stanowisko gubernatora Kalifornii.

I właśnie w 1975 roku Artur dostaje od życia szansę, by listę *self-made manów* poszerzyć o kolejne nazwisko. Własne. Udowodnić, że mit nie umarł.

WHAT WOULD YOU BE BETTER OFF?

– Głód się pamięta. Biedę się pamięta. Pamięta się pójście do łóżka, gdy nie wiesz, czy będziesz miał jakiekolwiek śniadanie – opowiada Artur, kiedy stoimy w miejscu, do którego taka deklaracja ni cholery nie pasuje. Wokół nas rozległa sieć budynków JPL – Jet Propulsion Laboratory[4] – czyli centrum badawczego NASA w Pasadenie w Kalifornii. To placówka, w której Artur przez ostatnie trzydzieści lat przeszedł wszystkie szczeble naukowego *American dream*. Od testowania nuklearnych generatorów do statków kosmicznych, przez prace inżynieryjne, *software design*, programowanie, po kierowanie całymi misjami kosmicznymi. Godzinę temu przejechaliśmy przez bramę dumnie witającą odwiedzających słynnym okrągłym logo NASA (pieszczotliwie zwanym przez sympatyków instytucji „Klopsikiem") i hasłem: „*Welcome to our universe!*"[5]. Dosłownie przed chwilą mijaliśmy model mechaniczny łazika Curiosity stojący na Mars Yard, stylizowanym na Czerwoną Planetę terenie do przeprowadzania testów. Za chwilę Artur pokaże mi centrum nadzoru misji kosmicznych, z którego kontrolowano misję Galileo na Jowisza. Jest super. Oszałamiająco. Dam

---

4 Jet Propulsion Laboratory – laboratorium zajmujące się napędami odrzutowymi.

5 *Welcome*... (ang.) – Witamy w naszym wszechświecie!

głowę, że najwięksi światowi krasomówcy, będąc tu po raz pierwszy, nie byliby w stanie wydusić z siebie nic więcej niż zwykłe „WOW!". I my tu będziemy rozmawiać o znoju i głodzie?! Na dodatek w kraju, o którym każdy mówi, że tyje się tu od powietrza? Kosmiczny paradoks.

W 1975 roku Artur najprawdopodobniej nawet nie bardzo wie, jak po angielsku powiedzieć „głód" czy „bieda". Na zajęcia na uniwersytecie chodzi ze słownikiem. Zawala pierwszy test z fizyki, bo przy zadaniu o tym, że rybak ma w łódce kotwicę, pudełko z przynętą, wiosło i cegłę i musi coś wyrzucić, by przesunąć się o dwa metry, pada pytanie: „*What would you be better off throwing out?*"[6]. Artur nie wie, co znaczy *to be better off*. Obliczyłby bez trudu, co rybak powinien wyrzucić, opierając się na zasadzie zachowania pędu, bo tego nauczono go w warszawskiej szkole. Ale wysublimowanych angielskich idiomów go nie nauczono.

W pierwszych latach pobytu Artura w Stanach proza życia wydaje się więc odwrotnie proporcjonalna do wszystkiego, co widzi dookoła. A widzi stan Michigan w centrum kraju. Klimat tam swojski, praktycznie taki jak w Polsce. Miasteczko Ann Arbor jest urokliwe. Uniwersyteckie od momentu, gdy w 1837 roku przeniesiono tu z Detroit kampus University of Michigan. Takie, które całym sobą krzyczy do studentów, by w wolnym czasie brali udział w festiwalach filmowych, koncertach, chodzili na wystawy. Artur chodzi. Jednak nie na wystawy, tylko od domu do domu, dukając nieporadnie: „*Hello, my name Art. You have grass? You want cut?*"[7]. Jest sam, musi zarobić na życie, słabo zna język. Weźmie każdą pracę. Przyszły menedżer misji kosmicznych

---

6 *What would...* (ang.) – Co byłoby najlepiej wyrzucić?

7 *Hello...* (ang.) – Cześć, mam na imię Art. Masz trawnik? Chcesz go skosić?

w NASA kosi Amerykanom trawniki. Przy stu stopniach Fahrenheita[8] maluje mieszkańcom Michigan płoty. Zdrapuje z ogrodzeń starą farbę. Maluje bramy nową. Zdrapuje. Maluje. Kosi. Zdrapuje i znowu maluje.

– Pamiętam, że zrobiły mi się od tego takie ogromne czerwone odparzenia pod pachami. Tyle potu się ze mnie lało, jak stałem na tej drabinie i malowałem.

To latem. Zimą Artur marzy o tym, by Mikołaj przyniósł mu w prezencie pracę na amerykańskiej poczcie. W okolicach Bożego Narodzenia cała Ameryka, wysyłając kartki i upominki do bliskich, winduje stawkę godzinową do ośmiu dolarów. W zestawieniu z lichym dwa sześćdziesiąt za godzinę (co w Stanach w tym czasie jest płacą minimalną) to prawdziwa fortuna. Do egzaminów rekrutacyjnych umożliwiających pracę na poczcie ustawiają się kolejki jak w Walmarcie[9]. Test jest skomplikowany, jakby chodziło o przyjęcie do Mensy, a nie do roznoszenia paczek. Dostaje się między innymi dwadzieścia pięć adresów z imionami, nazwiskami, nazwą ulicy i kodem pocztowym. Należy szybko je zapamiętać, a potem każdy z nich przypisać do jednej z pięciu grup. Przy pierwszym podejściu Artur ma dziewięćdziesiąt dwa procent poprawnych odpowiedzi, myśli więc: „Świat jest mój". Nie jest. Na pytanie, kiedy go przyjmą, na poczcie odpowiadają: „Za jakieś półtora roku". Do pracy przyjmują według listy wyników – od najlepszych w dół. On jest dopiero sto szesnasty.

– Zacząłem się do tego egzaminu przygotowywać jeszcze raz. Nawet podszedłem do tego po inżyniersku. Na teście trzeba było zamalowywać kółka przy odpowiedziach, więc tak sobie zatemperowałem ołówek, żeby był dokładnie wielkości tego kółka. Wyliczyłem, że jeśli nie będę musiał

---

8 Około trzydziestu siedmiu stopni Celsjusza.

9 Walmart – popularna w Ameryce sieć hipermarketów.

tracić czasu na zamazywanie kółek, na trwającym godzinę teście zaoszczędzę dokładnie trzydzieści siedem sekund. Czyli wyszło mi, że w ten sposób będę miał czas, żeby odpowiedzieć na dwa dodatkowe pytania. Po tych wszystkich pomyślunkach dostałem wreszcie sto procent.

Osiem dolców za godzinę zdobyte. Praca – jest. Przy sortowaniu listów. Od 16 grudnia.

I tu pojawiają się nieoczekiwane problemy. W momencie gdy (zupełnie jak w historii z lądownikiem Philae) sukces widać już na horyzoncie i nikt problemów się nie spodziewa. Otóż Artur zaczyna przymierać głodem.

– Pieniądze skończyły mi się już na Święto Dziękczynienia, czyli pod koniec listopada, a pracę miałem zacząć dopiero w połowie grudnia. Za ostatnie trzy dolary kupiłem sobie kurę. Podzieliłem ją na siedem części, żeby mi jej starczyło na cały tydzień, bo nie miałem już żadnego innego jedzenia. Ten kawałek kury musiał mi na cały dzień wystarczyć. Kura się jednak skończyła na siedem dni przed podjęciem pracy na poczcie.

– Co zrobiłeś?

– W desperacji zadzwoniłem do siostry, która mieszkała jakieś osiemdziesiąt kilometrów ode mnie i zajmowała się tkaniem nowoczesnych tkanin. Kazała mi od razu przyjeżdżać. Gdy się pojawiłem, nakarmiła mnie, a potem, niewiele myśląc, wzięła jedną ze swoich tkanin, nad którą pracowała wcześniej przez pół roku, poszła do najbliższej galerii i sprzedała za bezcen – czterysta dolarów – tylko po to, by mi te pieniądze dać. Żebym przeżył. Do dziś właśnie za to jestem jej wdzięczny najbardziej.

Bo Artur w Stanach jest jednocześnie i sam, i nie sam. Gdy w 1975 przekracza granicę USA, w stanie Michigan mieszkają już jego mama i siostra.

Mama to Anna Śliwińska – kobieta o biogramie naznaczonym tragedią. Jej pierwszy mąż, Stanisław, ginie, walcząc w szeregach Armii Krajowej podczas powstania warszawskiego. Ona w tym samym czasie zostaje pojmana przez Niemców. Koniec wojny spędza w obozach koncentracyjnych: Buchenwald, Flossenbürg, Ravensbrück, Dortmund i Bergen-Belsen. W tym ostatnim zaprzyjaźnia się z inną więźniarką, Kazimierą Filipek, która po wyzwoleniu obozu wyjeżdża do USA. To ona po latach zaprasza mamę Artura do Stanów, by mogła trochę zarobić jako niańka w mieszkaniu Polaka, któremu niedawno umarła żona. Między Anną a jej pracodawcą rodzi się więź na tyle intensywna, że Anna postanawia rozwieść się z drugim mężem, z którym ma syna Artura i córkę Monikę, i pozostać za oceanem. Artur ma bardzo dobre relacje z matką, w o wiele gorszych pozostaje z ojczymem. W nowym domu Anny Śliwińskiej czuje się nawet nie tyle jak intruz, ile jak powód konfliktów między matką a jej nowym mężem. Nie prosi ich więc o pomoc, bo nie chce im wchodzić w drogę i psuć amerykańskiej sielanki.

Starsza siostra Artura, Monika Chmielewska, wyjeżdża do USA zaraz po studiach w warszawskiej Akademii Sztuk Pięknych. Ma propozycje pracy w stolicy, czuje jednak, że wzywa ją świat. W Michigan zajmuje się tkaniem gobelinów, żyje skromnie. Po latach stanie się cenioną na całym świecie i dobrze opłacaną artystką, honorowym profesorem Uniwersytetu Tsinghua w Chinach, wystąpi też w programie *Żony Hollywood*. Pod koniec lat siedemdziesiątych cały czas jest jednak jeszcze na dorobku, nie może więc pomagać Arturowi, nawet gdyby chciała. Jej samej często brakuje grosza, a gdy lodówka zaczyna świecić pustkami, niezbędne do życia kalorie uzupełnia, chadzając na suto zastawiane bankiety.

Wchodzimy z Arturem do budynku, w którym właśnie trwają przygotowania do kolejnej misji na Marsa. Z obudowanej szkłem antresoli widzimy halę z fototapetą imitującą planetę rozciągniętą na całej długości ściany. Po rozsypanym po podłodze drobnym piaskożwirze przechadzają się naukowcy. Przykładają różne dziwaczne elementy do wielkiej półkolistej konstrukcji, przyglądają się, liczą, myślą. Zachowują się dokładnie tak, jak każdy by oczekiwał po jakimś ukutym w głowie stereotypowym inżynierze. Zupełnie jakby dbali o to, by przypadkiem kogoś nie zawieść. Jakby nawet tę fototapetę w tym celu rozwiesili. Te wszystkie przechadzki jednak, rzecz jasna, nie po to, by zadowolić gapiów takich jak ja. Oni pod kopułą urządzenia montują czujnik trzęsień ziemi. W tym samym czasie dziewięć tysięcy sześćset kilometrów od Pasadeny inżynierowie z warszawskiej firmy Astronika pracują nad kolejną częścią tego półkolistego lądownika – nad tak zwanym penetratorem, czyli czymś w rodzaju kreta, który wbije się w powierzchnię Marsa i dokładnie zbada jego właściwości. Misja nazywa się InSight. Cztery miesiące po mojej wizycie dzięki amerykańsko-polskiej kooperacji wyruszy w kosmos.

Dwadzieścia lat wcześniej, w 1993 roku, Artur pracuje nad inną misją, Deep Space 1, która ma na celu pionierskie przetestowanie napędu elektrycznego statków kosmicznych. Zadaniem Artura jest stworzenie do tej misji baterii słonecznej nowej generacji.

– Ta bateria była wyposażona w takie jakby szkła kontaktowe ponad swoimi komórkami, żeby bardziej skoncentrować światło słoneczne. To, co jednak było dla mnie najtrudniejsze, to nie nowa technologia baterii słonecznej, tylko fakt, że moim bossem, menedżerem projektu, był facet, który się nazywał David Lehman.

Zanim Lehman przeniósł się do NASA, był kapitanem amerykańskiej marynarki wojennej, wyróżnionym za zasługi przez prezydenta Jimmy'ego Cartera. Teraz od ponad dwudziestu lat pracuje przy misjach na Marsa. Pewnego dnia po pracy wybrał się do restauracji i tam spotkał piękną dziewczynę. Nazywała się Monika Chmielewska.

– Zaczęli chodzić ze sobą. Byłem przerażony potwornie. Moja siostra ze wszystkimi swoimi *boyfriendami* chodziła nie dłużej niż pięć miesięcy. Potem z nimi zrywała, a oni byli wściekli. Byłem przekonany, że wydarzy się to samo i to będzie koniec mojej kariery w NASA. Przecież pracowałem dla tego faceta, on opiniował moją pracę. Czekałem ze ściśniętym żołądkiem na moment, kiedy to wszystko się posypie. Po pół roku odbieram telefon, dzwoni siostra i mówi, że stoi na wieży Eiffla, David Lehman poprosił ją o rękę i co ona ma zrobić. Krzyknąłem: „To mnie się o to pytasz?". Przyjęła oświadczyny. Nie wiem, czy bardziej cieszyłem się z tego, że siostra ułoży sobie życie, czy z tego, że nie napyta mi biedy w pracy.

JAK DOSTAĆ PRACĘ W NASA?

Dla Artura jako *self-made mana* z krwi i kości praca jest wartością nadrzędną. Od zawsze. Od czasów, gdy nie miał jeszcze w Pasadenie ani domu, ani pomnika komety, ani szwagra za szefa.

Pierwsze perspektywy sukcesu zawodowego w Ameryce – czyli w zasadzie tego, po co do tej całej Ameryki przyjechał – zaczynają się zarysowywać w jego życiu około roku 1978. Początkowo skromne, może żeby przypadkiem Artur w tych Stanach nie poczuł się za szybko zbyt szczęśliwy.

Przede wszystkim Artur się upiera, by angielski poznać najlepiej, jak tylko może. Języka uczy się, czytając „National Geographic" i ćwicząc akcent przed lustrem. Swój poziom zaawansowania testuje w lokalnych knajpach, stawiając sobie za punkt honoru, że będzie trenować akcent dopóty, dopóki kelner, usłyszawszy zamówienie, nie zapyta: „*Where are you from?*"[10].

Poza tym nadal mieszka i studiuje w Ann Arbor, nie musi już jednak sortować listów. Na uczelni studiuje według modelu *cooperative education*, co w praktyce oznacza, że przez pół roku studiuje, a przez drugie pół na te studia zarabia. Dolary na konto płyną teraz z fabryki Forda, w której się zaczepia. A wcześniej – z organizacji Highway Safety Institute. W tej ostatniej praca Artura polega na tym, że sadza za kierownicą ciała niezidentyfikowanych nieboszczyków i roztrzaskuje auta o ścianę. Potem na podstawie analizy urazów, jakich doznali przy nagłym hamowaniu, sprawdza, czy wszystkie firmy motoryzacyjne stosują te same standardy przy produkcji pasów bezpieczeństwa. Trochę fascynujące, trochę upiorne. Zupełnie jak życie w Michigan. Nietrudno zrozumieć, że Artur marzy o Kalifornii. No i marzy o NASA.

– Jak dostać pracę w NASA?

– Jest trudno. Dlatego zgłosiłem się do różnych *kompanii*[11], które miały swoje siedziby niedaleko JPL, czyli kalifornijskiego centrum NASA. Wysyłałem do nich swoje *résumé*, czy jak to się u was mówi? CV, tak? Więc CV wysyłałem, a jak im się spodobałem, bo miałem w miarę dobre oceny, to mnie zapraszali do siebie do Kalifornii na rozmowę. Fundowali mi bilety lotnicze i hotel przy plaży. Śmieszne te rozmowy

---

10 *Where are you from?* (ang.) – Skąd jesteś?

11 *kompania* (dial. Pol. amer.) – firma (od ang. *company*).

były, bo jak człowiekowi na czymś nie zależy, to swoim luzem wszystkich ujmuje. To zblazowanie biorą za pewnik, że znam swoją wartość. Dostałem więc oferty pracy z każdego miejsca, do którego aplikowałem. Oprócz NASA.

– W NASA cię nie chcieli, bo...

– Ciągle mówili, że nikogo nowego nie potrzebują. Śmiali się ze mnie, bo miałem tylko stopień inżyniera, dwadzieścia dwa lata, raptem cztery lata studiów, a do NASA się pchałem. Dopiero chyba za czwartym czy piątym podejściem, gdy byłem już troszkę podłamany, wpadłem tam na takiego *supervisora*, który spojrzał na moje CV i powiedział: „Ooo, ty pracowałeś u Forda?". „Pracowałem". „Pracowałeś w Highway Safety Institute?" „Pracowałem". „Projektowałeś silniki i samochody?" „Projektowałem". „A, no to dobrze. Bo my wczoraj akurat dostaliśmy list z Waszyngtonu, że mamy zbudować samochód elektryczny na podstawie technologii kosmicznych NASA. Może byś nam w tym pomógł, co? Kiedy możesz zacząć?"

Na pracy nad samochodem elektrycznym Artur spędza dwa pierwsze lata swojej kariery w NASA. Z nikim nie dzieli się swoim sekretem, że budowę aut zna doskonale głównie stąd, że w Michigan stać go było tylko na zdezelowanego forda cortinę, którego codziennie trzeba było naprawiać. Być może właśnie dlatego jednym z pierwszych zakupów Artura w Kalifornii jest nowiuśka corvetta.

BYŚ LEPIEJ COŚ NAMALOWAŁ

W latach dziewięćdziesiątych kalifornijski inwentarz Artura Chmielewskiego wygląda już tak, jak powinien. Wpisuje się w klimat oceaniczno-tropikalnego luzu i zbytku. A prezentuje się tak:

- Elegancki dom w Pasadenie.
- Przy domu własny basen.
- Przed domem – czerwona corvetta cabrio.
- Corvetta cabrio każdego ranka wozi Artura do pracy w NASA, w której – choć ma dopiero trzydzieści kilka lat – jest już menedżerem. Pracuje ramię w ramię z noblistami, gawędzi z nimi o wszechświecie.

Zestaw Małego Self-Made Mana w czystej formie. Może być lepiej?

Może, bo tu wkraczamy w ciemną strefę mitu. W prawdę, którą *self-made mani* wolą zachować dla siebie. Kiedy człowiek dostaje od losu dosłownie wszystko, to w ramach tego wszystkiego w pakieciku tych dobrodziejstw (nazywanych przez Amerykanów *goody bag*) zawsze zachomikuje się jakieś obrzydlistwo.

– Może to dlatego, że w pracy ciągle muszę myśleć o *worst-case scenario*? O wszystkim najgorszym, co może się wydarzyć? O tym, co się może popsuć, przepalić, stopić albo zerwać? Takie myślenie się potem trochę do życia przenosi, nie ma siły. I mnie się przeniosło. Wpadłem w depresję. Dziś widzę, że w poważną. Myślałem o tym, żeby się zabić. Nie żartuję. Bardzo dużo wtedy myślałem i analizowałem. A ludzie, którzy cały czas analizują wszystko dookoła, mają tendencję do tego, by być bardziej nieszczęśliwi.

Artur jest nieszczęśliwy, bo nie je i nie śpi, tylko bez przerwy pracuje.

Jest nieszczęśliwy, bo czuje się głupszy. Uważa, że wszyscy w NASA są mądrzejsi od niego.

Jest nieszczęśliwy, bo jest sam.

Jest nieszczęśliwy, bo ojciec nie jest z niego dumny.

Gdy Artur, a potem jego siostra wyjeżdżają do USA, gdzie mieszka już ich matka, w Polsce pozostawiają ojca. To Henryk Jerzy Chmielewski, słynny rysownik. Papcio Chmiel.

– Ojcu nigdy nie imponowało, że pracuję w NASA. Że buduję statki kosmiczne. Cokolwiek mu opowiadałem o mojej pracy, zawsze odpowiadał: „Byś lepiej książkę napisał. Coś, co zostanie po tobie". Nie uważał, że wysłanie statku kosmicznego, który ciągle w tej chwili leci, to jest coś, co po mnie zostanie, bo tego nie widać. „Byś coś namalował. Napisał biografię. Album zrobił". Potem już nawet nie chciałem mu niczego opowiadać. To niesamowite, jesteś dorosłym człowiekiem, twój ojciec jest dwanaście tysięcy kilometrów od ciebie, a jedyne, o czym marzysz, to usłyszeć: „O, to ciekawe, co robisz".

Dziś Papcio Chmiel ma już dziewięćdziesiąt pięć lat i Artur na szczęście usłyszał od niego kilkukrotnie słowa, o których marzył. Dodatkowo Henryk Chmielewski uznał zasługi syna najlepiej, jak tylko potrafił – znajdując mu miejsce w komiksie. W nowym wydaniu *Księgi trzeciej przygód Tytusa, Romka i A'Tomka* wreszcie pojawia się postać Artura. Gdy Papcio Chmiel usłyszał, że syn pracuje nad instrumentami na statku kosmicznym, narysował na takim statku naukowca w otoczeniu trąbki, gitary i fortepianu. Gdyby nie ten rysunek, sen o spełnionym *self-made manie* być może nigdy by się nie ziścił.

CIPCIUŚ

– Nie wstydziłaś się jechać Cipciusiem? – pyta Artur, a ja odpowiadam, że nie, szczególnie że wybór miałam niewielki. Obok nas stoi samochód identyczny, z tą jedynie różnicą, że na tablicy rejestracyjnej zamiast „CIPCIUS" ma napisane „CIAPUS". „Ciapuś" to samochód Artura, „Cipciuś" – jego żony Kasi.

Cipciusia pożyczyliśmy od żony, żeby podjechać do okolicznej tajskiej knajpki po kolację na wynos. Ciapuś stoi na podjeździe z otwartym bagażnikiem. Szesnastoletni Marcus i dziewiętnastoletni Lucas, synowie Artura i Kasi, wypakowują z niego bagaże, bo cała rodzina wróciła właśnie z weekendowego wypadu na narty. Gdy zasiadamy razem nad *pad thaiem*, w salonie, tuż przy pomniku komety, rozpoczyna się tajemnicza sesja.

– Dziękuję mamie za to, że tak świetnie przygotowała nasz wyjazd na narty – zaczyna Marcus. – Poświęciła na to dużo czasu, ale dzięki temu wszystko było dopięte na ostatni guzik.

– Dziękuję mamie za to, że znajdowała czas, żeby dla nas gotować na tym wyjeździe. Jedzenie było pyszne i dzięki temu mieliśmy siłę, żeby jeździć na nartach – kontynuuje Lucas.

– Dziękuję mamie za to, że mogłem zabrać z nami na narty mojego kolegę. Jestem przekonany, że on też jest ci za to bardzo wdzięczny – mówi Marcus.

Dziękować tak będą jeszcze przez dobre pół godziny, zanim Artur wyjaśni, o co chodzi.

– Kiedy moja mama umierała na raka, zdałem sobie sprawę z tego, że nigdy nie dziękowałem jej wystarczająco. Ona poświęciła dla mnie i siostry całe życie, a ja przez dużą część życia uznawałem to za naturalne i nie dziękowałem jej. Zbyt późno się zorientowałem, że za mało jej pokazywałem, że to doceniam. Mama pewnie to czuła między słowami, ale wprost wielu rzeczy nigdy jej nie powiedziałem. Postanowiłem, że w mojej rodzinie to naprawię.

Dzięki temu rodzinną tradycją w domu Artura jest to, że w każdą niedzielę po obiedzie członkowie rodziny dziękują sobie nawzajem za to, co dostali od siebie w ciągu minionego tygodnia.

Gdy pomagam zmywać po kolacji, zwracam myśli Artura i Kasi do innych wczasów z przeszłości. Tych, podczas których Artur jest trzydziestopięcioletnim bogiem z sześciopakiem na brzuchu, a Kasia dwudziestodwuletnią pięknością, studentką poznańskiej Akademii Wychowania Fizycznego.

Papcio Chmiel był u Artura w Stanach tylko raz – w 1982 roku. Jedli akurat przy stole śniadanie, gdy zaczęło się mocne trzęsienie ziemi.

– Tata się nie zorientował. Myślał, że to mój pies po prostu się kręci przy nogach i w coś drapie. Musiałem mu powiedzieć: „Tata, to nie pies, tylko trzęsienie ziemi".

W 1991 roku Artur przyjeżdża do ojca z rewizytą. Wcześniej nie przyjeżdżał do ojczyzny, bo bał się, że ktoś sobie przypomni o jego zaległej służbie wojskowej. Jest upalnie, Papcio Chmiel proponuje wyjazd na Mazury – do ośrodka w Mierkach. Tam na basenie Artur po raz pierwszy widzi piękną, młodszą od siebie o trzynaście lat Kasię – studentkę poznańskiej AWF, która w wakacje dorabia w Mierkach jako instruktorka pływania dla dzieci. On zakochuje się od pierwszego wejrzenia, ona trzyma dystans. Do czasu.

– Od razu pomyślałem, że ona spełnia absolutnie wszystkie moje wymogi! Bo wiesz, ja jestem facet z NASA. Nie zakochuję się ot tak, tylko patrzę na to, w kim się zakochuję – mówi Artur. – Tak jak przy budowie statku kosmicznego – mam swoje *requirements*[12].

– Porównujesz mnie do statku kosmicznego?! – oburza się Kasia.

– Bo ty jesteś dziewczyna jak rakieta! Zobaczyłem kobietę marzeń. Była mądra, wykształcona, uczuciowa, usportowiona, widziałem, że byłaby dobrą matką, miała miłą rodzinę... Ideał!

– A ja nie miałam żadnej karteczki z oczekiwaniami i żadnych *requirements* nie odhaczałam. Na mojej karteczce

---

12 *requirements* (ang.) – wymogi.

było tylko jedno: czy ja kocham i czy on mnie kocha. I czy dobrze się mną opiekuje.

– Ja uważałem, że nietrudno się zakochać. Prawdziwe wyzwanie to zakochać się w tym, w kim powinno się zakochać. I Kasia taka była. Oszalałem ze szczęścia, gdy po kilku miesiącach zaprosiła mnie do siebie do Polski na wigilię. Leciałem przez Frankfurt i nagle okazało się, że z powodu śnieżycy skasowali lot do Poznania. Do świąt było jeszcze półtora dnia, więc wypożyczyłem samochód, żeby te tysiąc kilometrów przejechać. Była straszliwa śnieżyca. Lód na drodze. Akurat odbywały się manewry wojsk amerykańskich i NATO. Jechałem nocą, a wszystko dookoła wyglądało, jakby kręcili *Stalingrad*. Wlokłem się trzydzieści kilometrów na godzinę. Po lewej stronie – czołg, po prawej – jakiś samochód pancerny. Przede mną ciężarówka wykolejona zjechała z szosy. A ja na wigilię. Ale okazało się, że było warto, bo Kasia mi zrobiła piękny tort z galaretką.

– To był sernik na zimno.

– Pomyślałem sobie po tej wigilii: „Jak wspaniale mieć rodzinę". Po raz pierwszy taka myśl się pojawiła, bo wcześniej to myślałem tylko o nauce i o statkach kosmicznych. Czasami się mówi, że ma się ból w sercu, i ja go wtedy czułem. Tak do mnie trafiło to ciepło, rodzinność, prezenty, których od lat od nikogo nie dostawałem, bo rodzice byli daleko.

– Potem, po dwóch latach związku na odległość, chcieliśmy, żebym przyjechała do Stanów i zobaczyła, czy mi się tu spodoba, ale nie chcieli dać mi wizy. W końcu dostałam wizę narzeczeńską. To oznaczało, że albo w ciągu trzydziestu dni bierzemy ślub, albo wracam do Polski i już nigdy do Ameryki nie wjadę. Wóz albo przewóz.

– Oświadczyłem się w Las Vegas. Wynająłem *honeymoon suite*[13] w Luxor Hotel, w którym było jacuzzi z widokiem na

---

13 *honeymoon suite* (ang.) – apartament dla nowożeńców.

całe miasto. Zaplanowałem, że padnę na kolana i oświadczę się w tych bąbelkach. I dopiero jak już się kąpaliśmy, zrozumiałem, jak idiotyczny miałem pomysł, bo cały czas trząsłem się, że mi pierścionek wpadnie do odpływu.

– A ja się w ogóle tych oświadczyn wtedy nie spodziewałam. Ja byłam w Stanach po raz pierwszy, wszystko było *overwhelming*[14].

– Żeby przyśpieszyć ślub i wyrobić się w ciągu tych trzydziestu dni, zanim Kasi skończy się wiza, wyjechaliśmy na Hawaje, na wyspę Maui. Zaklepałem tam księdza, który odprawiał śluby przy zachodzie słońca na malutkiej plaży między skałami. Ksiądz przyszedł z gitarą i śpiewał nam hawajskie pieśni weselne zamiast homilii.

– Ja wtedy jeszcze w ogóle nie znałam angielskiego, więc tylko wiedziałam, że mam powiedzieć „*I do*". O cokolwiek mnie zapytał, to się zgadzałam.

– Zdecydowaliśmy, że pierwsze dziecko będziemy mieć po trzech latach od ślubu. Czytałem książki i tam było napisane, że kobiety zawsze po latach wyrzucają mężom, że „szybko mieliśmy dzieci, więc w ogóle nie użyłam życia".

– Poza tym musiałam iść do szkoły, nauczyć się języka. Bartek[15] był dla mnie bardzo wymagającym nauczycielem. Mieliśmy dni bez polskiego. Nie znałam języka, a on nie odzywał się do mnie choćby słowem po polsku. Błagałam, żeby powiedział cokolwiek po naszemu, a on tylko: „*How are you?*"[16], „*What did you say?*"[17]. Taki był *stubborn*[18]! Taki *tough*[19] byłeś! Jak nie można powiedzieć nawet słowa po polsku, to człowiekowi aż mózg ściska!

---

14 *overwhelming* (ang.) – przytłaczające.
15 Rodzina nazywa Artura jego drugim imieniem: Bartłomiej.
16 *How are you?* (ang.) – Jak się masz?
17 *What did you say?* (ang.) – Co powiedziałaś?
18 *stubborn* (ang.) – uparty.
19 *tough* (ang.) – twardy, nieustępliwy.

– Ale dzięki temu też szybko się nauczyłaś, szybko się zasymilowałaś i szybko poszłaś do drugiej szkoły.

– Skończyłam tu fizjoterapię. Teraz myślę, że naprawdę miałam dużo szczęścia. Naiwna dziewczyna, która wyjeżdża do Stanów nie wiadomo z kim. Mogło się różnie skończyć.

– A skończyło się tak, że mam świetną żonę, która jak nikt potrafi uczyć synka serwować!

Tą deklaracją Artur daje znać, że koniec wspominków na dziś. Dziękowanie po kolacji to tylko jeden z rodzinnych rytuałów. Inny rytuał jest taki, że codziennie o dwudziestej pierwszej Chmielewscy ruszają na kort.

NAJWAŻNIEJSZA MISJA NA ŚWIECIE

Z głośników ryczy najnowszy hit amerykańskich nastolatków *Mans Not Hot* w wykonaniu brytyjskiego rapera i komika o pseudonimie Big Shaq. Hałas nikomu tu nie przeszkadza, bo dom Artura stoi nieco na uboczu, nad kanionem. Sąsiadująca z domem posiadłość stoi niezamieszkana, a rezydencja kolejnej sąsiadki celebrytki, która uciekła tu z Beverly Hills, by ukryć się przed paparazzi, stoi na tyle daleko, że żadne dźwięki do niej nie dochodzą. W miejscu, gdzie poprzednia właścicielka domu Artura miała stajnie, z których wypożyczała konie do reklam, Artur zbudował wielki podświetlany nocą kort tenisowy. Obok kortu – basen z jacuzzi. Obok basenu – domek gościnny i boisko piłkarskie. Basen służy całej rodzinie plus niedźwiadkom, które od czasu do czasu zakradają się tu na kąpiel z pobliskiego lasu. Boisko – Marcusowi, zapalonemu fanowi piłki nożnej. Kort jest dla Lucasa – najlepszego tenisisty w szkole. To właśnie jego teraz trenujemy. Kasia z Arturem podają mu piłki do serwów, Marcus je odbija. Ja zbieram te, które błąkają się po korcie.

– Kosmos zupełnie przestawia interpretację świata – tłumaczy mi Artur, gdy przysiadamy na ławce przy korcie, by poobserwować grę. – Trudno kłócić się o politykę, gdy się pomyśli, ile razy rządy się zmienią podczas jednego tylko lotu rakiety. W takiej przestrzeni trudno spierać się o głupoty i być małostkowym. Następna misja, jaką planujemy, będzie na księżyc Saturna – Tytan. To jest dziesięć razy dalej od Słońca, niż my jesteśmy. Jedna setna światła słonecznego tam dociera. Tam się leci jedenaście lat. Gdy się wie, że w tej przestrzeni my jesteśmy tylko malutką kropką, to się myśli wyłącznie o dużych rzeczach. Na przykład o tym, żeby dbać o świat. Żeby dbać o atmosferę, bo wiem, jaka ona jest delikatna. Każdego dnia powinniśmy myśleć o tym, jak mamy się najlepiej wtopić w środowisko, żeby nie być dla niego złymi, tylko dobrymi.

Gdy Artur budował swój dom nad kanionem, na wzgórzach kalifornijskiej Pasadeny, myślał wyłącznie o tym. Prąd, który zużywają, pochodzi z przydomowych baterii słonecznych. Ciepła woda – z ciemnych rur umieszczonych na dachu domku gościnnego. Basen – gdy nieużywany – osłaniają pokrywą, by nie tracił ciepła przez parowanie.

– W tej chwili mój dom jest uważany przez kalifornijską *kompanię* elektryczną za elektrownię, bo więcej energii produkuje, niż zużywa. – Nawet nonszalanckie czerwone corvetty cabrio poszły już w niebyt, nie dlatego, że Artur wydoroślał, lecz dlatego, że nie chciał truć powietrza. „Cipciuś” i „Ciapuś” to bliźniacze ultranowoczesne modele elektrycznych chevroletów.

Dla dobra świata zresztą Artur teraz trenuje Lucasa. I dla dobra świata zaraz po treningu poświęci kolejne dwie godziny na odrabianie lekcji z Marcusem. A jeszcze później całą rodziną siądą w piwnicy zaaranżowanej na kino domowe i obejrzą serial *W garniturach*, i będą rozmawiać o tym, jak dążyć do sukcesu równie skutecznie jak jego bohater Harvey Specter. Tak Artur wypełnia swoją *self-mademańską* misję. – Wybory są dwa. Można się koncentrować na pieniądzach, co niewiele daje światu. Albo na nauce i postępie – co daje dużo. Ziemia ma cztery miliardy i sześć milionów lat. Ludzie są na tej ziemi od sześćdziesięciu tysięcy. Nasza cywilizacja – jakieś sześć tysięcy. A każdy z nas na produktywne życie ma góra lat czterdzieści. Bo najpierw jest za głupi, a potem za stary. Ja mogę więc mieć bardzo ciekawe projekty kosmiczne, ale najważniejszym moim projektem życiowym jest to, żeby kolejne pokolenie było mądrzejsze i pchało świat naprzód. Żeby robiło coraz lepsze i mądrzejsze rzeczy. Obojętne, jaką masz pracę, najważniejszym projektem zawsze są dzieci.

POWRÓT KOLUMBA

– Naprawdę chciałbyś tu wrócić? – pytam Artura, gdy pół roku po moim powrocie z Pasadeny widzimy się w warszawskiej kawiarni. Artur odwiedził na kilka dni Polskę jako konsultant prac Polskiej Agencji Kosmicznej i teraz rozważa, czy nie byłoby dobrym pomysłem zajęcie się tym na stałe. Od bladego świtu ma spotkania i konferencje z najważniejszymi ludźmi w państwie, lunch jemy więc dopiero o dwudziestej drugiej.

– To po co było ci to całe koszenie trawników, malowanie płotów, walka o NASA i poczucie winy, że jesteś szczurem, który opuszcza okręt?! To przez patriotyzm?

– Przez patriotyzm nie. Kocham Polskę, ale przez te wszystkie lata stałem się takim raczej patriotą globalnym. Gdy patrzysz na Ziemię jak na kropkę w kosmosie, to nie masz już ochoty parcelować jej na kawałki. Jesteśmy jak mrówki – czy białe, czy czerwone, czy duże, czy małe, to nadal są po prostu mrówki. My jesteśmy takie mrówki we wszechświecie.

– To czemu cię tu ciągnie?

– Bo chcę się dzielić tym, co umiem. Tworzenie praktycznie od zera całego programu kosmicznego dla Polski to niesamowite wyzwanie. A my w NASA nie pracujemy dla pieniędzy, tylko dla wyzwań. Jesteśmy nauczeni, że lecimy tam, gdzie lecimy, nie dlatego, że to jest łatwe, tylko dlatego, że to fascynujące. A Polska wydaje mi się o wiele większym wyzwaniem niż NASA i jej kolejne misje kosmiczne. Ja chcę latać tam, gdzie to jest fascynujące.

CO ZNACZY WSZYSTKO?

TEKSAS, CORPUS CHRISTI, LUTY 1983

Tak kuli się dziecko, nie morderca. Morderca ucieka jak najdalej od miejsca zbrodni. Nie chowa się kilka przecznic dalej pod pierwszym napotkanym pikapem. Tak kuli się człowiek, który – choć jest niewinny – wie, że się nie wywinie.

Przyczyna jego nieszczęścia? Najgłupsza z możliwych. Jakimś dziwnym, złośliwym zrządzeniem natury wygląda kropka w kropkę jak lokalny bandzior. Prawdziwy zabójca. Zero pokrewieństwa. Zwykła ironia podłego losu, że w Corpus Christi w Teksasie w ciągu jednej dekady urodziło się dwóch mężczyzn tak bardzo do siebie podobnych. *Tocayos* – tak to się tutaj mówi. *Tocayo* znaczy po hiszpańsku „imiennik", ale w tym przypadku również „bliźniak". Dokładnie sto siedemdziesiąt sześć centymetrów i siedemdziesiąt dwa kilogramy podobieństwa. Ta sama latynoska uroda. Ta sama kędzierzawa czupryna. Te same krzaczaste brwi, wąsy i kilkudniowy zarost. Nawet, cholera jasna, dokładnie to samo imię: Carlos.

Teksańska policja działa naprawdę szybko. W mgnieniu oka namierza pikapa i kulącego się pod nim mężczyznę. Później już tylko proces i sześć lat za kratkami. No i zabójczy zastrzyk w celi śmierci więzienia w Huntsville. W latach osiemdziesiątych w Teksasie nikt nie daje wiary dziwnym zbiegom okoliczności. Dwóch aż tak podobnych do siebie Latynosów? Niewiarygodne i tanie.

7 grudnia 1989 roku po podaniu zastrzyku z trucizną skazany za morderstwo młodej dziewczyny Carlos DeLuna powoli umiera w przekonaniu, że w jego niewinność nie uwierzył absolutnie nikt oprócz najbliższej rodziny i więziennego kapelana Carrolla Picketta, który – choć uczestniczył już w kilkudziesięciu egzekucjach – teraz jest tak poruszony, że przez kolejne miesiące będzie potrzebował pomocy psychiatry.

Możemy tylko gdybać o tym, jak ostatniego dnia swojego życia czułby się Carlos ze świadomością, że uwierzyła w niego Alex. Ola Błaszczuk z Lublina.

Tego Carlos nie mógł ani wiedzieć, ani przeczuwać. Kiedy go aresztowano, Oli nie było w Teksasie. Ani w Ameryce. Nie było jej jeszcze nawet na świecie.

NOWY JORK, HARLEM, LIPIEC 2011

Dwadzieścia dwa lata po egzekucji Carlosa, w upalny wakacyjny poranek, Ola biegnie przez Harlem. Jak co dzień w drodze z domu na uczelnię przemierzyła już metrem kawałek Brooklynu i praktycznie cały Manhattan w kierunku bramy wejściowej Uniwersytetu Columbia.

Teren uniwersytetu zachwyca o każdej porze roku, ale teraz chyba szczególnie. Amerykańskim zabytkom w zieleni jakoś szczególnie do twarzy. Oczywiście każdy Europejczyk szyderczo by się uśmiał, słysząc, jak mieszkańcy Nowego Jorku nazywają miejscowe dziewiętnastowieczne budynki „antycznymi". Taka już jednak specyfika młodego kraju, że wszystko, co ma więcej niż sto lat, traktuje się z taką czcią, jakby to były ruiny starożytnego imperium rzymskiego.

Biegnąc przez kampus, Ola na zachwyty i refleksje nie ma czasu. Nie myśli o tym, ile osób dałoby się pokroić za to, by być na jej miejscu. Studiować na uczelni, która wychowała osiemdziesięciu dwóch noblistów. Nie zastanawia się, jak wielki sukces osiągnęła, dostając się do szkoły, w której na każde sto aplikacji zaakceptowanych zostaje tylko sześć. Nie zawraca sobie głowy tym, że jej wydział – szkołę prawa – skończyli prezydenci Theodore i Franklin Delano Roosevelt.

Nie myśli i nie chce o tym myśleć. Po pierwsze – na niewiele rzeczy ma tak wielką alergię jak na patos. Gdy tylko ktoś w jej obecności rozpoczyna peany o sukcesie, wpada w zakłopotanie i odpowiada: „Cokolwiek...". To jej polonijne tłumaczenie amerykańskiego *Whatever...* – a że od lat nie mieszka w Polsce, nie może wiedzieć, że nad Wisłą absolutnie nikt tak nie mówi. Po drugie – naprawdę, naprawdę bardzo się dziś śpieszy.

Głowę zaprząta jej historia Wandy Lopez – dwudziestoczteroletniej ekspedientki pracującej w sklepiku przy stacji benzynowej w nieciekawej dzielnicy miasteczka Corpus Christi w Teksasie. 4 lutego 1983 roku dziewczyna zostaje brutalnie zamordowana nożem myśliwskim pod koniec swojej zmiany. Sprawca zbiega, ale świadkowie całego zdarzenia szybko wskazują winnego – dwudziestojednoletniego Carlosa DeLunę. Teraz, po ponad dwóch dekadach, to na barkach Oli i zespołu, w którym pracuje, spoczywa obowiązek wykazania, że DeLuna był niewinny, a za morderstwem stoi jego imiennik i sobowtór – Carlos Hernandez.

Ola wbiega więc w pośpiechu do budynku Jerome L. Greene Hall – siedziby szkoły prawa. Czekają tam na nią profesor James Liebman – miejscowy guru prawa karnego – oraz największy naukowo-kryminalny projekt w historii

Ameryki. Zespół pod nazwą „Columbia DeLuna Project" już od sześciu lat analizuje wszystko, co wydarzyło się wtedy w Corpus Christi w Teksasie. Ola w charakterze researcherki dołącza do nich na ostatniej prostej – w wakacje po swoim pierwszym roku studiów na Columbii.

Gdyby kręcono o Oli jakiś drogi hollywoodzki film, najpewniej prace jej zespołu pokazywano by przy akompaniamencie pełnej napięcia muzyki. Studenci w wygniecionych koszulach z podwiniętymi rękawami wrzeszczeliby zza zaśmieconych do granic przyzwoitości stołów, efektownie rzucając w siebie stertami dokumentów – obowiązkowo pokreślonymi od góry do dołu wszelkiej maści notatkami. Aż wreszcie ktoś wykrzyknąłby: „Mamy to" i tajemnica niesłusznie skazanego na śmierć Carlosa DeLuny zostałaby rozwiązana na dobre.

W prawdziwym życiu w wakacje 2011 roku działalność Columbia DeLuna Project wygląda znacznie mniej spektakularnie. Od rana do nocy Ola analizuje wszystko co popadnie.

– Dostawaliśmy dokumenty od policji. Zdjęcia z miejsca zbrodni. Zeznania ponad stu świadków. Rozmowy z rodzinami obu stron. Nagrania z policyjnej dyspozytorni, na których został utrwalony moment zabójstwa Wandy – bo zadzwoniła po pomoc, gdy tylko sprawca pojawił się w sklepie. Relacje prasowe. Relacje telewizyjne. Ustalenia na temat tego, kto kogo naprawdę widział. I kto kogo rozpoznał na zdjęciu.

Prawdziwa śledcza robota mająca odpowiedzieć na tuziny pytań, które pojawiały się z każdym przeanalizowanym dokumentem. Dlaczego Carlosa DeLunę uznano za zabójcę Wandy Lopez, jeśli na miejscu zbrodni policjanci zastali skutki krwawej jatki, a na ubraniu chłopaka nie było choćby śladu krwi? Dlaczego nikt nie podjął najmniejszej próby zweryfikowania, czy Carlos DeLuna przypadkiem nie mówi prawdy, gdy twierdzi, że uciekał, bo był świadkiem zdarzenia i dobrze widział, kto zabił? Jak to możliwe, że nikt nie uwierzył w istnienie nieszczęsnego sobowtóra Carlosa Hernandeza, mimo że miejscowa policja dobrze go znała?

– To było niezwykle interesujące. To mnie absolutnie zachwyciło.

Tak bardzo, że Ola postanawia zostać profesorem prawa i przez całe życie zajmować się sprawami takimi jak ta. Tego lata równie gorliwie jak dowodów na niewinność Carlosa DeLuny Ola po raz kolejny w swoim życiu szuka odpowiedzi na pytanie, co naprawdę ją w życiu kręci. Nie wie, że po raz ostatni – na wiele kolejnych lat – może szukać i decydować beztrosko i bez presji. Jeszcze ma wybór.

NOWY JORK, EAST VILLAGE, STYCZEŃ 2018

Wjeżdżam windą na ostatnie, piąte piętro kamienicy stojącej w hipsterskiej dzielnicy East Village i punktualnie w południe pukam do jej drzwi. Ze środka woła:

– Wejdź, proszę, otwarte!

W środku robię wszystko, co mogę, by nie zachowywać się jak uboga krewna z Polski. Mieszkanie Alex jest tak stuprocentowo nowojorskie, że aż onieśmiela. Kamienica w East Village, przed którą stoisko rozstawił sprzedawca płyt winylowych, przywodzi na myśl całą gamę amerykańskich seriali od *Seksu w wielkim mieście* po sterylne wnętrza netfliksowego *Black Mirror*. Ogromny loft na ostatnim piętrze kamienicy, z deskami w stropie i surową czerwoną cegłą na ścianach. Białe drzwi, białe ściany, ascetyczne (tak bardzo, że aż „kosmiczne") włączniki światła. Panoramiczne okna z widokiem na Tompkins Square Park i nowojorskie taksówki jeżdżące po lokalnych uliczkach. Jedynym polskim, swojskim akcentem jest leżący na stoliku kawowym kalendarz wydany w setną rocznicę „Dziennika Związkowego" – największej polonijnej gazety wydawanej w Chicago. Mimo to, gdy w oddali za oknem widzę Empire State Building, przez chwilę ulegam iluzji, że to Pałac Kultury. Może dlatego, że dziś rozmawiamy o Polsce.

To nie tak, że człowiek patrzy na Olę i mówi: „Oooo, Polka". Równie dobrze mogłaby być Amerykanką. Albo Włoszką, a może Hiszpanką? Ani za wysoka, ani za niska trzydziestolatka, z pięknymi ciemnymi włosami opadającymi na wyprostowane plecy. Bardzo szczupła, o symetrycznych rysach twarzy. Ciemne brwi, ciemne oczy, myślące spojrzenie. W głowie ma milion pytań o świat. W sercu ma Lublin.

– Mnie się wydaje, że jak ktoś jest z Lublina, to trudno go nie kochać – mówi Ola, bo sama kocha Czechowicza. I za Lublin, i za jego poezję.

Serce ma jednak pojemne, mieszczą się więc w nim również ci, którzy w Lublinie nigdy nie mieszkali lub mieszkali krótko. Na przykład Szymborska albo Sienkiewicz czy Prus.

– Nadal pamiętam sceny z *Faraona*, które opisywałam w esejach na studiach. Profesorowie cieszyli się, że taka wszechstronna. Że „egzotyczną" literaturę zna.

Ten swój rodzimy Lublin nazywa pięknym i smutnym.

– Mogłabym tam mieszkać i nigdy nie czułabym, że to zaścianek. Niektórzy powiedzą, że to malutkie miasto, ale w rzeczywistości rozmiarem nieco przypomina San Francisco! Perspektywa. Dla jednych to małe miasto, dla innych – ogromny świat.

Lubelski świat teraz kojarzy jej się głównie z babcią, która tam została. I z początkami wakacji z nastoletnich czasów. Amerykański rok szkolny kończy się znacznie wcześniej niż polski, więc mama Małgorzata – która kiedyś w Polsce pracowała jako polonistka – co roku od razu wysyłała ją do Lublina, by zdążyła jeszcze przez kilka tygodni pochodzić do polskiego liceum. Może dlatego Ola dziś tak świetnie mówi po polsku, choć z kraju wyjechała jako siedmiolatka. I choć sama swoim polskim się frustruje.

– Nie znoszę tego, że brakuje mi słów. Ciągle mam poczucie, że mogłabym być o TYYYYYLEEEE śmieszniejsza i o TYYYYLEEEE ciekawsza, mówiąc po angielsku! Ciągle mi się myli „północ" i „południe". Czy północ to ta na dole, czy ta na górze?

Ustalamy, że ta na górze, i dzięki temu dowiaduję się, że po przyjeździe z Polski rodzina Oli osiadła w północnym Chicago.

– Nawet nie pamiętam, jak to dokładnie było, ale ta Ameryka chyba nam była pisana. Najpierw przyjechał tu tata, a my z mamą do niego dołączyłyśmy.

Najpierw zamieszkali w jednym pokoju, w *bejsmencie*[1], potem z każdą lepszą pracą rodziców w coraz to bardziej prestiżowych i komfortowych lokalizacjach pod miastem.

– Nigdy nie było ekstremy dochodowej, bo mama pracuje w polskich mediach w Chicago, a tata jest listonoszem. Zawsze więc byliśmy na poziomie takiej typowej amerykańskiej klasy średniej. Nie byliśmy bogaci, ale też nigdy nie odczuwałam stresu, że nie wiadomo, czy będziemy mieli co jeść. Na studia wyjechałam poza Illinois. Dla mnie zawsze było jasne, że przedmieścia Chicago to nie jest koniec

---

[1] W amerykańskich domach piwnice, czyli pomieszczenia znajdujące się poniżej poziomu ulicy, zazwyczaj wykorzystywane są do celów mieszkaniowych; często wynajmuje się je nowo przybyłym imigrantom, którzy szukają niedrogiego miejsca zamieszkania.

historii. Wyjechałam więc do Waszyngtonu i nie miałam planu, by do Chicago kiedykolwiek wracać. Chyba że będę musiała.

Będzie musiała. Ale o tym porozmawiamy następnym razem, bo z przedpokoju słyszę „*I'm back!*" i wiem, że powinnam już iść. Do mieszkania wchodzi przyjaciel i współlokator Oli – Nat. Kolejny symbol Ameryki w tych nowojorskich wnętrzach. Przystojny, wytatuowany blondyn, którego przodkowie przypłynęli na amerykański kontynent na Mayflower[2]. Przywiózł z okolicznej restauracji obiad – chińskie pierożki. I teraz musi pomóc Oli je zjeść.

ILLINOIS, RIC[3], GRUDZIEŃ 2011

– Dzień zaczyna mi się zwykle koło szóstej, siódmej rano. Przychodzi pielęgniarz albo pielęgniarka, która mnie budzi i zdejmuje mi taką maszynę, którą noszę przez całą noc, dlatego że po zapaleniu płuc mam bardzo zmniejszoną powierzchnię płuc. Więc to się nazywa BiPAP i pomaga mi oddychać w nocy. Mam nadzieję, że nie będę musiała tego nosić do końca życia. I wtedy zaczyna się rutyna dnia. Czyli po kolei: mycie zębów, mycie buzi... W międzyczasie ktoś też karmi mnie, bo mam śniadanie. Się ubieram. Ubrania mam takie specjalne, obcisłe, które noszę pod swoim zwykłym ubraniem, co pozwala mi lepiej regulować ciśnienie. Więc nakładamy te skarpetki i ten *binder*[4] i potem taki duży

---

[2] Mayflower – drewniany żaglowiec, na którym w 1620 roku przypłynęła do Ameryki Północnej pierwsza setka brytyjskich kolonistów (tak zwanych Pielgrzymów).

[3] RIC – Rehabilitation Institute of Chicago, od 2017 roku: Shirley Ryan AbilityLab.

[4] *binder* (ang.) – gorset.

materiał jeszcze wkładam – to się nazywa *sling*[5]. I tym przenosimy mnie na krzesło. Ja to nazywam taką „transportacją dla krów", ale jest to dosyć bezpieczne i wiem, że w ten sposób można podnieść mnie z łóżka i przenieść na wózek. Czyli wstając o wpół do siódmej i mając pierwszą lekcję fizykoterapeutyczną około dziewiątej, przez cały czas się przygotowuję do tego, żeby przesiąść się z łóżka na krzesło. I wtedy zaczyna mi się dzień.

WASZYNGTON D.C., UNIWERSYTET GEORGETOWN, 2004–2007

– Sądzisz, że mam eleganckie CV? Nie powiedziałabym. Raczej pokazujące, że nie mogłam się zdecydować, co chcę robić. W sumie studiowałam chyba siedem czy osiem lat.

Georgetown University w Waszyngtonie, New York University i Columbia University w Nowym Jorku. Najwyższa półka. *Top of the top*. Na takie uczelnie nikt nie dostaje się ot tak, z marszu. Taką karierę trzeba planować przez lata.

Do decyzji o wyjeździe do Waszyngtonu – jak i w zasadzie każdej innej w jej życiu – pchnęły Olę pytania o świat. Na razie te najprostsze, bo pierwszy plan na życie układa jako czternastoletnia uczennica Stevenson High School w Lincolnshire – jednej z najlepszych szkół w stanie Illinois, choć nadal publicznej, więc bezpłatnej.

– W amerykańskich szkołach zawsze trzeba pisać te wszystkie eseje pod szyldem: „Kim jestem?". W kółko więc pisałam brednie w stylu: „Jestem Polką. Ale też Amerykanką! Wow! Jakie to ciekawe. Każdego dnia muszę łączyć te dwa światy!".

---

5 *sling* (ang.) – temblak.

Teraz, gdy na to patrzy, myśli, że te wypracowania były męczące i nieciekawe. Wtedy pozwoliły jej pomyśleć, że skoro jest taka dobra w łączeniu dwóch światów, to może powinna zostać dyplomatką.

– Nie do końca nawet wiedziałam, na czym polega ta praca, ale myślałam, że się nadaję, bo widziałam, jak pracuje polski konsulat. Znałam polski, angielski, hiszpański, trochę francuski i jeszcze łacinę. Interesowałam się konfliktem w Kosowie. Orientowałam się w świecie dzięki mamie dziennikarce, która każdego dnia rano oglądała wiadomości.

I tak po ukończeniu szkoły średniej Ola trafia do School of Foreign Service[6] na Georgetown University.

Na uczelni ma zajęcia z Madeleine Albright. Tonym Blairem. Szejkinią Kataru – Mozah bint Nasser. Czasem też z Aleksandrem Kwaśniewskim.

– Wszyscy się tu z niego śmiali, bo na wykładach mówił tylko do dziewczynek i do każdej zwracał się „kochanie". Nie było to na tyle niewłaściwe, żeby ktokolwiek zwracał mu uwagę, ale jednak po jego wykładach wszyscy mówili: „Ech, kolejny polityk z Europy Wschodniej...".

Niby *high life*, ale mimo to Ola na zmianę nudzi się i męczy albo męczy i nudzi.

– Na Georgetown wszyscy w kółko mówili o tym, kto ma bogatych rodziców. Szeptało się: „To jest syn tych, a to jest córka tamtych". Te wszystkie dzieci bogaczy studiują na Georgetown i tworzą bardzo dziwną atmosferę, której nie lubiłam.

Nie lubi też Waszyngtonu – monotonnego do granic wytrzymałości miasta, w którym poza wielką polityką absolutnie nic się nie dzieje.

---

6 School of Foreign Service – Szkoła Służby Zagranicznej.

– Stwierdziłam, że to nie to. Okazało się, że bardziej niż to, jak wygląda dyplomacja, interesowało mnie, dlaczego układ międzynarodowy wygląda tak, a nie inaczej. I dlaczego w ogóle patrzymy na świat w kontekście narodów. Po ukończeniu studiów dyplomatycznych nie zadaje więc już sobie – jak w liceum – pytań o to, kim jest. Teraz myśli, dlaczego to, że jednocześnie jest i Polką, i Amerykanką, jest tak bardzo ważne dla innych.

Z tego powodu po siedmiu latach od powzięcia pierwszego życiowego planu – praca w dyplomacji – przedsięwzięcie trafia do kosza.

NOWY JORK, NEW YORK UNIVERSITY I COLUMBIA UNIVERSITY, 2008–2013

Po twardym resecie kolejne lata Ola znów spędza na łączeniu w sobie dwóch światów. Teraz już jednak nie polskiego i amerykańskiego, tylko filozoficznego i prawniczego. Najpierw robi magistra z filozofii na New York University, potem – podyplomowo – szkołę prawniczą na Columbii.

Gdy ma się w planach zdawać na filozofię, trzeba przekonująco wytłumaczyć, dlaczego chce się tam studiować. Do szkoły prawniczej liczą się wyniki egzaminu LSAT[7] i referencje od profesorów z poprzednich studiów.

– Na filozofii spędza się godziny z profesorem w małych grupach, prowadząc dyskusje na temat: „Co znaczy... wszystko". Rozmowy, dzięki którym może zrozumiemy wszystko lepiej. A na Columbii stosuje się metodę Sokratesa: profesor zadaje bardzo agresywne pytania, na które

---

[7] LSAT – Law School Admission Test; egzamin wykorzystywany przez uczelnie do selekcji kandydatów na studia prawnicze.

odpowiedź jest zawsze tylko jedna. To strasznie męcząca metoda, której nienawidzę. Nie pytają: „Dlaczego?" ani: „Co ty o tym myślałeś?". Bardziej: „Opisz i znajdź poprawną odpowiedź, bo ona istnieje i musisz ją odnaleźć". „Powiedz nam, jakie są fakty! Nie! To nie był poprawny rok! Niech pani siądzie, bo pani nie wie, o czym mówi!" A czy to naprawdę ma jakieś znaczenie, czy jakaś sprawa toczyła się w 1985 czy 1986 roku? Nie!

Mimo to w ostatecznym rozrachunku drugi z kolei życiowy plan Oli – misja zostania profesorem filozofii – upada na rzecz planu kolejnego, czyli prawa.

– Miałam świadomość, że nie ma w Ameryce za dużo pracy dla filozofów. Więc skoro nie jestem Heideggerem ani Wittgensteinem, to po co się w to bawię?

Prawo jest gdzieś w pół drogi między dyplomacją a filozofią. Tak po prostu należy wybrać...

NOWY JORK, 2010

Jedyne, co w życiu Oli nie było jej wyborem, zdarzyło się 7 października 2011 roku. Jeślibym jednak nazwała ten dzień przełomem, zaprotestowałaby. Pewnie ma rację, skoro mama 7 października każdego roku dzwoni do niej i pyta, czy pamięta, a ona zawsze – zgodnie z prawdą – odpowiada, że zapomniała. Mnie mówi, że przełomem był nie ten dzień, lecz zupełnie inny. Ten, w którym postanowiła, że nie wyjedzie do Anglii. A mogła.

Po porzuceniu planu „profesor filozofii" w całym galimatiasie pomysłów na życie i kolejnych życiowych projektów ma dwie drogi. Albo Columbia, albo Cambridge w Wielkiej Brytanii, gdzie też zadeklarowali, że chcą ją przyjąć. Ma świetne wyniki egzaminu LSAT, do tego doskonałe referencje od swojego promotora.

Gdyby Ola wybrała Cambridge w Wielkiej Brytanii, a nie Columbię w Stanach, byłoby pewnie tak, jak w tych wszystkich filmach z bohaterami, których losy zależą od tego, czy zdążą na metro, czy nie. Być może nie zdarzyłaby się w jej życiu chwila, nad którą nie ma kontroli. Być może nadal mogłaby sobie pozwolić na kolejne bezstresowe decyzje, wiedząc, że tak długo, jak tylko nie wymyśli czegoś skrajnie idiotycznego na miarę rzucenia wszystkiego i otwarcia salonu tatuażu, jej rodzice nie będą jęczeć jej nad głową, żeby w końcu wydoroślała. Prawdopodobnie nie musiałaby wracać do Chicago. No i mogłaby sobie zadawać inne pytania niż te, które pojawiły się po tym wszystkim, co się wydarzyło.

ILLINOIS, RIC, GRUDZIEŃ 2011

– Ćwiczenia trwają zazwyczaj między dziewiątą a czwartą po południu. Zwykle mam jakieś sześć godzin tych ćwiczeń. Nie każda godzina jest wypełniona ćwiczeniami czy terapią, ale jakby większość z tych godzin tak. Terapie są różne. Przede wszystkim fizykoterapia, czyli ćwiczenie tych mięśni, które mam – żeby były jak najsilniejsze. I rozciąganie tych, których nie mam. W sensie: z którymi nie kontaktuję się w tej chwili – żeby też były rozciągnięte, jak znowu złapię z nimi kontakt. Żebym po prostu mogła ich w przyszłości używać. Też mam taką terapię zajęciami, która pozwala mi ćwiczyć ręce, mięśnie rąk bez myślenia o tym, że to jest ćwiczenie. Czyli terapia artystyczna, plastyczna. Coś tam macham pędzlem, maluję ręką. Terapia taka, że coś piszę, przepisuję przez godzinę – z takim ołówkiem, który mi pomaga przepisywać. Ja bardzo lubię terapię muzyczną, która pomaga mi w oddychaniu. Czyli śpiewamy. Śpiewamy kolędy polskie. I mam też terapię rekreacyjną. To jest mniej terapia, a bardziej takie rozmowy o tym, jak mogę nadal uczestniczyć w różnych rzeczach, takich jak podróże, takich jak sport. Więc tak pod koniec dnia, koło ósmej, to już mi się zaczyna chcieć spać, bo jestem zmęczona po całym dniu ćwiczeń.

WESTCHESTER, NOWY JORK, 7 PAŹDZIERNIKA 2011

Ta jesień dla Oli jest naprawdę znacząca. Ma za sobą pierwszy rok studiów na Columbii i w końcu czuje, że jako prawnik przyszłość może mieć naprawdę fascynującą. Dopiero co w ostatnie wakacje zakończyła prace nad sprawą niewinnie skazanego na śmierć Carlosa DeLuny, a już jest po uszy zaangażowana w działania Native American Association, które nazywa „kółkiem studentów indiańskich". Poznaje prawa rdzennych mieszkańców Ameryki i widzi, że mające swoje własne prawo rezerwaty indiańskie to w Stanach coś na kształt państwa w państwie.

– Indianie nie są do końca obywatelami Stanów Zjednoczonych, bo prawa stanowe nie dotyczą Indian. To rodzi ogromne powikłania.

Ola tematowi Indian poświęca swój pierwszoroczny *mock trial*[8]. Jeździ do Dakoty Północnej, by się upewnić, że podczas wyborów do Kongresu mężczyźni z pistoletami nie będą odganiać Indian od urn. Przy okazji układa już nowe plany na życie. Nie porzucając projektu zostania profesorem prawa, myśli, że mogłaby w przyszłości jako

---

8 *mock trial* (ang.) – próbny proces; ćwiczenie dla studentów prawa polegające na imitacji prawdziwego procesu.

prawnik aktywista zajmować się takimi sprawami *pro bono*. I przy okazji zadawać sobie kolejne pytania.

– Mnie ciekawiło, co dla Indian znaczy, że „jestem Amerykaninem, ale jestem też Nawahem". I co to znaczy być Nawahem w Stanach, czyli w kraju, w którym obchodzi się Columbus Day[9], a cały naród cieszy się z tego, że wybił połowę Indian na kontynencie.

Pięć najlepszych uniwersytetów w Stanach, w tym Columbia, daje swojemu studentowi gwarancję przyzwoitego zatrudnienia. Według reguł obowiązujących w szkole prawa każdy student po pierwszym roku studiów musi aplikować do jednej z firm prawniczych. Jeśli rozmowy przebiegną pomyślnie, firma deklaruje, że za rok w wakacje zaprosi studenta na staż, a po kolejnym (trzecim) roku, czyli po zakończeniu studiów, zatrudni go na stałe. W wakacje po pierwszym roku Ola łączy więc pracę przy Columbia DeLuna Project i działania na rzecz rdzennych Amerykanów z rozmowami kwalifikacyjnymi do Skadden – najlepszej firmy prawniczej w Nowym Jorku, a pewnie i w całej Ameryce. Z właściwą sobie nonszalancją stawia wszystko na jedną kartę i aplikuje wyłącznie tam. Wyłącznie dlatego, że są najlepsi. Jeśliby się nie dostała, miałaby problem. Ale Ola otrzymuje od Skadden wiadomość, że została przyjęta na staż w ich biurze.

Trzeba to uczcić czymś przyjemnym. Podróżą.

W Stanach każdy dobrze wie, że nigdzie na całym kontynencie jesień nie jest taka piękna jak w stanie Vermont. Razem z przyjaciółmi rusza więc do Burlington, sześć godzin drogi od Nowego Jorku. Ola i jej przyjaciele nigdy nie byli na kempingu, teraz postanawiają nadrobić zaległości.

---

9 Columbus Day – święto obchodzone w Stanach w drugi poniedziałek października dla upamiętnienia odkrycia Ameryki przez Krzysztofa Kolumba.

Frances – koleżanka Oli, która prowadzi wynajętego nissana versę – właśnie zdała egzamin na prawo jazdy. Dzisiejsza wyprawa do Vermont jest więc jej pierwszą wyprawą gdzieś dalej. Żaden tam wyczyn, bo na mapie trasa prowadzi praktycznie cały czas prosto.

Niecałą godzinę drogi od Nowego Jorku, gdzieś w okolicy Westchester, Frances sięga po zamocowaną w uchwycie kawę. Gest zupełnie prozaiczny, każdego dnia wykonywany bezrefleksyjnie przez miliony kierowców na całym świecie. Niezauważalny i niepowodujący żadnych konsekwencji. Ruch pierwszy: ręka z kierownicy sięga w dół, w okolice skrzyni biegów. Ruch drugi: wyjęcie kawy z uchwytu. Trzeci: podniesienie kawy do ust. Czwarty: łyk kawy. Piąty: odstawienie kubka na miejsce. Pięć prostych czynności, wykonywanych bezstresowo i zupełnie automatycznie. Chyba że – jak Frances – jest się początkującym kierowcą.

Sekwencja zdarzeń wygląda bowiem tak.

Ola obfotografowuje wszystkich pasażerów nissana: siedzącą obok niej Heidi, która refleksyjnie spogląda za okno, Frances w roli kierowcy i chłopaka Frances – we flanelowej koszuli i okularach przeciwsłonecznych.

Kilka sekund później Frances sięga po kawę i traci kontrolę nad kierownicą.

Gdy auto niebezpiecznie zaczyna się zbliżać do prawego pobocza, Frances gwałtownie odbija kierownicą w lewo.

Robi to zbyt gwałtownie, więc samochód odbija w lewo, ale nie po takiej trajektorii, jak powinien.

Frances w histerii odbija w prawo, potem znów w lewo i tak dalej.

Robi, co może, by dokonać kolejnej korekty.

Nissan zaczyna tańczyć na drodze, Frances walczy przy kokpicie.

Nissan daje za wygraną. Gaśnie. Ustawiając się na autostradzie w poprzek pasów.

Cisza.

Ułamek sekundy po ciszy: huk.

Ani Ola, ani żaden inny pasażer starego nissana nie zarejestrowali tego, co stało się w pół oddechu ulgi od momentu, gdy ich auto się zatrzymało. Wszyscy tak bardzo skoncentrowali się na walce Frances z materią, że nie zauważyli czego innego: że w ich stronę mknie kolejny samochód. Może gdyby kierowca jechał trochę wolniej, zauważyłby, że mają problemy. Gdyby jechał trochę uważniej, może by ich wyminął. Ale nie zauważył i nie wyminął, bo pędził. Wyhamował na nissanie. Uderzył w miejsce pasażera na tylnym siedzeniu, za kierowcą. Dokładnie tam, gdzie siedziała Ola.

Huk miażdżonej samochodowej blachy jest sygnałem, na dźwięk którego Ola na cały kolejny rok przestaje zadawać pytania. Zostaje w aucie sama, bo pozostałej trójce udaje się wysiąść o własnych siłach. Z wnętrza auta pyta tylko Heidi, czy zadzwoniła już na policję. I tyle.

– Czas od 7 października 2011 roku przez wszystkie kolejne dwanaście miesięcy był najłatwiejszym emocjonalnie okresem w całym moim życiu. Cały czas było jasne, co trzeba zrobić w danym momencie, żeby przejść do następnego etapu. Nie musiałam i nie chciałam zadawać pytań. Pytania tworzą milion nowych opcji. Sprawiają, że wszystko jest bardziej skomplikowane. Budzą niepokój. Ja byłam spokojna.

ILLINOIS, RIC, GRUDZIEŃ 2011

RIC – te trzy ważne litery niosą pacjentom więcej nadziei niż cokolwiek na świecie, bo to najlepszy w całych Stanach ośrodek rehabilitacyjny. Dla Oli jest domem na trzy miesiące przełomu 2011 i 2012 roku. Znowu najwyższa liga, znowu *top of the top*. Tym razem jednak ani inteligencja Oli, ani jej przebojowość, ani świetne oceny nie mają nic do rzeczy. Tu nie ma rekrutacji ani łowców talentów. Tu przyjmuje się tych, którzy najbardziej potrzebują pomocy.

Uraz Oli ma precyzyjną nazwę. C5–C6. To miejsce, w którym po wypadku pęka jej kręgosłup, powodując, że jest sparaliżowana od piersi w dół.

To w RIC przyjaciele Oli nagrywają filmik, który później wrzucą na serwis YouTube, by w ten sposób rozpocząć zbiórkę pieniędzy na jej rehabilitację. Ola opowiada do kamery o swoich dniach w RIC, o pomagającej oddychać maszynie BiPAP, o „transportacji dla krów" i o zajęciach rehabilitacyjnych, w których bierze udział. To tam widzimy uśmiechniętą i spokojną Olę, jak zawsze racjonalizującą wszystko, co jej się przydarza. Oswojoną z nową sytuacją tak bardzo, jakby sparaliżowana była od lat, a nie od tygodni. Jakby to w minionej epoce, a nie zaledwie kilkanaście dni wcześniej na chwilę umarła.

WESTCHESTER, NOWY JORK, 7 PAŹDZIERNIKA 2011

– Ja wtedy w tym samochodzie nie zastanawiałam się nad niczym dłużej. Pewnie czułam, że mogę zapanować nad sytuacją tylko w minimalnym stopniu. Czułam się dosyć bezpiecznie. Myślałam: „OK, teraz nie mogę się ruszyć. Nie wiem dlaczego, bo inni wyszli i nic im nie jest, ale ja nie mogę wyjść z samochodu". Nie straciłam przytomności ani nic mnie nie bolało. Nie było tak, że byłam cała połamana, że tu gdzieś kości na wierzchu, że krew leci. Czekałam spokojnie na policję i pogotowie. Przyjechali ratownicy i powiedzieli: „Alex, musimy cię wyciąć z samochodu", więc pomyślałam: „Dobrze, może dlatego nie mogę wyjść, że to samochód mnie ścisnął". Przykryli mnie kocem, żeby nie leciały na mnie iskry podczas wycinania z auta. I jedna z pań z ekipy ratowniczej rozmawiała ze mną o jakimś programie telewizyjnym o *bikerach*[10] *Sons of Anarchy*, którego nawet nie oglądałam. Pewnie chciała tak ze mną rozmawiać, żebym nie straciła przytomności i żeby nie trzeba się było zastanawiać, czy zemdlałam z bólu, czy ze stresu. Taka to absurdalna pogawędka była. Jakbyśmy były na herbacie, a nie jakby mnie właśnie wycinali ze zniszczonego samochodu.

WESTCHESTER, NOWY JORK, PAŹDZIERNIK 2011

To właśnie wtedy, przy opowieści o wycinaniu Oli ze skasowanego nissana, zauważam, że przez wszystkie przypadki najbardziej lubi odmieniać słowo „szczęście".

– Ja mam naprawdę bardzo dużo szczęścia, a jak ktoś mnie pyta, jaki był najlepszy moment w moim życiu, kiedy byłam najbardziej szczęśliwa, to wtedy, jak się obudziłam po operacji jeszcze w Nowym Jorku i nie mogłam nic mówić, bo miałam tę całą aparaturę w buzi. Ale rozejrzałam się

---

10 *biker* (ang.) – motocyklista.

dookoła i z jednej strony łóżka stali moi rodzice, a z drugiej – moi najlepsi przyjaciele – Heidi i Nat. Pomyślałam, że to są najważniejsze osoby w moim życiu i są przy mnie, więc może nie będzie tak źle, kiedy oni są przy mnie. I że ich obecność oznacza szczęście. Nat od początku postanowił, że będzie osłabiał patos całej tej sytuacji. Kupił mi strasznie brzydkiego misia, postawił mi go na brzuchu i powiedział: „OK, Alex, i co teraz zrobisz? Brzydki miś, bardzo brzydki, ale nie możesz się ruszyć, więc będziesz teraz musiała się na niego patrzeć!". Mogłam tylko do nich mrugać, żeby pokazać, że się cieszę, że są.

Diagnoza „C5–C6" pada już w szpitalu w Westchester pod Nowym Jorkiem, do którego Olę przywożą z autostrady. Trafia prosto na stół operacyjny, gdzie miejsce kręgu C5 w ciele Oli zastępuje metalowa blaszka. W tym szpitalu pod Nowym Jorkiem zostaje przez tydzień, potem transportują ją śmigłowcem na ICU – intensywną terapię do szpitala Northwestern Memorial w Chicago, gdzie nadal mieszkają jej rodzice. Tam spędza kolejny miesiąc, zanim na kolejne trzy zostanie przyjęta do RIC. Leżąc na intensywnej terapii, przekonuje się, jak bardzo dwa głupie kręgi w kręgosłupie decydują o pracy całej reszty ciała. Choć nie zadaje pytań, to one i tak same przychodzą.

Czy będzie mogła samodzielnie oddychać? Gdyby uszkodzeniu uległy nie kręgi C5–C6, lecz krąg C4, byłoby przesądzone, że do końca życia Ola do oddychania potrzebować będzie respiratora (który sama nazywa „wentylatorem"). Nawet teraz jednak nie jest to oczywiste. W szpitalu płuca Oli co rusz odmawiają posłuszeństwa. Ma zapalenie płuc. Lekarze są o krok od zrobienia jej tracheotomii. Wzbraniają się przed tą decyzją, bo naraziłaby ona ich pacjentkę na kolejne infekcje. I słusznie – w końcu układ oddechowy zaczyna działać. A po trzech tygodniach milczenia Ola odzyskuje głos.

Kiedy w końcu zacznie normalnie spać?

– Przez pierwsze kilka tygodni z powodu stresu prawie w ogóle nie spałam. Jak tylko czułam, że zasypiam, to od razu następowało takie intensywne wybudzenie. W szpitalu zaczęli mi dawać jakieś środki nasenne, co z kolei wywoływało halucynacje.

Kiedy będzie normalnie jeść i pić? Na razie jedzenie można jej podawać tylko przez rurkę poprowadzoną przez nos do żołądka. Wodę – wyłącznie z gąbki na język, bo mięśnie przełyku nie pracują tak, jak powinny.

Czy jest zimno czy gorąco? Uraz kręgosłupa całkowicie rozregulowuje temperaturę ciała. Za oknem siarczysty mróz, a Ola poci się jak w tropikach, by za chwilę trząść się z zimna. Raz temperatura spada poniżej trzydzieści sześć i sześć, za moment pojawia się ogromna gorączka.

Czy przeżyje? Złamany kręgosłup zaburza w ciele Oli dopływ krwi do mózgu. Lekarze ostrzegają, że w każdej chwili może dostać wylewu. Nie dostaje, ale jest jeszcze gorzej. Pewnego dnia na kilkanaście sekund jej serce się poddaje i przestaje bić. W ruch idzie defibrylator i Ola wraca do naszego świata.

– Więc w ICU te pierwsze trzy tygodnie były nastawione po prostu na to, żebym przeżyła. Może dlatego nie było wtedy w mojej głowie jeszcze pytań o to, kim będę jako osoba na wózku i co dalej. Bo jak temperatura skacze i jak nie wiadomo, czy się przeżyje, to się po prostu nie ma do takich rzeczy głowy.

NOWY JORK, EAST VILLAGE, STYCZEŃ 2018

Biegnę przez East Village, by być u Oli na czas. Nowojorski *subway* jak zwykle kursuje według sobie tylko znanych harmonogramów, dodatkowo wkurzając *lokalsów* i tak już podirytowanych dzisiejszą pogodą. Gdy pędziłam do Oli kilka dni temu, Manhattan rozkosznie wygrzewał się w słońcu. Dziś jednak w całym Nowym Jorku króluje deszczysko i wiatr. Nowojorczycy rezygnują z płaszczy na rzecz puchówek, a w głowach mają tylko jedno – by jak najszybciej dotrzeć do domu i wygrzać się przy herbacie. To przez tę okropną pogodę Oli i mój plan na dziś nagle bierze w łeb. Chciałyśmy się wybrać do Metropolitan Museum of Modern Art, gdzie w otoczeniu rzeczy pięknych Ola w czasach studenckich zakuwała do zajęć i egzaminów. W obliczu deszczu i zimna sentymentalna podróż do MoMA staje się zbyt ryzykowna. Kręgosłup Oli – a przez niego i cały jej organizm – nadal nadmiernie reaguje na zmiany temperatury. Coś, co dla przeciętnego nowojorczyka jest tylko parszywą niedogodnością, dla zdrowia Oli może być niebezpieczne. Zostajemy w domu.

Znów więc dzwonię do drzwi i znów z salonu Ola woła, żebym weszła. Znów ze szklanką wody siadam na pięknej sofie w salonie. Znów kot Admirał ląduje mi na kolanach i znów domaga się głaskania. Ona sama jeszcze przez chwilę pracuje przy biurku. Kończy dyktować mejle. Gdy odjeżdża od stolika i dołącza do mnie przy sofie, przyglądam się bliżej jej futurystycznemu wózkowi. Od razu to wyłapuje i zaczyna opowiadać o swoim urazie.

– Ogólnie to jestem książkowym przypadkiem C5–C6. Oczywiście każdy uraz kręgosłupa jest trochę inny, więc to jest tak, że ja na przykład coś czuję w jednym miejscu lewej kostki. Ale to tylko takie „anomalia" i nikt nie wie dlaczego. Generalnie to mam po prostu złamany kręgosłup i nie czuję nic od piersi w dół. Nie mam kontroli nad rękami. Jak ruszam rękami, to używam ramion. Jestem wyćwiczona i mam bicepsy. Ale jak podnoszę rękę, to tylko dzięki pracy ramion, a jak ją opuszczam, to tylko bezwładnie, dzięki grawitacji.

Wózek, na którym Ola do mnie podjeżdża, by zatrzymać się przy sofie, kosztuje pięćdziesiąt tysięcy dolarów. Koszty jego zakupu w części pokrywa ubezpieczenie medyczne, co pięć lat można go wymieniać na nowy. Sterowany jest joystickiem, który reguluje prędkość i kierunek. Dzięki joystickowi wózek jeździ do przodu. Do tyłu. Ma klakson. I guzik na szczycie oparcia – gdy Oli robi się słabo, wystarczy, że odchyli głowę do tyłu, a wózek sam zmieni jej pozycję na horyzontalną.

Drugi wózek, bardziej tradycyjny, stoi w korytarzu – przydaje się podczas kąpieli. Trzeci – w pokoju Nata, manualny, z lekkiego metalu i bateryjką pod siedzeniem, służy do mniej wymagających wypraw po równej nawierzchni.

Do komputera, przy którym Ola na co dzień pracuje, ma przypiętą specjalną myszkę. Mejle dyktuje aplikacji zainstalowanej w tablecie. Tablet łączy się z komputerem i wysyła wiadomości odbiorcom.

I taka to lista technologii w służbie niepełnosprawnej prawniczce. W sumie niedużo, bo w wynajmowanym mieszkaniu Ola nie może nawet samodzielnie zapalić światła. Niedawno jej asystentka wyszła za dnia do miasta coś załatwić, zeszło jej, zapadł zmrok. Ola przez kilka godzin siedziała w domu po ciemku.

Dwa lata po wypadku na liście technologicznych udogodnień były jeszcze inteligentne okulary Google Glass, bo firma Google wybrała Olę na ich ambasadorkę. Dzięki nim głosem, ruchem głowy lub nawet mrugnięciem oka mogła robić zdjęcia, sprawdzać pocztę i przeglądać internet. Dziś z okularów już nie korzysta.

– To było coś, co trzeba nosić na sobie. A ponieważ i tak jeżdżę już na dziwnym wózku z joystickiem, to w połączeniu z Google Glass wyglądałam zbyt kosmicznie. I tak Nat ciągle mi mówi, że nieważne, w co się ubieram, bo ludzie i tak widzą tylko wózek.

To raczej tylko żarcik, bo ja, widząc dziś Olę, zwracam uwagę przede wszystkim na to, jak pięknie ma zrobiony makijaż. Sama z rana wklepałam sobie w twarz byle co. Ona ma starannie wyszczotkowane tuszem rzęsy, nad nimi idealną kreskę zrobioną eyelinerem. To dzieło Mileny – asystentki.

Od powrotu z chicagowskiej rehabilitacji do nowojorskiej codzienności do współlokatorskiego teamu Oli i Nata dołączają na stałe jeszcze dwie osoby. Asystentki, które są z Olą non stop. Milena, Bułgarka, pracuje z nią w weekendy. Od poniedziałku do piątku zmienia ją Polka – Ania.

– Tak samo jak ktoś potrzebuje wentylatora, tak ja potrzebuję asystentki, która jest cały czas i która pomoże mi się ubrać. Gdy biorę prysznic, asystentka sadza mnie na drugi wózek, odkręca wodę i pomaga mi się myć. W sypialni mam łóżko, które jest sterowane od góry do dołu. Asystentka w nocy przekręca mnie na drugą stronę, bo co cztery godziny trzeba mnie odwrócić, żebym nie dostała odleżyn. Asystentka przygotowuje mi jedzenie i pomaga jeść, chociaż czasami zakładam na rękę taki stabilizator z łyżką na końcu i wtedy, dzięki pracy bicepsów, mogę coś zjeść sama. Gdy muszę gdzieś pojechać, wjeżdżam po rampie wózkiem do mojego samochodu, a asystentka wiezie mnie na spotkanie. Kupę robię trzy razy w tygodniu – w poniedziałki, środy i piątki. To jest zaplanowane, bo muszę to robić w łóżku.

Dostaję czopek i pomaga mi w tym asystentka. Asystentka opróżnia mi cewnik, który mam zamontowany na stałe. Więc zawsze jak mówię, że idę do ubikacji, to znaczy, że asystentka zmienia mi torbę. W pracy zawsze się śmieję, że jestem najbardziej efektywnym pracownikiem, bo nie robię sobie nawet przerw na siku.

NOWY JORK, 2012–2014

Filozofować znaczy rozmyślać i snuć refleksje o życiu. Rozkładać na czynniki pierwsze, być idealistą. Obserwować i analizować. Zastanawiać się, dlaczego jest tak, jak jest, i czy przypadkiem nie mogłoby być inaczej.

Pragmatyzować znaczy być praktycznym. Działać trzeźwo i logicznie, w ciągu przyczynowo-skutkowym. Przyjmować rzeczy takimi, jakie są, o ile przynoszą optymalny efekt. Odrzucać możliwość, że gdzieś może być lepiej – jeśli to oznacza, że będzie również trudniej.

W ten sposób podstawowa zmiana, jaka się u Oli dokonuje po 7 października 2011 roku, to zmiana z filozofki w pragmatyczkę. Gdy nie zadaje się pytań o rzeczywistość, ta rzeczywistość staje się bardziej praktyczna.

Praktyczny jest Nat, który jeszcze w czasie pobytu Oli na oddziale rehabilitacji w Chicago odwiedza ją z informacją, że spakował już jej rzeczy i wymówił umowę w mieszkaniu, które wynajmowali na Soho. Gdy terapia się skończy i Ola wróci do Nowego Jorku, zamieszkają razem w kamienicy na East Village, bo tu przynajmniej jest winda, co w świecie nowojorskich nieruchomości nie jest wcale takim oczywistym luksusem.

Praktyczny jest Uniwersytet Columbia, którego władze oświadczają, że są gotowe na to, by Ola, po roku przymusowej dziekanki, kontynuowała u nich naukę. Przydzielą jej sekretarza, Bobby'ego, który będzie jej towarzyszył podczas wszystkich zajęć w szkole, chodził z nią na wykłady i robił za nią notatki. W przyszłości stanie się też jednym z jej najbliższych i najbardziej oddanych przyjaciół.

Praktyczna – w najlepszym znaczeniu tego słowa – okazuje się też korporacja prawnicza Skadden, która tuż przed wypadkiem zaoferowała Oli staż, a później pracę, nie mogąc mieć pojęcia o tym, co wkrótce się wydarzy. Po wypadku jednak podtrzymuje swoją ofertę, ku zaskoczeniu wszystkich, informując Olę, że jest na jej przybycie doskonale przygotowana.

– Powiedzieli po prostu: „Daj znać, czego potrzebujesz, żebyśmy ci to ułożyli", a ja zdębiałam. Dopiero potem się dowiedziałam, że to było dla nich takie łatwe, dlatego że rok wcześniej jedna z ich najbardziej lukratywnych wspólniczek – Nancy Lieberman – miała wypadek na nartach i dokładnie ten sam uraz kręgosłupa co ja. A ponieważ ona zarabiała dla nich ogromnie dużo pieniędzy, to nie mogli jej powiedzieć: „OK, to teraz Nancy już dla nas nie pracuje". Ona mogła stawiać wymagania i powiedzieć: „Przepraszam bardzo, ale ja pracuję w tej firmie trzydzieści pięć lat i połowę swoich dochodów zarabiacie dzięki mnie, więc teraz się przygotujcie". Więc wszystko mieli dostosowane, żadna to dla nich nowość. Wiedzieli, jakich potrzebuję programów komputerowych i jak ustawić biurko. Takie miałam szczęście. Asystentka zawoziła mnie rano do biura, a tam już odbierała mnie sekretarka ze Skadden, która wiedziała, czego potrzebuję. Ustawiała mi szklankę z wodą z rurką, bo tylko tak mogę się napić. A po pracy przyjeżdżała moja asystentka i zabierała mnie do domu. Często też pozwalali mi pracować wieczorem w domu, bo na przykład jak się za daleko wychylę na wózku, to potem się nie mogę sama podnieść, więc musiał być ktoś, kto mi pomoże. A wieczorami nie było już w Skadden sekretarki, więc tak było bezpieczniej.

Praktyczna jest też wreszcie sama Ola, która po wypadku zaczyna rozumieć, że w kwestii awangardowych planów na życie to by było na tyle. W nowej sytuacji marzenia o byciu profesorem prawa zaangażowanym na co dzień w sprawy rdzennych mieszkańców Ameryki stają się niczym innym jak tylko utopijną mrzonką – przynajmniej wtedy, gdy siada się przy biurku nad stertą faktur i rachunków do zapłacenia.

– Nagle okazało się, że ja potrzebuję kasy. Bo jak bardzo bym nie była dzielna, to jednak wszystko kosztuje, choćby wózek, choćby asystentka.

Na początku najbardziej pomaga Oli chicagowska Polonia. Najpierw organizują akcję „Niedziela dla Oli", potem charytatywny bal walentynkowy. Za te pieniądze może utrzymać się przez pierwsze dwa lata od powrotu do Nowego Jorku, gdy musi skończyć studia, a nie zaczęła jeszcze pracy w Skadden. Pieniądze przesyłają też internauci, którzy na YouTubie zobaczyli filmik nakręcony przez przyjaciół Oli w trakcie jej rehabilitacji. Columbia zgadza się umorzyć dużą część kredytu studenckiego. Ale ile można prosić o pomoc?

– Zmieniły się priorytety. Gdy wróciłam na Columbię, wybrałam kierunek zupełnie korporacyjny, żeby po prostu mieć z czego żyć. To napięcie finansowe było duże. Wcześniej zawsze żartowałam, że jak nic mi w życiu nie wyjdzie i nie dam rady spłacić tych trzystu tysięcy dolarów kredytu studenckiego, to ucieknę do Europy. Nigdy nie będę mogła wrócić do Stanów, ale jestem w miarę inteligentna, młoda, więc mogę nawet pracować w kawiarni i jakoś sobie poradzić. Albo mieszkać u babci w Lublinie i uczyć dzieci angielskiego. Wypadek wszystko zmienił. Wiedziałam, że jeśli nie chcę do końca życia mieszkać z rodzicami i jeśli chcę być samodzielna, to muszę mieć na to środki i zredefiniować ideały i marzenia, że będę pomagać rdzennym Amerykanom albo robić inne wspaniałe i wzniosłe rzeczy.

NOWY JORK, SIEDZIBA FIRMY SKADDEN, ARPS, SLATE, MEAGHER & FLOM, 2014

Prawdziwy *American dream*, a przynajmniej jeden z nich. Temu nie zaprzeczy nawet nieskora do patosu Ola. Nie powie o tej pracy: „Cokolwiek...", bo prawnik w Nowym Jorku lepiej niż do kancelarii o nazwie tak długiej, że nikt jej nigdy nie wymawia w całości, trafić nie może.

Na oficjalnej stronie internetowej Skadden, Arps, Slate, Meagher & Flom (nazywanej w skrócie po prostu „Skadden" lub „Skadden, Arps") mowa jest o dwudziestu dwóch oddziałach, tysiącu siedmiuset pracujących w nich specjalistów, ekspertyzach tworzonych na zamówienie rządów całego świata i klientach zapełniających prawie połowę listy Fortune 500 – corocznego rankingu największych amerykańskich przedsiębiorstw. Na dodatek serce firmy bije w jej centrali na Manhattanie, i to pod jednym z najbardziej gorących adresów Ameryki: 4 Times Square. Tu Ola wyjeżdża właśnie ze swojego specjalistycznego auta z wbudowaną rampą dla wózków inwalidzkich. Kolejne (tak jak poprzednie i jeszcze poprzednie) godziny spędzi na stanowisku *associate lawyer*[11] – prawnika w dziale M&A, czyli *mergers and acquisitions*, czyli po prostu korporacyjnych fuzji i przejęć.

---

[11] W strukturze korporacji prawniczych specjaliści dzielą się na wspólników (*partners*) oraz współpracowników (*associates*).

Uzyskała dyplom JD, *juris doctor*, szkoły prawniczej na Columbii. Znów jest na szczycie, a każdy zawistnik świata może jej zazdrościć.

Czy jest szczęśliwa? Trudno powiedzieć. Trudno też narzekać, gdy żyje się w świecie wspaniałych ubrań, pięknych ludzi, wielkiego prawa, wielkich mózgów i wielkich pieniędzy.

– Fajnie, że robi się coś w swojej branży na najwyższym szczeblu, i to superuczucie. To wszystko łączyło się z wystawnym życiem, o ile tylko był na to czas. Nie w takim wydaniu, że po spotkaniu z klientem chodziło się z nim do *strip club* czy na prostytutki. Ale po prostu wiadomo, że pieniądze w tym biznesie są i że jak się zrobi *deal* na pięć miliardów, to potem obiad za trzy tysiące dolarów nie ma tak naprawdę znaczenia.

W dziesięcioosobowym zespole Ola jest jedyną kobietą. Znów, jak przy sprawie Carlosa DeLuny, pracuje w grupie od świtu do nocy. Tym razem jednak nie po to, by pośmiertnie przywrócić niewinnemu człowiekowi dobre imię, lecz by z zyskiem finalizować wielkie transakcje.

– To śmieszne, bo przez tę pracę troszeczkę zapomniałam, że reszta świata istnieje, i myślałam, że nie ma nic poza rzeczywistością, w której jedna firma chce się połączyć z drugą.

Skadden dla Oli ma jeszcze jeden, choć nieoczywisty, walor. Nikt tam nie zwraca uwagi na jej niepełnosprawność. Nie tylko przez to, że firma uchodzi za najbardziej „równościową" w całych Stanach: i dlatego, że w 1948 roku założyli ją Żydzi, których z powodu pochodzenia nie chciano przyjąć do najlepszych nowojorskich firm, i dlatego, że każdego roku trafia na czołowe miejsca rankingów najbardziej przyjaznych gejom amerykańskich korporacji. W przypadku Oli polityka firmy schodzi na drugi plan.

– To było supermiejsce, żeby zacząć pracę jako osoba niepełnosprawna, dlatego że tam nikt nie ma czasu na dyskryminację. Nawet jak do pokoju wchodził klient, który pomyślał sobie: „O, osoba na wózku", to w ciągu dwóch minut było już tyle roboty, że o tym zapominał. Tam było po prostu: „Masz teraz wykonać to i to, a potem lecimy dalej, bo nie ma czasu". Nikt się nie certolił, nie było czasu na ceregiele. Trzeba było być praktycznym. Nawet jeśli od ślęczenia nad papierami po piętnaście godzin dziennie robiła jej się potworna odleżyna, której do dziś nie udało się jej wyleczyć.

NOWY JORK, EAST VILLAGE, STYCZEŃ 2018

Dziś zastanawia się, czy cały ten jej pragmatyzm, który z samej swojej natury wydawał się bardzo wygodny, nie prowadził jej przypadkiem na manowce, i to od samego początku. Od momentu gdy stan Oli ustabilizował się na tyle, by jeden pewnik miała w garści – że przeżyje. Podczas trzech miesięcy spędzonych na rehabilitacji w RIC w Chicago, wśród innych pacjentów z urazami kręgosłupa, ma czas na obserwacje i na to, by ich podzielić na dwie grupy. Pierwsza akceptuje nową sytuację i zastanawia się, jak ułożyć sobie życie z nową, dziwną, trudną niepełnosprawnością. Druga – po prostu nie przyjmuje do wiadomości tego, co się stało. Ona sama od początku jest w tej pierwszej grupie i teraz trochę żałuje.

– Miałam w pewnym momencie kryzys, że może podchodzę do mojej niepełnosprawności nie tak, jak trzeba. Ja nie pamiętam, żeby był taki moment, że ktoś do mnie przychodzi i mi mówi, że nigdy nie będę chodzić. Może dlatego, że dla mnie to było jasne od samego początku. Nigdy nie miałam nadziei, że coś mi się jeszcze naprawi. Pamiętam taki moment na rehabilitacji, że patrzyłam, jak inni pacjenci ćwiczą, i zdałam sobie sprawę, że nawet jeśli coś mi się naprawi, to nigdy nie będzie tak jak przedtem. Że to, że ktoś mówi, że Krzysiowi udało się dziś chodzić, to nie znaczy, że Krzysio będzie mógł biegać maratony, tylko że jakimś cudem zrobił dwa kroki. Teraz myślę, że może trzeba było na początku trochę się na to wszystko nie godzić, bo to powoduje, że walczysz trochę bardziej.

Być może właśnie dlatego zaczęła walczyć, ale nieco później i o coś nieco innego. Nie o sprawność ruchową, ale o samodzielność. Z tego powodu ani przez moment nie przekreśla ani nie dyskredytuje czasu spędzonego w Skadden, mimo że prawo korporacyjne nigdy nie było jej bajką. Stało się elementem jej walki o niezależność, której utraty bała się najbardziej. Z dzisiejszej perspektywy za najgorszy moment uznaje przecież nie ten, kiedy po wypadku trafiła do szpitala, ale ten – kiedy go opuściła.

CHICAGO, 2012

Po wypisaniu z RIC na kolejne sześć miesięcy Ola zostaje w Chicago. Mieszka na zmianę – trochę u mamy, trochę u taty, bo rodzice kilka lat wcześniej postanowili się rozwieść. Dla osoby, która od ośmiu lat mieszka sama w różnych zakątkach Ameryki, podróżuje po całym świecie, z perfekcyjną starannością na własną rękę steruje swoją karierą i nie planuje nigdy wracać do Chicago, taka sytuacja brzmi jak czyściec. I oznacza prawdziwy stres.

– Ta moja samodzielność była stuprocentowa, a tu nagle tata musi mi pomagać kupę robić. Albo te dyskusje: „Oleńko, czy ty za dużo wody nie pijesz?" albo „Czy nie za mało pijesz, bo kolor twojego siku jest bardziej albo mniej brązowy?".

Okazuje się, że poczucie całkowitej zależności od innych boli bardziej niż złamany kręgosłup i że trudniej się do niego przystosować. Szczególnie w sytuacji, której całkowicie się nie zna i którą można poznać jedynie metodą prób i błędów. Pierwsze asystentki zatrudnia praktycznie z marszu, bez profesjonalnej wiedzy i doświadczenia, jak je weryfikować. Traktują Olę jak dziecko, krzyczą na nią lub szarpią za włosy. A ona – po raz pierwszy w życiu – nie może nic zdziałać swoją niezależnością. Uciec. Ani się bronić.

– To była dla mnie trauma. To, że jestem zależna od jakichś osób, a jeszcze rodzice mi nie wierzą albo minimalizują to, że ja mówię, że moja asystentka się na mnie wyżywa. Ja w odruchu obronnym na pewien czas przestałam mówić po polsku i zwracałam się do wszystkich po angielsku, bo miałam poczucie, że to jedyne, co mogę zrobić i jak mogę się bronić. To była moja metoda na to, żeby pokazać, że mam jakąś kontrolę nad swoim życiem.

Po powrocie do Nowego Jorku i na Uniwersytet Columbia jeszcze przez dwa kolejne lata Ola korzysta z pomocy terapeuty. I to wcale nie wypadek jest głównym tematem tych sesji. Nie ma w sobie pretensji do kierowcy, który pędził zbyt szybko, by wyhamować na czas i nie złamać Oli kręgosłupa. Nie chowa w sobie żalu do Frances o to, że sięgając po kawę, nie zapanowała nad samochodem. Dziewczyny nigdy więcej już się nie zobaczyły, bo nie życzyła sobie tego rodzina Oli. Sama Ola wysłała więc do Frances Nata i Heidi w roli emisariuszy. Mieli za zadanie spuścić powietrze z całej sytuacji i zaproponować, żeby każdy w spokoju poszedł w swoją stronę.

Na terapeutycznych spotkaniach Ola rozmawia więc głównie o frustracjach związanych z tym, że ktoś mówi do niej jak do dziecka tylko dlatego, że siedzi na wózku. Bo ona sama wypadek i swoją niepełnosprawność ma już oswojone. Prawie.

– To mi pozwala funkcjonować z dnia na dzień i układać sobie życie dalej. I dopiero ostatnio zrozumiałam, jak dużo jest we mnie żalu i smutku, i chęci do tego, żeby wszystko pracowało, jak powinno: gdy półtora roku temu nagle, z niewiadomych powodów okazało się, że mogę ruszyć jedną ręką pionowo w nadgarstku. Przez trzy dni nie przestawałam płakać.

– Co powiedział Nat, gdy to zobaczył?

– „Oooo, to jeszcze sto lat i będziesz chodzić!"

HOUSTON, TEXAS, 25 KWIETNIA 1980

Przez ostatnie trzydzieści pięć lat swoją pracę w supermarkecie Birdsall określał na różne możliwe sposoby, ale nigdy jako niebezpieczną czy ryzykowną. Aż do dziś, gdy jego wieloletni spokój ducha zburzył nagle okrzyk: „To jest napad!". Stojący za ladą siedemdziesięciotrzyletni Jim McCarble patrzy przed siebie i widzi dwóch wbiegających do środka młodych osiłków z płóciennymi torbami na pieniądze. Za nimi kolejnego: stojącego w drzwiach sklepu na czatach i trzymającego w rękach strzelbę. Na taką sytuację mało kto jest przygotowany, nawet w Ameryce i nawet w Teksasie, gdzie widok mężczyzny z bronią teoretycznie nikogo dziwić nie powinien. W mgnieniu oka dzień jak co dzień zamienia się w koszmar. Stojąca za ladą obok Jima ekspedientka Edna Scott zaczyna histerycznie krzyczeć, po czym pada na ziemię, zakładając ręce za głowę. Jim szybko sięga do umieszczonej pod ladą szuflady. Stojący w drzwiach mężczyzna ze strzelbą wbiega do środka, sam chyba jeszcze bardziej zdezorientowany i przerażony niż tamta dwójka. Chce odepchnąć Jima od szuflady, w której prawdopodobnie znajduje się broń. Zanim do niego dobiegnie, potyka się o własne nogi, wywijając orła do tyłu. Traci kontrolę nad strzelbą, strzelba odpala. Jim McCarble, który ostatnie trzydzieści pięć lat spędził na spokojnej pracy w supermarkecie Birdsall, pada martwy na ziemię z raną postrzałową głowy. Trójka mężczyzn wsiada do biało-czerwonego mercury cougara i ucieka z miejsca zdarzenia.

Półtora tygodnia później policja znajduje mężczyznę ze strzelbą w domu jego babci w miasteczku Coushatta w Luizjanie. Trzy miesiące później zostaje skazany na śmierć.

NOWY JORK, SIEDZIBA FIRMY SKADDEN, ARPS, SLATE, MEAGHER & FLOM, 2015

Mężczyzna ze strzelbą to Afroamerykanin Bobby Moore, który – choć nigdy nie spotkał Carlosa DeLuny – ma z nim wspólnego niezwykle wiele. Obaj urodzili się i wychowali w Teksasie. Obaj pochodzili z ubogich rodzin. Obaj mieli ograniczone możliwości intelektualne. Obaj byli w chwili przestępstwa dwudziestolatkami. Obu skazano na śmierć. Obu Ola poświęciła całą swoją energię.

Carlosa DeLuny nie udało się uratować. Dla Bobby'ego jest szansa, bo żyje. Jego egzekucja nadal nie została wykonana. Z powodu niekończących się apelacji i spraw sądowych na wszystkich szczeblach teksańskiego sądu stanowego od trzydziestu pięciu lat siedzi w więzieniu w Houston.

Skadden, choć jest firmą specjalizującą się w prawie korporacyjnym, po namowach Oli i jej dwóch kolegów z pracy sprawą Bobby'ego Moore'a zgadza się zająć *pro bono*. W ten sposób trójka młodych prawników zaledwie dwa lata po studiach na Columbii rusza na starcie z całą amerykańską machiną sądowniczą. Nie mają zamiaru udowadniać, że Bobby nie zabił. Bo zabił. Znają go jednak i wiedzą, że jest upośledzony umysłowo. Wiedzą też, że amerykańskie prawo zabrania skazywania takich osób na śmierć. Bobby swoją zbrodnię popełnił w 1980 roku, gdy najwyższym – po karze śmierci – wyrokiem za morderstwo było dwadzieścia pięć lat więzienia. A skoro Bobby siedzi już od trzydziestu pięciu, to jeśli im się uda, powinien teraz wyjść na wolność.

– Oczywiście, że każda śmierć jest tragiczna, ale to nie jest tak, że Bobby poszedł do sklepu, żeby zabić tego pana. Dla każdego, kto rozmawia z Bobbym, bardzo szybko staje się jasne, że to nie jest człowiek, który byłby zdolny do takiego intelektualnego wysiłku, by powiedzieć: „Dobra, obrabujemy sklep, ja będę trzymał broń i strzelał, a wy będziecie kraść". To było jasne od początku, że on nie miał pojęcia, po co jest w tym sklepie i co ma tam robić. Ale w Teksasie jest biednym czarnym mężczyzną, więc jego życie przedstawia mniejszą wartość niż życie każdej innej osoby. Dlatego tak łatwo było go skazać.

Gdy Ola i jej dwóch kolegów, Luke i Peter, zaczynają zajmować się tą sprawą, Sąd Najwyższy w Teksasie orzeka właśnie, że Bobby nie był upośledzony intelektualnie. Robi to jednak na podstawie wątpliwych metod – porównując stan psychiczny oskarżonego do psychiki fikcyjnego bohatera Lenniego Smalla z powieści Johna Steinbecka *Myszy i ludzie*.

Wszystkie instancje w Teksasie zawiodły, zatem jedynym, co może teraz ocalić Bobby'ego przed egzekucją, jest decyzja Sądu Najwyższego USA. I właśnie nad tym wnioskiem w pocie czoła pracuje teraz trzyosobowy zespół młodych wilczków ze Skadden. Szanse jak na wygraną w totka, bo do amerykańskiego Sądu Najwyższego napływa osiemdziesiąt tysięcy aplikacji rocznie. A sąd zgadza się rozpatrzyć zaledwie osiemdziesiąt. Udaje się. Wśród nich jest sprawa Bobby'ego Moore'a.

– A my do tego doprowadziliśmy! Wiedzieliśmy, że mamy dobrą sprawę i możemy wygrać, byle tylko nas wysłuchali. Że udowodnimy, że Teksas absurdalnie podchodzi do prawa. Więc jak się dowiedzieliśmy, że się udało, to byliśmy cali spłakani ze szczęścia.

Gdy w Skadden orientują się, że ze zwykłej sprawy *pro bono* zrobił się proces wielkiego kalibru, o którym mówić będzie cała Ameryka, przydzielają zespołowi Oli swojego najlepszego prawnika, który ma już doświadczenie w argumentowaniu przed Sądem Najwyższym. Z Waszyngtonu przyjeżdża Cliff Sloan, prawnicza gwiazda z czterdziestoletnim stażem w zawodzie, który wcześniej – w imieniu Baracka Obamy – prowadził wszystkie sprawy związane z Guantanamo.

W Sądzie Najwyższym nie ma już ławy przysięgłych. Każda strona dostaje po piętnaście minut i musi się w nich zmieścić, odpowiadając na wszelkie pytania zadawane przez dziewiątkę sędziów. Teraz więc zespół Oli, w porozumieniu ze Sloanem, przygotowuje dla sądu obszerną dokumentację sprawy. Trenują, organizując próbne rozprawy z udziałem ekspertów i sędziów z sądów apelacyjnych. Gdy zaszło się tak wysoko, nie można odpuścić ani się poślizgnąć na pytaniu, na które nie zna się odpowiedzi. Wygrywają.

W tym roku Bobby Moore miał wyjść na wolność, ale stan Teksas się nie poddaje i ten wyrok również zakwestionował. Walka trwa.

NOWY JORK, EAST VILLAGE, STYCZEŃ 2018

Dziś jadę na East Village po raz ostatni przed moim powrotem do Polski. Tym razem nie zwracam już uwagi na pogodę – zbyt jestem zajęta zadaniem, jakie sobie narzuciłam. Od rana próbuję patrzeć na Nowy Jork oczami Oli. Zastanawiam się nad słabymi punktami miasta. Takimi, które – mimo jej ogromnej zawziętości i uporu w dążeniu do niezależności – utrudniają jej normalne funkcjonowanie. Widzę stacje metra usytuowane na stalowych wiaduktach, do których prowadzą wyłącznie strome ażurowe schody. Windy są zepsute i nikt nie kwapi się, by je naprawić. Mijam bary w kamienicach ze schodami przeciwpożarowymi – zachwycają nowojorskim klimatem tak bardzo, że mało kto dostrzega, że by dostać się do środka, trzeba pokonać stopień lub kilka. Do tego wysokie krawężniki, dziury w chodnikach i tak dalej. Zbieram te obserwacje w głowie i dzielę się nimi z Olą. Ona wszystkie te przeszkody skatalogowała sobie w głowie już dawno temu.

– W Nowym Jorku wiele miejsc jest dostosowanych do potrzeb niepełnosprawnych. Ale przez to przekonanie, że wszystko jest dostępne, gdy tylko coś dostępne nie jest, od razu się pojawia panika. Co tu teraz zrobić? Pierwszy pomysł Amerykanów to zawsze: trzeba do kogoś zadzwonić, żeby zbudowali nam rampę na za trzy miesiące. Wszystko chcą zrobić oficjalną drogą. Zdecydowanie bardziej wolę polskie podejście, mimo że w Polsce więcej miejsc jest niedostosowanych. Jakiś czas temu razem z przyrodnim bratem i asystentką jechałam pociągiem z Warszawy do Lublina. I w Lublinie okazało się, że nie ma mnie jak wyciągnąć z tego pociągu. Więc nagle wynikła taka sytuacja, że asystentka bierze wózek i walizki, konduktor mnie trzyma za nogi, brat przyrodni za ręce, ja walę głową w ścianę w tym pociągu, ale jakoś sobie poradziliśmy. I jeszcze na końcu się okazało, że koleżanka, która czekała na mnie w Lublinie, dla żartu wynajęła orkiestrę, która grała dla mnie na peronie. Stuprocentowy absurd! Ale jednak. Mimo że pociąg był niedostosowany, to konduktor, pan Władzio, nie zastanawiał się, tylko – tak zupełnie po polsku – stwierdził, że „sposobikiem to załatwimy". A w Ameryce wszystkich paraliżuje strach przed szukaniem szybkich rozwiązań.

Przez siedem lat życia na wózku Ola oswoiła Amerykę ze wszystkimi swoimi wadami. Wie, że wychodząc na piwo z przyjaciółmi, musi wybrać lżejszy wózek, by byli ją w stanie wnieść po schodach, bo ten z joystickiem, którego używa na co dzień, waży trzysta pięćdziesiąt funtów, czyli prawie sto sześćdziesiąt kilogramów. Przyzwyczaiła się do tego, że jej asystentki czasami muszą naprędce obudzić w sobie sprawność MacGyvera i konstruować prowizoryczne rampy z przedmiotów, które znajdą wokół siebie. Przy wsparciu przyjaciół udało jej się też wreszcie wybrać na kemping do Vermont, na który w 2011 roku nie dojechała. Teraz chce sprawdzić, jak jest dalej.

Ma czas, bo kilka miesięcy temu, zaraz po wyroku Sądu Najwyższego w sprawie Bobby'ego Moore'a, po trzech latach pracy rzuciła Skadden.

– Odchodząc, czułam się fajnie. Coś z tej pracy wyciągnęłam. Ale też przekonałam się, że na pewno nie chcę siedzieć w prawie korporacyjnym. Było śmiesznie, bo niewiele osób odchodzi ze Skadden bez perspektywy kolejnej pracy. Gdy więc moi współpracownicy pytali mnie, co będę teraz robić, mówiłam im, że za dwadzieścia lat będę burmistrzem Nowego Jorku. Odpowiadali: „Aha", czyli jeśli nadal masz ambicje, to znaczy, że nadal istniejesz w świecie kariery, tylko potrzebujesz chwili przerwy.

Może decyzja nie przyszłaby Oli tak łatwo, gdyby nie okazało się, że rzucić pracę po prostu musi, bo jej przyjaciel Bobby – ten sam, który został jej sekretarzem, kiedy wróciła na Columbię – zachorował na raka. Chemia przestała działać, miał przed sobą tylko kilka miesięcy życia. Ola, pracując po osiemdziesiąt godzin tygodniowo, nie byłaby w stanie mu w tym czasie towarzyszyć. Z ostatnich trzech lat zebrała trochę oszczędności i podjęła decyzję.

Gdy Bobby zmarł w lipcu zeszłego roku, przez dwa miesiące spała. Odsypiała morderczą pracę w korporacji, a potem stres i cierpienie związane z chorobą przyjaciela. Gdy wypoczęła, z powrotem zaczęła zadawać pytania o świat i usłyszała jego wołanie. Przez najbliższe miesiące ma więc zamiar podróżować, żeby sprawdzić, jak inne kraje są przystosowane do potrzeb osób niepełnosprawnych. Pojedzie do Paryża i na Wyspy Owcze. Potem do Chin i do Mongolii. A później się zobaczy. Może założy bibliotekę w Pensylwanii i dalej będzie *pro bono* pomagać potrzebującym?

Teraz pożyje chwilą, i tak za długo była już praktyczna.

– Trochę panikuję, czy starczy mi pieniędzy i na jak długo. Ale nie na tyle, by zastanawiać się, czy odchodząc z pracy, podjęłam dobrą decyzję, bo wiem, że tak. Skończyłam dobre szkoły, pracowałam w dobrej korporacji, mam jakieś *résumé*. Teraz powinnam wykorzystać moje doświadczenie do robienia czegoś, do czego mam pasję. Więc mam nadzieję, że ten rok będzie mniej o stracie, a bardziej o dostawaniu. Mam nadzieję, że jedyną rzeczą, którą w tym roku stracę, będzie moja odleżyna.

Opisując historię Carlosa DeLuny i zbrodni w Corpus Christi w Teksasie, korzystałam z książki: The Wrong Carlos: Anatomy of a Wrongful Execution *autorstwa Jamesa S. Liebmana i Columbia DeLuna Project.*

OH MY GOSH, PANOCKU!

W samym środku Ameryki dostałam pokój z widokiem na Giewont. Gdy zapada zmierzch, krzyż na Giewoncie się świeci. Gdy dnieje – różnice stają się zauważalne. Widać wtedy, że tak naprawdę to nie żaden Giewont, tylko po prostu góra jak każda inna w tej okolicy. Nie ma śpiącego rycerza z Tatrzańskiego Parku Narodowego. Jest surowy, rdzawy piaskowiec Gór Skalistych.

To, co się zgadza, to data postawienia obu krzyży. Sam początek XX wieku. Dokładnie: 1901. Krzyż polski stanął na okoliczność tysiąc dziewięćsetnych urodzin Jezusa Chrystusa. Amerykański upamiętnia czarnoskórego poszukiwacza skarbów, którego zwłoki znaleziono na szczycie. I to w zasadzie tyle.

Patrząc na Giewont z hotelu w Glenwood Springs, na zachodzie stanu Kolorado, myślę nie o turniach, nie o wierchach i nie o kosodrzewinie. Bardziej o Dzikim Zachodzie i o gorączce złota. Ale ja przecież nie urodziłam się w Ameryce. Nie mam góralskich korzeni. I nie tęsknię za Tatrami. Ci, którzy tęsknią, będą w amerykańskiej Red Mountain widzieć Giewont. A w Glenwood Springs – swoje Podhale.

Jak Basia.

To dla Basi jestem w tej pięknej okolicy. Dokładnie osiem tysięcy czterdzieści trzy kilometry od domu. Jest czerwiec, upał nie daje żyć. Nawet w nocy, nawet tu – w górach, na wysokości tysiąca ośmiuset metrów nad poziomem morza. Mózg robi wszystko, żeby się schłodzić, i pewnie dlatego co chwilę podrzuca wspomnienia sprzed pół roku, gdy trafiłam do Glenwood Springs po raz pierwszy, w samym środku amerykańskiej śnieżycy. Basia, w której motelu zdecydowałam się wynająć pokój, ze staropolskiej gościnności zaoferowała, że będzie na mnie czekać na dworcu. A ja przez całą drogę pociągiem z Denver próbowałam ją sobie wyobrazić, za tworzywo swoich rojeń mając wyłącznie mejle, które wcześniej wymieniłyśmy.

Wiadomości były po polsku. Zrozumiałe, ale gramatycznie trochę koślawe. Dopiero później się okazało, że powstawały w ścisłej współpracy z Google Translate, dlatego takie dziwne. Na razie są dla mnie dowodem na to, że dla osoby po drugiej stronie to już nie Polska, ale Ameryka jest domem. Wizualizuję sobie więc moją Basię jako leciwą Polonuskę z zachrypniętym głosem, zagryzającą amerykańską rzeczywistość pierogami Mrs. T's[1], które można kupić w każdym supermarkecie w Stanach. Raczej trudno mi sobie wyobrazić, że tam, hen, gdzie jadę – na rubieżach Kolorado – może stać chociaż jeden polski sklep. Dla kogo? I po co?

Mój amtrak[2] do Glenwood Springs dotarł dwie godziny po czasie. Utknął gdzieś na szczycie, w zaspie na najbardziej malowniczej trasie kolejowej Ameryki. Przez kolorowe magazyny turystyczne opisywanej niczym kolejna atrakcja Disneylandu: „27 górskich tuneli w 30 minut!".

---

1 Mrs. T's Pierogies – najpopularniejsza w Stanach firma produkująca mrożone pierogi.

2 Amtrak – operator pociągów pasażerskich w Stanach Zjednoczonych.

Cierpliwie czekała na mnie na peronie. W tej śnieżycy, pośród tłumu. A ja od razu wiedziałam, że to ona, choć z obrazem w mojej głowie nie miała absolutnie nic wspólnego. No ale przecież rysów ostrych jak tatrzańskie granie nie przegapisz nigdzie na świecie. Nawet jeśli – jak u Basi – zmiksowane są z amerykańskim uśmiechem. Z łagodnością w oczach i z pięknymi, równiutkimi zębami, które wyglądają – jak to w Stanach – niczym zaprojektowane pod linijkę. Taka maleńka, jakby miała piętnaście lat, a nie trzydzieści osiem. Taka drobna, że Amerykanie z pewnością nazwaliby ją *pint-sized*[3].

Powiedziała:

– Legnij sobie teroz, boś zmencona. A potem pójdziemy na wódeckę.

Góralka.

Nie wiem, czy przez te pół roku bardziej tęskniłam za tym, co Basia mówi, czy za tym, jak to robi. Wiem za to na pewno, że słuchanie jej jest jak jedzenie cheeseburgera z oscypkiem. Mieszanka egzotyczno-wybuchowa. Góralska gwara opakowana w amerykański akcent. Zabawne mylenie pojęć.

Basia na szlafrok mówi *flaszrog*. Na przekąski – *ugryzki*. Na Krupówki – *Kuprówki*. Na stryja – *stryk*. Kiedy plotkujemy w restauracji o jej mężu – protestuje, gdy twierdzę, że wygląda na takiego, co nigdy jej nie zawiedzie:

– Zawiezie, zawiezie! Wszędzie mnie zawiezie! On bardzo dobry kierowca psecies jest!

Chyba też po cichu trochę się złości, gdy co rusz rechoczę z jej słownych lapsusów. Ma rację – przez prawie cztery dekady życia w Ameryce mogłaby sobie ten polski spokojnie odpuścić. A jakoś nie odpuściła.

---

[3] *pint-sized* (ang.) – maciupeńka, filigranowa.

Czuję zakłopotanie, gdy to od Basi uczę się elementów góralskiej tradycji. Gdy musi mi tłumaczyć, że „korbace to takie serowe nitki wędzone z Zakopanego". Powoli przyzwyczajam się do tego, że przyjeżdżając do Glenwood Springs, tak naprawdę przyjeżdżam do Czarnego Dunajca.

Tym razem z dworca do motelu dojeżdżam już sama, bo dzisiejszego wieczora Basia i jej rodzina bawią się na weselu. Oczywiście góralskim, oczywiście z polskimi muzykantami, którzy specjalnie na tę okazję przyjechali z Arizony. Na spotkanie z Basią i jej amerykańsko-zakopiańskim strumieniem słownej świadomości muszę poczekać do jutra. Na razie wystarcza mi wgapianie się w Giewont z Kolorado, za którym też jakoś zatęskniłam. No i *small talk* z lokalną taksówkarką, która wioząc mnie do hotelu, snuje gawędę o tym, jak to przed laty pracowała w supermarkecie z chłopakiem z Polski. Mówiła na niego „S", bo rodzice nie wyszykowali go odpowiednio do życia w Stanach. Nazwali go Szczepan.

Kolejny dowód na to, że tu w Glenwood jest Polska.

Każdego świtu w Kolorado brakuje mi zawodzącej, tęsknej muzyki rodem z westernów. Czegoś w stylu Ennio Morricone. Aby w stu procentach docenić te górskie widoki, krajobraz skalnego kanionu, w którym rzeka Kolorado łączy się z nurtami Roaring Fork, taki akompaniament wydaje się niezbędny. Nucę więc sobie w głowie te rzewne melodie, wychodząc bladym świtem z motelowego pokoju prosto na patio.

Wstaję wcześnie, bo *jet lag* nadal męczy. Przekonana, że cała okolica tkwi jeszcze w trzeciej fazie snu, skoro wczoraj, gdy meldowałam się w motelu, polska recepcjonistka szepnęła, że „jest impreza – geje przyjechały". W Ameryce trwa tydzień równości, więc jak co roku jedna z organizacji

LGBT pojawiła się tu, by poświętować. Motel wita ich tęczowym banerem: *„Caravan Inn welcomes the BGRT!"*[4]. Teraz goście odpoczywają, za to Basia od rana na pełnych obrotach. Teoretycznie pracuje codziennie od szóstej trzydzieści do piętnastej. W praktyce – zawsze się przeciągnie, zawsze są dodatkowe sprawy do załatwienia, zawsze coś.

Spotykam ją przy motelowym basenie. Razem z Parkerem – amerykańskim mężem, urodzonym i wychowanym tu, w Glenwood – spuszcza powietrze z pływających po wodzie dmuchanych różowych flamingów. Nawet maleńka, półroczna yorczyca Penny, biegając między właścicielami, stara się pomóc, jak tylko może. W ażurowej letniej bluzce i króciutkich szortach Basia wygląda dziś jeszcze młodziej niż zwykle.

– Jak było na weselu?

– Dobrze, chocias późno jedzenie dali. O dziesiątej. A my jus wcześniej piliśmy, więc my się wkurwili i se posli.

Dziś od rana główka trochę boli, Basia tłumaczy więc mężowi, jak będą mogli sobie z tym poradzić. Dzięki temu wykładowi Parker, który przez siedemnaście lat związku i trzynaście małżeństwa z Basią dowiedział się o Polsce prawie wszystkiego, dostaje praktyczną radę, o której wcześniej nie miał pojęcia. Że Polacy, w tym górale, w tym ci w Glenwood – na kaca piją sok z kiszonych ogórków.

Zastanawiam się, ile lat zajęło mu to, by naprawdę Basię poznać. Rozpoznać wszystkie warstwy gliny, z której jest ulepiona. Zrozumieć, że jej historia może (i musi!) mieć kilka alternatywnych początków.

---

[4] *Caravan Inn...* (ang.) – Caravan Inn wita BGRT (Big Gay Raft Trip).

HISTORIA BASI – POCZĄTEK PIERWSZY

Według oficjalnych dokumentów historia Barbary Obrochty-Hille rozpoczyna się 5 listopada 1978 roku w Chicago. Jednak z całą pewnością najlepiej byłoby, gdyby urzędnicy w akcie urodzenia od razu napisali, że urodziła się nie tylko w Ameryce, ale i w Polsce. Na tej samej zasadzie, na której rodzina nazywa ją „Basią", a znajomi – „Barb".

Amerykańska była i jest cała jej codzienność. Szkoła i college. Przyjaciele. Chłopcy. później mąż.

Polską wyspą jest dom, choć i o nim spokojnie mógłby powstać amerykański serial familijny pokroju *Pełnej chaty*. Rodzice kochający się jak mało kto. Trójka rodzeństwa: dwóch starszych braci, jeden brat bliźniak.

– Mieliśmy bardzo dobre zycie. Bracia zawse mi dokucały, bo jedyna dziewcyna byłam. Ale dobrze się bawiliśmy. Zawse się z nimi bawiłam samochodami, lalki to miałam moze ze dwie tylko.

W zasadzie to z całego dzieciństwa tylko jedno wspomnienie Basia ma traumatyczne. To dzień, gdy z mieszkania ucieka Sandy, ich golden retriever, a po godzinach poszukiwań jeden z braci wraca do domu, mówiąc, że suczkę przejechał *truck*[5] na Belmoncie.

Poza tym wszystko tak, jak być powinno. Niewielkie mieszkanie w polskiej dzielnicy, nad sklepem z wędlinami prowadzonym przez Tatę. Dwie sypialnie, ogród za domem. Rodzinne rozmowy – wyłącznie po polsku. Żeby Basia mogła od samego początku chodzić do amerykańskiej szkoły, angielskiego uczy ją w domu Marek – najstarszy brat.

---

5 *truck* (ang.) – ciężarówka.

Potem, gdy Basia ma dziesięć lat, przeprowadzają się całą rodziną do domu nad jeziorem, pośród pól kukurydzy, dwie godziny drogi na południe od Chicago. Rodzice zdążyli się dorobić, prowadzą dobrze prosperującą restaurację z polsko-amerykańskim jedzeniem. Basia z braćmi dokazuje ile sił.

– W Paxton my byli tylko jedne dzieci w okolicy, więc jak tylko cosik ktoś nabroił, to wsyscy wiedzieli, ze to my. Mieliśmy dom z widokiem na jezioro i mieliśmy *boat*[6], to pływaliśmy po tym jeziorze. W zimie braliśmy łyzwy i jeździliśmy po lodzie. Dobre zycie. Bardzo dobre.

Obok jeziora jest las i stąd pasja do rodzinnych wypraw na grzybobranie. Po *morels*, czyli smardze. W lesie odbywały się też zabawy rodzeństwa w wojsko. Marek jako głównodowodzący urządza dla siostry i braci musztrę. Konstruują tajemne bazy, dzięki którym można obserwować z góry nadejście wyimaginowanego wroga.

Gdy się żyje w utopii, na którą rodzice harowali przez lata, o podróżach się nie myśli. Po pierwsze – na miejscu pilnuje się spokojnej codzienności. No i biznesu – by nie zmarniał. Po drugie – w tak sielankowych okolicznościach przyrody wojaże po Stanach stają się fanaberią. Trzeba mieć źle poukładane w głowie, by szukać szczęścia gdzie indziej, skoro wszyscy dookoła widzą, że szczęście jest w Paxton. Skoro to dom rodziny Obrochtów jest atrakcją turystyczną samą w sobie. Skoro to tu przy każdej możliwej okazji zjeżdżają się znajomi z Chicago, wiedząc, że zawsze mogą liczyć na zorganizowaną przez Tatę imprezę. Na fajerwerki. Na świniaka szykowanego na ogniu.

Dlatego nikt już dziś dobrze nie pamięta, jak to się stało, że rodzice zaczynają się pakować. Że gdy Basia ma

---

6 *boat* (ang.) – łódka.

szesnaście lat, ogłaszają początek eskapady po Ameryce. Niespodziewanie zapowiadają, że po raz pierwszy w historii rodziny wyjadą poza stan Illinois. Jakby nagle poczuli, że najprawdziwsze miejsce na ziemi czeka na nich zupełnie gdzie indziej.

Dwutygodniowa marszruta rodzinnym vanem z zapakowanymi do bagażnika namiotami na początku prowadzi na północ. Odwiedzają Wisconsin – ulubiony cel wakacyjnych podróży chicagowskich Polaków, Mackinac Island, czyli wyspę między jeziorami Michigan i Huron. Noclegi pod namiotem, eksplorowanie bezdroży, prawdziwy amerykański *road trip*. Wpadają zobaczyć gejzery w parku Yellowstone w Wyoming, a później skręcają na południe do Kolorado.

Mają w planach jeszcze kaniony w Utah, malowniczy park Arches i Salt Lake City, ale dalej niż do Kolorado Obrochtowie już nie docierają. Tata rozgląda się po Glenwood Springs, patrzy na „Giewont" i mówi: – Zostajemy. Tu jest nasz Czarny Dunajec.

Spaceruję po Glenwood Springs, aby zrozumieć i zobaczyć to, co zobaczył Tata Basi latem 1993 roku w tej spokojnej okolicy, godzinę drogi od kipiącego blichtrem, przepychem i sklepami z *high fashion* Aspen, ukochanego kurortu amerykańskich narciarzy.

W miasteczku rządzi głównie Ameryka. Gdyby nie dostępne na każdym kroku salony tatuażu i sklepiki z marihuaną (która w całym stanie jest legalna), można by pomyśleć, że zegar w Glenwood zatrzymał się w okolicach roku 1860 – gdy na tych terenach panowała gorączka złota.

Wzdłuż głównej arterii miasta – Grand Avenue – western w czystej formie. Kamienice z ciemnej cegły z łukowatymi wejściami i oknami lub retrobudynki poobijane drewnem. Szyldy restauracji wyglądające, jakby zupełnie niedawno ktoś ściągnął z nich nazwę „Saloon". Redakcja lokalnej gazety „Independent Post" z ustawioną w witrynie maszyną do pisania. Na bocznych ścianach budynków murale przybliżające historię regionu – od sztuki indiańskiej, przez portrety wodewilowych artystów, po pejzażyki Gór Skalistych. Co krok pisane odręcznie drogowskazy kierujące na miejscowe *yard sales* – wyprzedaże garażowe organizowane zgodnie z ideą: *one man's trash is another man's treasure*[7].

Dookoła mnóstwo zieleni – klomby, rabatki, parki, żywopłoty... a pośród nich świąteczne lampki. Nawet teraz, w środku czerwca, dosłownie wszędzie. Taksówkarka, która zaraz po przybyciu do Glenwood wiezie mnie do hotelu, twierdzi, że to głównie po to, by turyści po nocnym imprezowaniu bez problemu odnaleźli główną ulicę, skąd kierowca zabierze ich do domu. Mnie bardziej przychodzi na myśl, że święta trwają tu cały rok.

Teraz, w środku lata, o Bożym Narodzeniu nikt jeszcze nie myśli, wszyscy ekscytują się nadchodzącymi Strawberry Days, Dniami Truskawki. Spacerując po mieście, zaczynam się zastanawiać, czy nie trafiłam przypadkiem na plan remake'u *Stalowych magnolii* albo *Smażonych zielonych pomidorów*. Rozmawia się o tym w kawiarniach i na ulicy. Święto jest ważne, bo obchodzi się je od ponad stu lat, by upamiętnić, że tu, gdzie teraz rozpościerają się rancza Glenwood, przed wiekami królowały farmy truskawek, zapewniające mieszkańcom zysk. W planach jest wielka jak na lokalne warunki parada i cała seria imprez dla dzieci.

To ważne wydarzenie również dla Basi. Specjalnie na truskawkową paradę Tata Obrochta przed laty sprowadził

---

[7] *One man's...* (ang.) – Coś, co dla jednego jest śmieciem, dla innego będzie skarbem.

z Zakopanego wóz i zaprzęgał do niego konie, by cała rodzina ubrana w kierpce i parzenice mogła zadawać w mieście szyku. Poza tym na wydarzenie jak zawsze zjedzie się cała okolica, a motel Caravan Inn jak zwykle przeżyje oblężenie.

Skręcam z Grand Avenue w boczne uliczki i ruszam pod górę, bo zdaniem Basi to tam zrozumiem więcej. Wysyła mnie na nieskomplikowany spacerowy szlak prowadzący do położonego na sporym wniesieniu cmentarza pionierów. Gdy (wcale nie żartem) pytam, czy na trasie nie pożre mnie puma, beztrosko opowiada:

– Chyba nie, najwyzej se gwizdaj. – Aby uniknąć ataku występującego na tym terenie lwa górskiego, trzeba robić hałas. Dla Basi dzikie zwierzęta to żadna nowość. Widziała już, jak na Grand Avenue niedźwiedź wybrał się do sklepu. Jak kozica rozbiła okno w najdroższym w mieście hotelu Colorado. Jak puma odwiedziła ich podwórze, gdy rodzice pili herbatę na werandzie.

Maszeruję więc po szlaku, jak głupia pogwizdując pod nosem amerykański hymn. Razem ze mną gwiżdże silny górski wiatr, który już z rana powalił drzewo na Grand Avenue. Basia nazywa go „halnym", choć tu – w przeciwieństwie do Podhala – wiatr nie budzi niepokoju. Wysusza skórę i usta, ale daje ukojenie od upału i mocnego słońca.

Widok z góry uruchamia w głowie maszynkę do formułowania frazesów. Myślę, że to obrazek jak z pocztówki. Widok jak z bajki. Krajobraz zapierający dech w piersiach. I tak dalej, i tak dalej. Z tej perspektywy Glenwood Springs rzeczywiście staje się podhalańską wioską. Nawet jeśli tutejsze rdzawe szczyty pokrywa zieleń drzew, a po nagich szarawych graniach ani śladu.

W Glenwood różnice niweluje odrobina wyobraźni. Rwący nurt rzek Kolorado i Roaring Fork przypomina o polskim Dunajcu. W oddali widać wizytówkę regionu – wielkie rekreacyjne kompleksy z termami. Jak te w Szaflarach, w Bukowinie, w Białce Tatrzańskiej. To od gorących źródeł Glenwood Springs wzięło swoją nazwę.

Wracając do motelu, wpadam prosto na Basię:

– Byłam, widziałam. Podejrzewam, że Tacie z domem skojarzyły się góry, truskawki, termy i krzyż na Giewoncie. A tak najbardziej to co?

Basia robi głęboki wdech i pyta:

– Czujesz?

Takie proste. Najbardziej chodziło nie o to, co Tata zobaczył, ale o to, co poczuł.

O ostre, górskie powietrze.

Tata Basi, Andrzej Obrochta, dom dla swojej rodziny budował sam, z pomocą kilku innych górali. Miejsce, w którym postawił fundamenty, pokochał od razu. Tak bardzo, że gdy Kolorado trawiły pożary i zarządzono ewakuację ludności, zdecydował: „Póki ognia nie widać, nigdzie nie idziemy". I nie poszli. Ogień nie miał śmiałości niczego tu ruszyć.

Stoję przed wejściem do domu i z zachwytu szukam słów. Po horyzont widzę zielone pastwiska, na których pasą się konie. Na horyzoncie – góry. Z tyłu domu, na kamieniach, świstaki wygrzewają się w słońcu.

– Teraz widzis, cemu rodzice się przeprowadzili tu. Sicko jak na Podhalu! – mówi Basia, wyjmując zakupy z bagażnika swojego SUV-a.

– Noo... tylko wam tu *łowiecek* brakuje! – śmieję się, myśląc, że ze wszystkiego, co tu widzę, do podhalańskiego obrazka nie pasują tylko latające nad nami kolibry.

– Ano były łowiecki! Były! Tata hodował! Teraz z Parkerem chcemy kozę kupić, aby trawę jadła.

Oprócz szacunku dla gór dom Obrochtów symbolizuje też hołd dla rodzinnych więzi. Jest ogromny, podzielony na trzy segmenty, do których dociera się po masywnych drewnianych schodach. W segmencie pierwszym mieszka Mama Basi. W drugim – Krzysiek, brat, z tahitańską żoną i dwójką dzieci. W trzecim – Basia z Parkerem.

Parker krząta się po doświetlonej słońcem zza okien kuchni, pod wiszącym na ścianie napisem „*Live Well, Love Much, Laugh Often*"[8]. Od razu się domyślam, że szyld zawiesiła Basia. Nic lepszego na swój temat by nie wymyśliła.

Basia czyni honory. Przeprasza za to, że w mieszkaniu harmider, ale są w trakcie remontu. Od razu wskazuje na jedną ze ścian – tę sentymentalną, obwieszoną zdjęciami w ramkach. Wspomnieniami: Basia z mamą na Hawajach, zaręczyny Basi i Parkera, Basia z bratem na skuterze śnieżnym, świętej pamięci babcia z Czarnego Dunajca, a na jednym nawet pies o imieniu Baca, owczarek podhalański przywieziony kiedyś przez Tatę do Glenwood prosto z Zakopanego.

Krótko i na temat. Życie Basi w obrazkach.

Zdjęcia mówią o Basi bardzo wiele, ale nie mogę pozbyć się wrażenia, że o tym, kim Basia naprawdę jest, najwięcej mówi mebel królujący w jej salonie. Masywna drewniana ława. Wykonana bez użycia ani jednego gwoździa, podobnie jak przystawione do niej zdobione krzesła. Góralski design w czystej formie. Autorem jest przyjaciel rodziny, który te meble – w pakiecie z karniszami i kredensem – ofiarował Obrochtom w podziękowaniu za to, że go do siebie przygarnęli w czasach, gdy nie miał gdzie się w Ameryce podziać.

Niby ława jak ława, a jednak taka ważna. Jakby symbolizowała to, co siedzi mi w głowie od pierwszego spotkania z Basią. Od momentu, gdy stojąc na peronie, usłyszałam jej amerykańsko-góralski zaśpiew, ale jakoś do tej pory nie

---

[8] *Live Well*... (ang.) – Żyj dobrze, kochaj mocno, śmiej się często.

nazwałam. Ale teraz już wiem. Ława jest dowodem na to, że Basia swoją góralską tożsamość zbudowała wirtualnie. Jakby zdalnie. Nie urodziła się na Podhalu ani nie miała z nim większej styczności, więc kurs na prawdziwą góralkę musiała zrobić eksternistycznie. Odwiedziła Polskę zaledwie kilka razy, a żyje góralską kulturą bardziej niż ktokolwiek, kto to Podhale ma na co dzień.

Przy ławie siedzi Mama Bronisława, gotowa do opowieści. Gdy tylko otwiera usta, zaczynam rozumieć jeszcze jedno: że historia o tym, skąd wzięła się Basia, powinna się zaczynać zupełnie inaczej.

HISTORIA BASI – POCZĄTEK DRUGI

W tym wariancie wszystko zaczyna się nie w 1978 roku w Chicago wraz z narodzinami Basi, lecz trzynaście lat wcześniej w porcie w Gdyni. Jest mroźny grudniowy dzień. Drużyna z podhalańskiego Starego Bystrego w składzie: Bronisława, Tosia, Walerka, Krysia, Jędrek i ich Mama zadziera głowy wysoko do góry. Jednym spojrzeniem starają się objąć długi na sto sześćdziesiąt i wysoki na dwadzieścia sześć metrów dziesięciopokładowy transatlantyk Batory.

Kilkanaście dni później z jeszcze większym trudem przyjdzie im objąć po raz pierwszy spojrzeniem chicagowskie drapacze chmur. Na razie jednak perspektywa najbliższej przyszłości jest dla nich trochę fascynująca, a trochę straszna. Bronisława wraz ze swoją mamą, babcią Basi, i rodzeństwem opuszcza świat, w którym napoje gazowane robi się z wody z potoku zmieszanej z sodą oczyszczoną, by trafić do świata kipiącego dosłownie wszystkim. Co nieco o tej nowej rzeczywistości Bronisława słyszała już od swojego taty.

– Tata przybył wcześniej, w 1964 roku, samolotem, z dwoma córkami, moimi siostrami. Zarobił piniendzy i wtedy kupił nam bilety na *boat*.

Siedemnastoletnia wówczas mama Basi na dziesięć dni trafia do okrętowej rzeczywistości, którą tak skrupulatnie opisał i Melchior Wańkowicz, i Arkady Fiedler. Która zachwycała wszystkich – od Hanki Ordonówny po Violettę Villas. Maraton kapitańskich balów, beztroskiego relaksu na pokładzie słonecznym, hitu *Strangers in the Night* Franka Sinatry puszczanego z głośników.

– Pierwszy dzień był OK. Siedzieliśmy na pokładzie słonecznym i patrzyliśmy na mewy. Trzeciego i czwartego dnia już gorzej. Ni ma ptaków, ni ma nic. Przez parę noców były takie fale, że się pochorowaliśmy na tę morską chorobę. Na *boacie* było bardzo ładnie: różne przedstawienia, *show* i zabawy. Jedzenia dużo, ale człowiek nie mógł jeść. Ja chorowałam i Tosia. Z takim garnuszkiem my chodziły pod brodą cały czas, na wszelki wypadek. A wszyscy nam mówili: „Eeee, byście se wypiły tam po jednym, toby wom psesło". Mama powiedziała: „Idź do kajuty, psynieś nam spirytus, pomoze". To ja poszłam po ten spirytus, ale tam, gdzie walizki leżały, sicko taaaaak latało! Jak był sztorm, to ja myślałam, że ja fruwam. Wróciłam się na górę i spirytusu nie psyniosłam.

W przerwach między jednym atakiem choroby a drugim Mama Basi po raz pierwszy próbuje na statku prawdziwej Ameryki. To za sprawą jedzenia, które Bożena Aksamit, autorka książki o Batorym, wymienia jako jedną z głównych atrakcji rejsu. „Przechodząc przez trap, Polak czuł się, jakby wylądował na innej planecie. Dywany, meble, bary, restauracje, dansing i najważniejsze – jedzenie. Ze świata schabowego, śledzia i sałatki jarzynowej Polacy przenosili się do stołów zastawionych półmiskami z *boeuf Strogonow* i sandaczem po kardynalsku. Gdy wnoszono płonący deser Bomba à la Batory, wygaszano światła, a orkiestra grała melodię *Lecą świetliki*"[9].

Ze wszystkich tych frykasów Mama Basi najlepiej pamięta banany i pomarańcze. Po pierwsze – bo nigdy ich wcześniej nie jadła. Po drugie – bo bardzo dziwnie smakują. Dopiero później dowiaduje się, że to dlatego, że jadła je ze skórką.

W grudniu 1965 roku Bronisława z rodziną dociera Batorym do kanadyjskiego Quebecu, a stamtąd od razu zabiera się na kolej do Chicago. Na *Miłłoki*, gdzie czeka już reszta rodziny. Wszyscy są w Stanach legalnie, z marszu dostają zieloną kartę.

Ameryka fascynuje od pierwszego dnia.

– Ależ się tu zachłysnęłam tymi wszystkimi dobrami! Tak bardzo, że od razu przytyłam, schudłam dopiero za jakiś czas.

Może to było też podświadome zajadanie stresów i osładzanie gorzkiej rzeczywistości? Od samego początku wiadomo przecież, że ósma klasa skończona przez Mamę Basi w Polsce będzie jednocześnie jej ostatnią. Tu, za oceanem, nie będzie już czasu na szkołę. Trzeba iść do pracy, zarabiać pieniądze. Żaden tam amerykański sen.

Zanim Bronisława po raz pierwszy pójdzie do pracy, wuj z Chicago mówi jej:

– Dziś nie idziemy sukać roboty, bo musis widzieć tę Amerykę, do której psyjechałaś.

Zawozi ją do *downtown*, na sam szczyt Sears Tower (dziś Willis Tower). Ze sto trzeciego piętra widzą to, na co

---

9 B. Aksamit, *Batory. Gwiazdy, skandale i miłość na transatlantyku*, Warszawa 2015.

Bronisława będzie pracować przez kolejne dekady. Dobrobyt, piękno i spokój.

Niedługo Bronisława pójdzie do fabryki produkować kultowe amerykańskie batoniki Oh Henry! I tak przez kolejne dziesięć lat. Do momentu, gdy kupi z mężem sklep z wędlinami na *Miłłokach*.

Przyglądam się uważnie Mamie Basi. Siedzimy ramię w ramię w jej nowoczesnym wielkim samochodzie, gdy odwozi mnie z powrotem do hotelu. Widzę każdą zmarszczkę na jej twarzy i wiem, że wszystkie opowiadają historie kolejnych wyrzeczeń, które zahukaną dziewczynę ze Starego Bystrego, pracującą w fabryce cukierków, zmieniły w pewną siebie, choć nadal zapracowaną bizneswoman. Właścicielkę kilku dobrze prosperujących biznesów – od sklepów mięsnych, przez bary i restauracje, po hotel w górskim kurorcie.

Myślę o historiach milionów innych Polaków, którzy wyjeżdżali za ocean we wszystkich możliwych konfiguracjach. O tych, którzy wysiadali z Batorego w Quebecu, i o tych, którzy dobijali statkami z Hamburga do brzegów nowojorskiej Ellis Island[10]. O podhalańskich wioskach, które systematycznie pustoszały, gdy całe rodziny przeprowadzały się, by szukać szczęścia w Stanach. Tylko w samej Białce Tatrzańskiej stoi dziś sto pięćdziesiąt niezamieszkałych, drewnianych domów – opustoszałych pamiątek po amerykańskich emigrantach.

Myślę też o tych, którzy z Polski nigdy nie mieli odwagi wyjechać, lecz nadal żyją w przekonaniu, że wyjazd do USA

---

10 Ellis Island – nowojorska wyspa, na której w latach 1892–1924 działało główne centrum przyjmowania imigrantów do Stanów Zjednoczonych.

jest drogą na skróty, sposobem na łatwy zarobek. A przecież ja tu tak dobrze widzę i czuję, że jest to droga naokoło.

Glenwood Springs w Kolorado, które nigdy z Polakami mi się nie kojarzyło, teraz jawi się jako szczęśliwa przystań dla tych, którzy już się z Ameryką oswoili. Cały ten stan to zresztą taka trochę imigracyjna ziemia obiecana. Mówi się, że Kolorado jest dla Polonii amerykańskiej tym, czym Floryda dla Amerykanów. To tu żyjący w Stanach Polacy najchętniej osiadają na emeryturze, kiedy już się dorobią. Tu też nasi rodacy bez względu na wiek bardzo chętnie zakładają hotelarskie biznesy. W tej części USA przejęli rynek w aż kilkudziesięciu procentach. „Polska mafia" – tak tu się o nich mówi.

Można powiedzieć, że w Glenwood Basia i jej rodzina byli trendsetterami. Jednymi z pierwszych Polaków, którzy postanowili zostać tu na stałe. Dziś o polskim charakterze miasteczka można przeczytać nawet na stronie lokalnej informacji turystycznej. Polskich hoteli obecnie jest tu dziewięć. Tylko podczas krótkiej jazdy autem Mama Basi pokazuje mi na trasie co najmniej dziesięć polskich domów. Jeden na minutę.

– Tu stoi Cedar Lodge – górale go prowadzą. A tu mieszkają warszawiacy, mają w Glenwood knajpkę Daily Bread. Dobrze tam karmią, zawsze mają mnóstwo klientów. A ci z tego domu tam dalej to przyjechali z Chicago. No i jest jeszcze Polanka Polaków z New Jersey. Biznes prowadziła mama, teraz knajpę przejęły dzieci.

Ta ostatnia to niewielka polska restauracja stojąca niedaleko stacji kolejowej, w samym sąsiedztwie największych tutejszych term. Trudno ją przegapić, bo klientów wita wielki szyld z napisem „Best Polish food west of Chicago"[11].

---

[11] *Best*... (ang.) – Najlepsze polskie jedzenie na zachód od Chicago.

Zamiast wrócić do hotelu, postanawiam zajrzeć do środka. Pierwsze, co widzę, to plakat z filmu *Człowiek z żelaza* i staroświecka reklama LOT-u ze zdjęciem warszawskiej starówki. W menu: „Mięsne combo – gołąbki, pierogi, kiełbasa i bigos". Czternaście dolarów. I oczywiście schabowy z chlebem razowym i musztardą – osiem i pół dolara. Za ladą stoi właściciel – Amerykanin koło czterdziestki. Tłumaczy, że ma polską żonę i właśnie stąd ten biznes. Pytam, jak żona ma na imię. Odpowiada:

– Moim zdaniem Maczinka, ale cholera wie, jak to się naprawdę wymawia.

I dokładnie tak samo jest w prowadzonym przez Basię Caravan Inn. Wchodząc do środka, od razu przekracza się amerykańsko-polską granicę. Jeden krok w kierunku hotelowej recepcji i od razu widok na Podhale. Wiszący na ścianie za ladą ogromny prostokąt skonstruowany z trzech obrazów. Na nich panorama Tatr.

Nawet te zwykłe pokoje – jak w wielu miejscach w Stanach z dwoma motelowymi łóżkami, klimatyzacją, telewizorem i mikrofalówką – mają zapach zakopiańskich pensjonatów urządzonych w drewnianych chatach. Słodkawy miks hotelu, sosny i proszku do prania. Ale może to już tylko siła sugestii.

Po obstawionym pikapami patio kręcą się nowi goście. Jest mieszkający w Portland Ukrainiec, który w wakacje zwiedza Kolorado. Są wytatuowane rockandrollowe wilki z brakami w uzębieniu – przyjechali z Tennessee budować kuchnię dla miejscowego szpitala. Są klienci, którzy przenieśli się do Caravan Inn z luksusowej konkurencji – hotelu Colorado, w którym na początku XX wieku zatrzymywał się Theodore Roosevelt podczas swych wypraw na polowanie (w tym właśnie miejscu otrzymał zresztą od personelu przydomek „Teddy Bear"). W Caravan Inn jest skromniej i bez bogatej historii, ale tu przynajmniej nie straszy.

– Często się do nas tak przenoszą ludzie. Przychodzą i mówią, ze im kołdrę z nóg duchy ściągały – opowiada Mama Basi.

Są też wreszcie Betty i Roy z Cheyenne w stanie Wyoming, którzy małą Polskę w Kolorado wybrali nieco podświadomie. Betty ma polskie korzenie i lubi siedzieć w archiwach. Kilka razy pojechała do Polski, by dowiedzieć się więcej o swoich przodkach. Wróciła z pustymi rękami, narzeka, że zbyt wiele tropów miała do zbadania. To ja muszę jej wyjaśniać, że jej panieńskie nazwisko, Nowak, jest najpopularniejsze w Polsce.

W Glenwood Springs trudno mówić o zabijaniu czasu, bo nawet nuda zdaje się tu atrakcyjna. Czas płynie wolno, ale się nie dłuży. Człowiek tkwi w bezruchu, ale nikt nie nazwie tego lenistwem. W takim bezruchu siedzę sobie teraz i ja – w recepcyjnym fotelu – wgapiając się bezmyślnie w lecące w telewizorze reklamy maszyn rolniczych i *mosquito defence* – urządzeń do walki z insektami.

Zastanawiam się, czy rodzinie Basi i innym Polakom w Stanach trudno żyć w stu procentach po amerykańsku. Odciąć się od korzeni. Zanim wyjechałam do Glenwood, jeden polski czterdziestolatek z Denver w Kolorado tłumaczył mi:

– Mówi się na to „klątwa Indianina". Gdy żyjesz w USA, czujesz się nieszczęśliwy, bo tęsknisz za Polską. Wracasz do Polski, mija moment i już myślisz tylko o Ameryce. Mój ojciec mieszkał w Stanach w latach siedemdziesiątych. Reagan ogłosił amnestię dla imigrantów, więc tata mógł zostać, ale wrócił. Potem przez całe życie tego żałował.

Gdy w XXI wieku ten sam chłopak postanowił wyprowadzić się do Ameryki, jego ojciec był już sparaliżowany po rozległym wylewie. Mimo to błagał, by syn go zabrał z powrotem do Stanów: „Zabierz mnie ze sobą do walizki".

Czy tęsknoty za Polską da się w ogóle uniknąć? Czy trzeba wrócić, choć na chwilę, by zrzucić z siebie klątwę? Czy można pokochać Amerykę, jeśli – jak Tata Basi – nigdy jej się nie wymarzyło i nie zaplanowało. Jeśli po prostu przyszła sama.

HISTORIA BASI – POCZĄTEK TRZECI

Dziś powiedzielibyśmy pewnie, że Bronisława ma stalkera. Na razie jednak mamy grudzień 1969 roku, a ona po prostu trochę się martwi, bo ktoś za nią chodzi krok w krok. Kto dokładnie? Nie wiadomo. Nie zna człowieka. Jest właśnie w Polsce po raz pierwszy od wyjazdu za ocean. Przyjeżdża trochę po to, by odpocząć. Głównie po to, by przywieźć z powrotem do kraju niepełnosprawnego brata.

– Jak to na wsi. Kosa spadła i uskodziła mu mózg. Prawie to wszystko na wierzchu było. Mieliśmy strasny kłopot, zeby go do Ameryki zabrać, bo nam mówili, że nie potrzebują „kalików".

Ale w końcu puścili. Gdy po czterech latach w Stanach okazuje się, że bratu lepiej będzie w Polsce, to Bronisława zostaje wytypowana do tego, by towarzyszyć mu w powrocie. Miało być prosto i szybko, i bez komplikacji, a tu nagle ktoś ją śledzi.

– Gdzie ja nie idę, to jakiś chłopak idzie za mną. Jestem w Zakopanem, on w Zakopanem. Ja w Nowym Targu, on w Nowym Targu. W końcu w takiej nowotarskiej restauracji zbieram się w sobie, podchodzę do niego i pytam: „A co na mnie pan tak poluje, co? Nie zycę sobie!". Zapłaciłam za jedzenie, wyszłam, patrzę, a ten leci za mną i krzyczy:

„Można panią zatrzymać? Bo pani chcę coś pokazać, tylko musi pani ze mną pójść". No to ja na to, zeby mi tu pokazał. Ze nigdzie nie idę, bo jesce mnie gdzieś wciągnie, i co? No to posłuchał, a ja zdębiałam. Patrzę i myślę: *Oh my gosh*, Panocku! Skąd on ma moje zdjęcie?!

Wyjaśnienie tego, jak zdjęcie Bronisławy trafiło do portfela tajemniczego młodzieńca z Czarnego Dunajca, okazuje się historią jak z dobrej telenoweli, w której amerykańskich górali z góralami polskimi łączy gęsta sieć zawiłych relacji. Otóż: mama Młodzieńca ma znajomą w Chicago. Ta znajoma zna z kolei rodzinę Bronisławy. Widzi, że Bronisława ładna, mądra i niezamężna, daje więc cynk do Polski – do Młodzieńca mamy. Mama prosi o dokumentację zdjęciową, znajoma zdobywa ją bez wiedzy Bronisławy i w sekrecie wysyła do Polski.

Pewnego dnia, już w Czarnym Dunajcu, Bronisława pojawia się na poczcie, by odebrać paczkę od rodziny. Na poczcie pracuje siostra Młodzieńca. Rozpoznaje dziewczynę ze zdjęcia i daje cynk bratu. A ten z braku śmiałości przez tydzień łazi za Bronisławą jak cień.

– I tak to było. Szybko poszło. Wpadlimy sobie w oko i tyle. Już wcześniej jacyś koledzy z Polski tes chcieli mi się oświadczać, ale wszystkim mówiłam, że ja nie przyjechałam się wydawać za mąż, tylko brata przywieźć. Ale z Andrzejem to już było zupełnie inacej.

Na tyle inaczej, że zaledwie po dwóch miesiącach znajomości biorą ślub. Oczywiste jest, że wyjadą razem do Stanów, więc Bronisława szybko załatwia formalności. I wtedy zaczynają się schody.

– Przychodzę do urzędu, a tu mi mówią: nie puścimy go, bo on dopiero co po wojsku. Dwa do pięciu lat musi zostać w Polsce. To był komunizm i oni nie chcieli go puścić, bo mieli różne tajemnice i bali się, że pojedzie do Ameryki i sicko wygada. Wkurzyłam się, to im powiedziałam: „A, to se go trzymajcie!". I wróciłam sama do Chicago. A potem siedziałam w samolocie i se myślę: Matko święta, co ja najlepszego zrobiłam?! Chłopa prawie nie znam, a tu ślub. Czy ja dobze zrobiła, cy źle?

Miesiąc po powrocie okazuje się, że jest z Andrzejem w ciąży.

– Trudne to było bardzo. Tak naprawdę to myślałam, ze moze on jus w ogóle tu nie przyjedzie. Z początku wysyłałam mu po parę dolarów i pisałam, co u mnie, a potem to jus ino on pisał. Do dziś dnia mam te jego pocztówki.

Wreszcie puszczają go do żony po dwóch latach. Jego pierworodny syn, Marek, ma wtedy dwanaście miesięcy. Basia rodzi się siedem lat później.

Gdy Basia prowadzi auto, jej góralska dusza aż kipi. Mnie śmierć zagląda w oczy za każdym zakrętem, który pokonujemy na szutrowej drodze tuż nad urwiskiem. Ona trasę zna na pamięć, mogłaby prowadzić po omacku. O lęku wysokości czytała tylko w książkach, w zakręty wjeżdża więc nonszalancko, jednocześnie odpalając sobie papierosa zapalniczką.

Basia, Parker, yorczyca Penny i ja jedziemy *het, wysoko*! Do lasu, uciec od miejskiego upału, bo na górze chłodniej. Basia spakowała do bagażnika koszyk piknikowy z *ugryzkami* i piwem Blue Moon z Wisconsin. Wcześniej ubiera nas we flanelowe koszule w kratę i bejsbolówki, by nie pokąsiły nas komary ani kleszcze. Parker zabiera strzelbę.

– Gdzieś tu na pewno puma i niedźwiedź jest – tłumaczy Basia i się nie myli, bo na trasie rzeczywiście mijamy wielkiego baribala[12].

---

12 Baribal (inaczej: niedźwiedź czarny lub niedźwiedź amerykański) – najbardziej rozpowszechniony na terenach górzystych i leśnych w Ameryce Północnej.

Na górze Parker montuje tarczę na drzewie i ćwiczy strzelanie do celu. Jak wszyscy, którzy tu byli przed nami – stąd łuski po nabojach, po których depczemy z Basią, spacerując po leśnej ścieżce. Ona patrzy w dół, szuka grzybów. To jej odruch bezwarunkowy. Ja spoglądam przed siebie – podziwiam amerykański las.

Tak naprawdę jestem tu jednak nie z powodu widoków i nie z powodu grzybów, i nie z powodu upału. Chcę usłyszeć od Basi więcej na temat jej Taty. Człowieka, którego nigdy nie poznałam, a który dzięki opowieściom Basi tak bardzo jest w Glenwood obecny.

Tata, który do Ameryki przyjechał tylko dlatego, że pokochał Bronisławę.

Który zmobilizował Basię do tego, by skończyła w Kolorado studia. By mogła zdobyć to, co jej rodzicom nie było dane – solidną edukację.

Który co chwilę wpadał na pomysł rozkręcenia nowego biznesu, bez strachu o to, czy projekt się powiedzie.

Który razem z Mamą Basi stworzył team na miarę Thelmy i Louise: on miał wizję coraz to nowszych przedsięwzięć, ona wiedziała, jak utrzymać je przy życiu.

Który w jednej chwili zarządził, że przewracają życie o sto osiemdziesiąt stopni i stworzą sobie w Glenwood Springs Czarny Dunajec.

Który do Kolorado przywiózł owczarki podhalańskie i wóz z Zakopanego.

Który nigdy nie przestał tęsknić za Tatrami.

Nie wiem, jak zacząć tę rozmowę, ale wtedy nieoczekiwanie z pomocą przybywa Parker, który podchodzi do nas, by zmienić magazynek w broni.

– Czy Basia opowiadała ci już, jak poznałem jej tatę? Gdy randkowaliśmy z Basią na tyle długo, że przyszedł najwyższy czas, by poznać jej rodziców, zabrała mnie do siebie do domu. Podjechaliśmy na miejsce i wtedy po raz pierwszy zobaczyłem mojego przyszłego teścia – siedział na ganku z kolegami. Pomyślałem sobie: „*Oh man*, teraz będę musiał się zmierzyć z całą góralską drużyną!". Zamieniliśmy parę słów, a wtedy tata Basi powiedział: „Słyszałem, że Amerykanie to kowboje, to prawda? Widzisz tę owcę, która się tam pasie? Jeśli ją złapiesz i przyniesiesz do mnie, wtedy możemy poważnie porozmawiać". Co miałem robić? Zajrzałem do stodoły, wziąłem długą linę, zrobiłem lasso i ruszyłem na pastwisko. Owcę złapałem za drugim podejściem. A gdy pojawiłem się z nią na ganku, teściowi oczy zrobiły się jak dwudziestopięciocentówki. Tak zostałem zaakceptowany.

Śmiejemy się z tej góralskiej fantazji, ale kątem oka widzę już, że u Basi rozbawienie zamienia się w ckliwość.

– Parker jest podobny z charakteru do mojego Taty. Też każdy go lubi, bo jest bardzo wesoły, lubi ugościć ludzi, bawić się. Z ludziami on jest dobry. – Patrzy na małą Penny, zastępującą im dziecko, na które nigdy się nie zdecydowali. – Oj, Penny, malutka moja... nigdy nie poznałaś dziadka. Byście se na kanapie lezeli razem.

– Jo nie znała nikogo, kto by go nie lubiał – zaczyna opowieść Basia, a mnie natychmiast przestaje bawić jej amerykańsko-góralski zaśpiew. W jej głos wkrada się drżenie, roześmiane zawsze oczy stają się poważne i bardzo smutne. Nigdy wcześniej jej takiej nie widziałam. Jakby mówiąc o Tacie, stawała się zupełnie inną osobą. – Myślę, że tęsknił za Czarnym Dunajcem więcej jak mama. Cym starsy się robił, tym więcej zacął tam wracać. Co roku jeździł, kcioł przerobić dom babci i go rozbudować. Nawet jak jus był chory, bo zachorował akurat w ten sam rok, co my się z Parkerem ożeniłyśmy, w 2003. Prawie dziesięć lat chorował... *yeah*. Miał cukrzycę, serce chore, żyły. Potem mu nerki już wysiadały. Czasem o siebie dbał, czasem zapominał. Nie badał cukru, nie brał tabletki. Pił i jodł tak, jak Polak prawdziwy je. Jak zmieniał dietę, to się polepsało troszkę, ale jak wracał do Polski, to se popuscał. No bo jak to w Polsce nie jeść, co smakuje, no nie?

– Jak zaczął chorować bardzo, to go lekorz przecymywał i mówił, ze nie jest dobra decyzja, zeby jechać do Polski. Mówił mu: „Ty nie jesteś w dobrej kondycji, zeby wyjechać. Możesz w samolocie dostanąć *blood clot*[13]". Ale zrobiło się trochę lepiej, to lekorz w końcu się zgodził. Mama i ja nie chciałyśmy go puścić. Mama pojechała tedy do Hawajów do wnuków i mówiła mu: „Zaczekaj, jak psyjadę, pojedziemy razem". A on, że nie. „Lekorz gada, ze mogę iść, to jadę". I pojechał. Codziennie rano dzwoniłam do niego i pytałam: „Ile ważysz, jak twoja cukrzyca?".

– Jednego dnia w tym Czarnym Dunajcu, jak on jakoś dwa czy trzy tygodnie w tej Polsce był, usnął sobie na kanapie. Już nigdy więcej się nie obudził. Spokojnie posedł z tego świata. Zasnął.

– Potem koleżanka mamy mówiła, ze on tak do nich psysedł i się pozegnoł tak, jak nigdy się nie zegnoł. I jesce tez wcześniej konie sprzedoł wszystkie. Grób rodziców swoich odnowił i powiększył. Jakby się szykował. Ale lodówka w Czarnym Dunajcu była pełna, bo dopiero co świnię zabił. Kiełbasy narobił, salceson, kiszkę, wszystko... Dwa miesiące miał w tej Polsce być.

– Byłam wtedy w pracy. Moja ciotka, siostra Taty, zadzwoniła... I ja... nie wiem... Mówiła, ze Tata nie zyje. Marek, mój

---

13 *blood clot* (ang.) – zakrzep.

brat, był po drugiej stronie Glenwood, bo tam ma swoją pizzerię. Jak położyłam słuchawkę, to leciałam tam biegiem. I darłam się przez miasto, ze Tata zmarł...

Mama z Hawajów musiała szybko przylecieć do Kolorado, a potem my wszyscy razem do Polski.

Wiedzieliśmy, ze Taty nie przywieziemy do Ameryki. Tata zawse mówił, ze grób ma być w Polsce. Umarł tam, gdzie chciał. W prawdziwych Tatrach.

Z pierwszego wyjazdu do Polski, gdy miała dwanaście lat, Basia pamięta głównie rozmowy z babcią Olesią: jej kok na głowie, chusty i to, jak uwielbiała się stroić.

Z drugiego – to, że w Polsce na drogach były ronda, a ona nie wiedziała, co to takiego, bo w Stanach zaczęto je budować dopiero później.

Z trzeciego – to, jak sama nauczyła się na tatrzańskich stokach jeździć na nartach.

Czwarty raz przyjechała na pogrzeb Taty.

Od tego momentu to właśnie dla niego będzie przyjeżdżać do Polski. Tak jak teraz – w listopadzie 2017 roku, gdy jest tu po raz piąty. Po trzech latach od ostatniej wizyty ma okazję zobaczyć Giewont, tym razem ten prawdziwy. Na swój profil na Facebooku wrzuca zdjęcia z Czarnego Dunajca. Pod tym ilustrującym podhalański cmentarz w dniu Wszystkich Świętych pisze: „W końcu rozumiem, dlaczego mój Tata chciał być pochowany w Polsce. Słowa nie opiszą emocji i piękna tego doświadczenia". Pod drugim – tym z grobem Taty: „Właśnie minęły trzy lata, a ja tęsknię za Tobą każdego dnia".

– Nasza rodzina się zepsuła bez niego. On był ten główny, co nos trzymał sickich razem i bez niego to wszystko się tak rozpłynęło.

– Siłą rzeczy w Glenwood Springs wszystko z czasem się ułożyło. Prowadzenie hotelowego biznesu przejęła Basia razem z Mamą. Parker koło domu wędzi wędliny według receptur, które przekazał mu teść. Życie się toczy, bo nie ma wyboru. I tylko cały czas brakuje czasu na powroty do Polski.

– Dla mnie powrót do Polski na stałe nie ma sensu, bo ja ino znom Amerykę. Tu byłam urodzona i tu jest moje zycie. Ale zawse będę wracała do Dunajca. Zawse. Ja jestem góralka. Bardziej góralka jak Polka. Ja byłam urodzona z góralami, ja lubię gorzałkę pić. Jak słyszę góralskie muzykę, jak ktoś zacnie śpiewać i tańczyć, to cała się rusam, choć tańcować po górolsku nie umiem. Ale bym chciała po górolsku śpiewać. Dla mnie być góralem to znaczy być dobrym człowiekiem i nie robić krzywdy innym. I ciężko pracować. Ja jestem polska góralka. Ja nawet przez sen godom po polsku. I dobrze – przynajmniej Parker nie rozumie, co mówię.

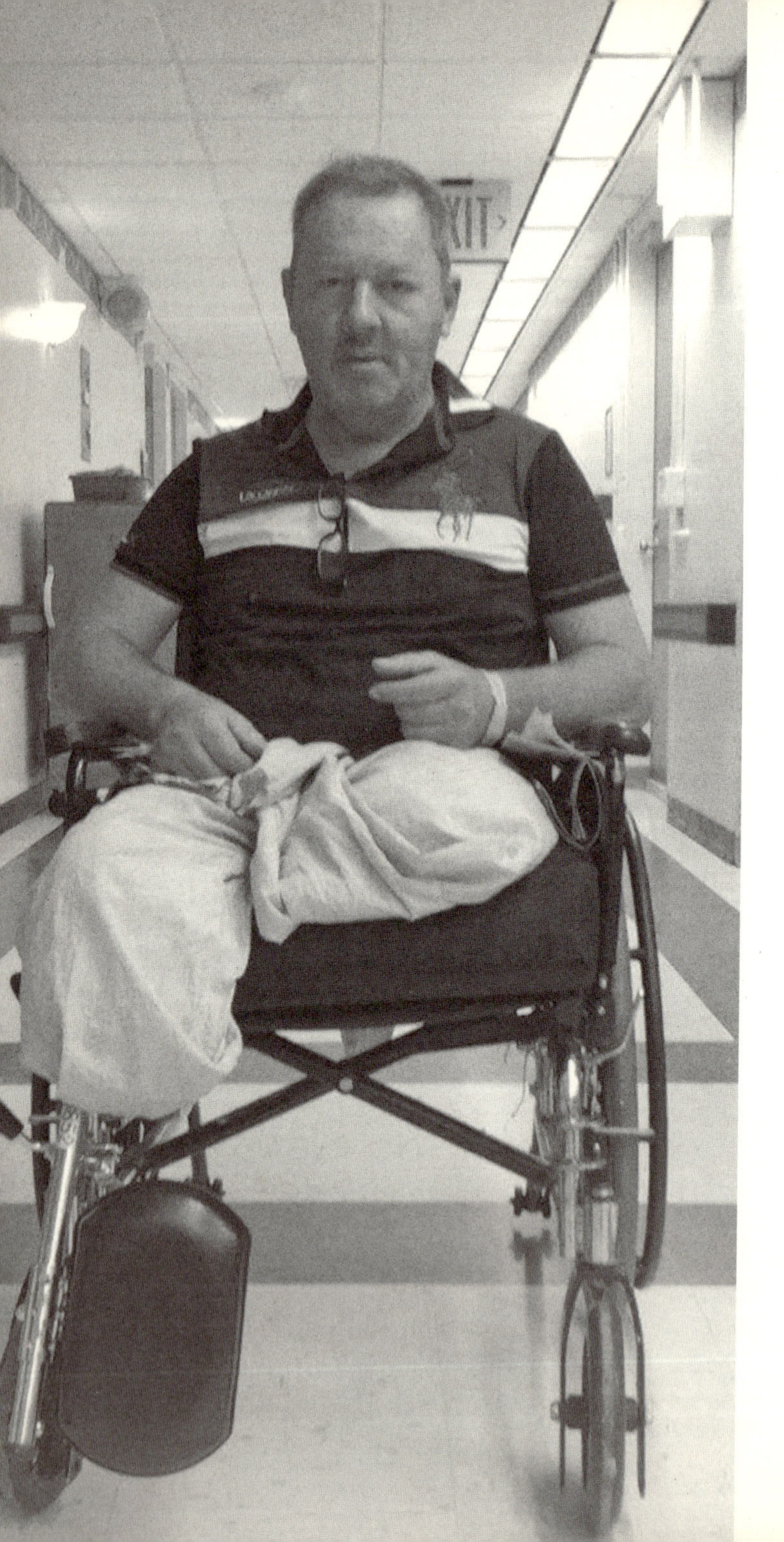

SIELTERT / ANSIELTERT

Tylko ty, tylko ty
Spełnić możesz moje sny.
Zabierz je ze sobą tam,
Gdzie jest wolność, gdzie jest miłość.
Tylko ty, tylko ty
Swoje serce oddasz mi.
Piękne chwile wrócą znów.
Znowu będzie tak, jak było.

– Proszę państwa, kolej na następny zespół. Tym razem będzie to zespół, który bardzo lubi oglądać... filmy! – zapowiada prezenterka o kędzierzawych włosach upiętych wysoko w kucyk. Z mrokiem wieczoru kontrastuje swoją jaskrawopomarańczową sukienką „lambadówą" na grubych szelkach. W połowie lat dziewięćdziesiątych każdy o takiej dziewczynie powiedziałby, że wygląda szałowo.

– I o miłości filmowej też śpiewa! – dopowiada towarzyszący jej konferansjer w o wiele za dużej marynarce, równie jak na tamte czasy obłędnej.

– Czyli po prostu grupa... DOMINO! – wykrzykują w ekstazie już razem.

Wtedy na scenę wchodzi on. Marek Żurobski, zwany Miśkiem. Dwudziestokilkulatek o urodzie powiatowego amanta. Na białą koszulę z krótkim rękawem założył sportową kamizelę w grube biało-niebieskie pasy. Czoło przewiązał bandanką w kropki – podobną do tej, w której jego kolega z zespołu Top One śpiewał rok wcześniej „Ole, Olek, wygraj, na prezydenta tylko ty!".

Po Mišku od razu widać, że to na scenie zaczyna się dla niego prawdziwe życie. Wszystko w nim buzuje. Jest cwaniaczkiem, lowelasem, którego kochają tłumy. A on kocha tłum:

– Uuuu! Kochani!!! – krzyczy. – Gdzie jesteście? Zaczynamy zabawę! To piosenka dla wszystkich, którzy uwielbiają TO robić w ostatnim rzędzie sali kinowej. – Mruga wymownie, by spuentować: – *Filmowa miłość*!

I zaczyna, a rozkochana publiczność razem z nim:

Tak kocha się tylko w filmach.
Rzeczywistość jest już inna.
Inny głos, inna twarz.
To nie jest to.
Oo.

– Prawdę mam mówić? – pyta cicho, gdy spotykamy się na Greenpoincie w Nowym Jorku dwadzieścia dwa lata po jego występie na pierwszym ogólnopolskim festiwalu disco polo w Koszalinie.

– Tylko prawdę.

Skoro mamy dzień, to znaczy, że jesteśmy w Starbucksie. Jak przystało na wielką, międzynarodową sieciówkę, kawiarnia skrzętnie wybrała nieinwazyjny podkład muzyczny mający potęgować u klientów rozkosz płynącą z pierwszego łyku cafè latte na odtłuszczonym mleku. Marek bywa tu bardzo często. Jako stały gość bez najmniejszych oporów wyjmuje z kieszeni telefon i na cały regulator zagłusza kawiarniane plumkanie jednym ze swoich hitów sprzed lat:

Jestem w tobie zakochany, już nie mogę poznać siebie.
Porzuciłem wszystkie plany, bo ja kocham tylko ciebie.
Ranek kwitnie nad polami, na wyznanie przyszła pora.
Jestem w tobie zakochany, nie od dzisiaj, nie od wczoraj.

Dzięki temu już wiem – Marek nie jest dziś w nastroju na teraźniejszość. Chce rozmawiać o przeszłości. O muzyce. O latach dziewięćdziesiątych, kiedy tak zwana muzyka chodnikowa za sprawą ledwie zauważalnego twista przepoczwarzyła się w umiłowane w polskich miastach i miasteczkach disco polo.

– Ja ze świata disco polo znam wszystkich. Oprócz młodych, bo tych już nie. Znam Zenka Martyniuka, Sławka z Bayer Full, chłopaków ze starego Milano (bo teraz jest już Milano nowe), z Top One. Tylko Shazzy nie lubię. Kiedyś graliśmy razem na koncercie, ona weszła do garderoby i już na starcie mówi: „Czy ty wiesz, kto ja jestem?". Taka była zarozumiała! Myślała, że jest królową. Ja sobie pomyślałem: „Mnie to gówno obchodzi, kto ty jesteś!".

Gdyby Marek pozostał w Polsce, być może byłby dziś osobowością na miarę swojego kolegi Zenka Martyniuka i on sam pewnie też się często nad tym zastanawia, skoro z taką dumą pokazuje mi swoje zdjęcie z przyjacielem, zrobione podczas jednej z tras koncertowych Zenka po Stanach. Może w innej, równoległej rzeczywistości to on ustawiałby się dumnie na Greenpoint Avenue, by pozować do selfiaków z fanami?

Marek wcześnie zaczynał; zanim wyjechał za ocean, zdążył już w discopolowym świecie porządnie osiąść. Na początku był zespół Mister, z którym nagrał kawałek *AAA 82*. Dziś chwali się tym, że kaseta *Przeboje dla Pana Młodego i Pani Młodej*, którą razem wydali, była pierwszą w Polsce kasetą disco polo, ale nikt nie jest w stanie zweryfikować, czy to prawda. Po Misterze grał w Drink Team („to bardziej techno niż disco polo") i Anonimie. No a potem to już w Domino.

Z tym ostatnim nagrał tylko jedną płytę. Prawdziwych przebojów – może z pięć. I tyle samo, nagranych często własnymi zasobami, teledysków.

– Jak robiliśmy teledysk, to puszczaliśmy muzykę z magnetofonu – „jamnika", a ja dawałem na plan swój samochód. Ten *07 Zgłoś się Cieślak* z nami czasami nagrywał. Był reżyserem. Ja z akordeonem chodziłem. Tu już bym nie grał, bo palce nie te.

Za pieniądze z koncertów Marek kupił mieszkanie w Białymstoku. Czterdzieści osiem metrów. Zwane „kiszką", bo takie wąskie. I jeszcze samochód – fiata regatę, ten sam, który potem odrabiał pańszczyznę, występując w teledyskach. Na koncertowego busa już nie starczyło – w trasy jeździli starym mitsubishi należącym do jednego z chłopaków z zespołu.

W sumie niedużo, bo wydawałoby się, że w latach dziewięćdziesiątych gwiazdorzy disco polo mogli dosłownie kąpać się w szampanie, i to wcale nie tym najtańszym. W sumie niedużo – jak na zespół, który podpisał kontrakt z największą wytwórnią disco polo w Polsce i którego nie mogło zabraknąć na żadnym festiwalu.

– Wytwórnie z nas wyciskały wszystko, co tylko mogły. Myśmy sprzedawali im prawa autorskie, a oni nam płacili jednorazowo tylko i dziękuję.

Mimo wszystko nadal nie byłoby na co narzekać, gdyby nie fakt, że pod koniec lat dziewięćdziesiątych disco polo zaczęło się Polakom najzwyczajniej w świecie przejadać. Przyszedł kryzys. Coraz więcej muzyków pakowało manatki i przeprowadzało się tam, gdzie kryzysu (ale i disco polo) brak. Do Stanów. Do normalnej, bardziej prozaicznej pracy, ale przynajmniej za dolary. Wyjechały chłopaki z Milano. Wyjechał Model MT. Marek pojechał za nimi. I o to chłopaki z grupy mają dziś do niego żal. O to, że zwiał.

– Udawałem, że wyjeżdżam na koncerty. Poszedłem do ambasady i dostałem wizę na granie. Ja wyjechałem do USA, a oni zostali. Tak naprawdę nigdy nie było tu żadnego koncertu.

Zespół Domino jeszcze przez chwilę koncertował z innym wokalistą. Chwilę później się rozpadł.

Marek koncertuje. Ale nie tak, jak by chciał.

Marka z czasów festiwalu w Koszalinie z Markiem współczesnym na pierwszy rzut oka nie połączyłby nikt. Z imprezowego chłopaka w kamizeli nie zostało absolutnie nic. Przez ostatnie dwadzieścia lat przybyło mu dobre dwadzieścia kilo. Zagubił za to coś, co można by określić jako „gadane". W tym, co mówi, nie ma bajery. Są nieśmiało i poczciwie wyrzucane z siebie monosylaby. Żeby czegokolwiek się o nim dowiedzieć, trzeba Marka ciągnąć za język.

Dlatego o teraźniejszości, na którą Marek nie ma dziś siły, wiem na razie tylko tyle, że sprowadza się ona do trzech nowojorskich adresów.

Adres pierwszy – kawiarnia Starbucks w pobliżu stacji metra Greenpoint Avenue. Tu spędza dnie.

Adres drugi – chodnik przed drogerią „Ziółko" przy Manhattan Avenue. Tu najczęściej koncertuje.

Adres trzeci – Samaritan Village – schronisko przy Myrtle Avenue. A właściwie to *sielter*, bo słowa „schronisko" naprawdę nikt a nikt tu nie używa. W *sielterze* Marek śpi.

I tak już od trzech lat, czyli od momentu, gdy zasilił grono nowojorskich bezdomnych.

Ze Starbucksa nikt Marka nie wyrzuci. Nawet nie z powodu amerykańskiej poprawności. Po prostu ani trochę nie wygląda na bezdomnego. Ma czyste ubrania. Jest ogolony. Nie nosi tobołów, tylko plecak. Pachnie perfumami Hugo Bossa. Codziennie zamawia kawę. Potem, przez kolejne godziny, czyta wiadomości z Polski na nowym modelu iPhone'a. Patrząc stereotypowo, nie da się nie myśleć o tym, że w całej tej Marka bezdomności absurd goni absurd. Marek chyba to widzi, więc wyjaśnia:

– Te perfumy to dostałem od znajomej. Wzięła rozwód i jej po mężu zostały, to mi dała. Prawie nówki: Prada i Boss. Psikam się nimi, to mi lepiej. A telefon dostałem od drugiej koleżanki, bo zmieniała iPhone'a na nowszego. Wszyscy mnie tu znają. Ja się daję lubić. Spokojny jestem, w awantury się nie wdaję. Dzielą się ze mną tym, czego nie potrzebują.

– Co jeszcze nosisz w plecaku?

– Pieniądze, okulary, kable, coś od deszczu, parasol i kaczkę do wysikania. W *sielterze* zostają ubrania i przybory toaletowe. Przez te trzy lata nauczyłem się, żeby wszystko mieć przy sobie, bo inaczej ukradną. Odkąd mieszkam w *sielterach*, ukradli mi już piętnaście telefonów. Co dostałem od kogoś, to kradli. W tym Samaritan Village, w którym teraz mieszkam, jest dobrze, bo mogę trzymać telefon przy sobie, przy łóżku. W innych kazali ładować na świetlicy i telefony szybko znikały. Tu mam nawet swoją szafkę zamykaną, mogę w niej trzymać swoje rzeczy. Trzymam tam też mój zestaw do karaoki, czyli po polsku karaoke. Jest malutki, więc się mieści. Jak gram, to mi służy jako podkład.

– Co śpiewasz do tego karaoke?

– Na przykład to, co ci przed chwilą puszczałem. Gdy jestem pod kościołem, śpiewam *Czarną Madonnę*. Gdy na chodniku na Greenpoincie – wtedy moje hity. I ruskie jeszcze śpiewam, bo ja po rusku rozmawiam normalnie. Mama się w Rosji urodziła, to potem mnie uczyła tego, czego nie nauczyli mnie w szkole.

– A po śpiewaniu co robisz?

– Wracam do *sieltera*. Około ósmej wieczorem. Nie błąkam się po ulicach, lepiej po ciemku się nie szwendać. Chociaż i w *sielterze* bywa różnie. Różne elementy tu mieszkają. Czasem narkotyków się nabiorą i szaleją.

– Dużo was tam mieszka?

– W tym moim sto sześćdziesiąt osób. Ciągle się zmieniają, nie mam tam żadnych przyjaciół. Jestem tam jedynym Polakiem. W *sielterze* nie ma miejsca na przyjaźń. To jest coś, czego mi brakuje.

– Zobaczyłam go, jak siedział na wózku, na greenpoinckiej ulicy, i od razu wiedziałam, że jest bezdomny. Miał złamaną parasolkę, więc oddałam mu swoją. Podeszłam do Marka i zapytałam: „Jak tam? Co słychać? Znasz mnie, Erykę?". Bo mnie tu wszyscy znają. A jeśli nie znają mnie, to często mają w kieszeni mój numer telefonu.

Eryka Volker to anioł nowojorskich bezdomnych, choć wcale być nim nie zamierza, bo lepiej się czuje, kiedy pozostaje w cieniu. Gdy chcą jej za zasługi przyznać medal, woli po odbiór umówić się w restauracji, zamiast błyszczeć na galach. Jak przystało na anioła, nie dowiemy się więc o niej wiele. Powie nam tylko, że w Stanach mieszka z rodziną od prawie pięćdziesięciu lat. Teraz jest już na emeryturze, ale w swoim amerykańskim życiu pracowała już i jako nauczycielka w szkole podstawowej, i jako modelka, i jako instruktorka tańca, i jako agentka nieruchomości. Od ponad dwudziestu lat jako wolontariuszka pomaga bezdomnym na Greenpoincie i Williamsburgu. Głównie tym *ansieltert*, czyli takim, którzy – w przeciwieństwie do Marka – wybierają życie na ulicy.

Prawdopodobnie nie ma choćby jednego, którego by nie znała. Jej numer telefonu od lat publikowany jest w polonijnych gazetach, wieszany na tablicach ogłoszeń w kościołach, rozdawany na ulotkach.

– Zasada jest taka: żyjesz na ulicy i potrzebujesz pomocy? Dzwonisz pod 311[1]. Ale jeśli nie możesz tam zadzwonić, bo nie mówisz po angielsku albo boisz się, bo jesteś w Stanach nielegalnie, wtedy dzwonisz do mnie. Możesz dzwonić o każdej porze. Wystarczy, że podasz nazwę ulicy, na której jesteś. A ja już załatwię pomoc.

Bezdomni lubią Nowy Jork. To jedno z tych miast, które wiele im daje, niewiele oczekując w zamian. Od dwunastu lat funkcjonuje tu program „Safe Haven", który pozwala bezdomnym spać w *sielterze*, nawet jeśli są pijani. Znosi też „godzinę policyjną", pozwalając wejść do środka o każdej godzinie dnia i nocy.

A Nowy Jork lubi bezdomnych. Tutejsi urzędnicy uwielbiają liczyć ich na wszystkie sposoby. Grupować i systematyzować: według płci, dzielnic, narodowości, rodzajów. Bo rodzaje bezdomnych w Nowym Jorku są dwa: *sieltert* (*sheltered*) i *ansieltert* (*unsheltered*). Marek jest *sieltert*, bo każdego wieczora karnie wraca do schroniska i tu ma swoją bazę. *Ansieltert* to jego przeciwieństwa – wolne ptaki, którym z żadnymi *sielterami* nie po drodze. – To jest ich wybór. – mówi Marek. – Im nie pasuje to, że w *sielterze* jest w pewien sposób ograniczona wolność. Jest zakaz tego, zakaz

---

[1] 311 – amerykański numer alarmowy dla osób potrzebujących schronienia.

tamtego – to im nie pasuje. No i przeważnie dają w palnik. Nie chcą żyć według reguł. A ja chcę.

W najzimniejszym miesiącu, czyli w styczniu, dokładnie dziś w nocy, nowojorskie służby jak co roku organizują wielkie liczenie bezdomnych. Tym razem tylko tych z rodzaju *ansieltert*, bo ich najtrudniej policzyć. Ci w schroniskach są zarejestrowani – wiadomo więc, że w całym mieście jest ich ponad sześćdziesiąt tysięcy. W tym Marek. Niezarejestrowani – *ansieltert* – skrywają swoje noclegowe bazy w bramach, na parkingach, w zaułkach, *subwayu*[2], za śmietnikami. To właśnie ich tysiące wolontariuszy z pięciu dzielnic Nowego Jorku będzie próbowało dziś znaleźć i policzyć, by sprawdzić, czy jest ich mniej, czy więcej niż w zeszłym roku. By ochotnicy nikogo nie przegapili, miasto podstawi udających bezdomnych statystów, którzy potem poinformują organizatorów, czy ktoś ich policzył, czy nie. Rok temu podczas liczenia *ansieltertów* doliczono się ich prawie czterech tysięcy, z czego na Brooklynie (do którego należy Greenpoint): trzystu sześćdziesięciu trzech.

Z powodu akcji w lokalnych rozgłośniach radiowych co i rusz słychać ekspertów od bezdomności. Mówią o tym, jak łatwo wylądować na ulicy. W ich wypowiedziach jak mantra przewija się myśl, że do amerykańskiego rynsztoka najczęściej spływa się strumieniem alkoholu.

– Słyszałaś o dzisiejszym liczeniu bezdomnych? – pytam Erykę.

– Słyszałam i uważam, że to bez sensu. Jak oni mogą ich liczyć, jeśli nie wiedzą, gdzie oni stoją, gdzie mają swoje kryjówki? To kogo oni liczą? Kiedyś służby ogłosiły z hukiem, że w Nowym Jorku jest bardzo niewielka liczba bezdomnych, a to przecież nieprawda. To liczenie do niczego im nie jest

---

[2] *subway* (ang.) – metro.

potrzebne. Muszą liczyć, żeby pokazać, że coś robią. Robią *sieltery*, robią liczenie. Ostatnio słyszałam, że po Nowym Jorku ma jeździć autokar, który będzie kąpał bezdomnych, pracowników fizycznych i *sex workers*. I że będą dawać majtki, skarpetki, przybory do golenia i ręczniki czyste. Do bani pomysł. W zimie nikt się nie będzie kąpał. To jest kosztowne i bezsensowne. Pozorne działania, bez żadnego pomysłu.

– System jest do kitu?

– Do kitu! Płodzą bezdomnych. Płodzą oszustów. Służby dbają o swoje prace, więc muszą utrzymywać bezdomność. Traktują bezdomnych jak *cockroaches*. Ten, co truje *cockroaches*, gdyby wszystkie wytruł, toby stracił pracę. I tu jest dokładnie tak samo. A bezdomni nie mają się komu poskarżyć. Ich nikt nie słucha, oni są tu traktowani gorzej niż jakaś mrówka.

– Co byś zmieniła?

– Choćby zasady panujące w *sielterach*. Żeby patrzyli na indywidualne przypadki. Ci idioci nie wiedzą, co robią. Malutkich, zastraszonych ludzi kładą na przykład spać koło recydywisty, który dopiero z więzienia wyszedł. Draba pod sufit, który mówi: dawaj papierosy, a jak nie masz, to każe ci portki ściągać i ostatnie dżinsy ci kradnie. Ktoś, kto tam pracuje, powinien chyba trochę wczuć się w ich położenie. Przecież Marek też tego doświadczył! Napadli na niego i w barbarzyński sposób wciągnęli go z wózkiem do sali. Jeden pilnował na korytarzu, czy nikt nie idzie, a drugi go pobił i okradł. A z drugiej strony – powinno się bezdomnym pokazywać, że mogą sami do czegoś dojść. Bezdomni powinni sami sprzątać te *sieltery*. Powinien być grafik ustalony, ekipa, która ich trenuje, bo to by była dla nich jedyna namiastka odpowiedzialności. A tak – nie mają nic – rzucają wszystko i idą jak cielątka na zewnątrz. Wracają, myją się, przeklinają, idą spać i tyle.

Marek powtarza, że choć wypić lubił – i w Polsce, i w Ameryce (a już szczególnie to na discopolowych baletach), to nigdy na umór. A ja nie mam powodu, żeby mu nie wierzyć. Myśląc o nim, wyobrażam więc sobie jakieś niezwykłe meandry losu. Skomplikowaną sieć złych decyzji i pecha, które wschodzącą gwiazdę disco polo doprowadziły na ulicę. Nie mogę uwierzyć, że cała jego historia jest aż tak prosta. Że wylądować na ulicy jest aż tak łatwo.

Zaczyna się od tego, że Marek Żurobski, syn organisty i księgowej z Podlasia, discopolowiec na uchodźstwie, rozpoczyna życie w Nowym Jorku. Nie ma wielkich oczekiwań. Bierze Amerykę taką, jaka jest.. I pracę też taką, jaka jest. Tym bardziej że nie zamierza tu siedzieć dłużej niż pół roku.

Z przydziału otrzymuje typową jak na tamte czasy ścieżkę kariery polskiego imigranta, nieznającego za grosz języka angielskiego: zaczyna pracować na dachach.

– Dzwonię raz stąd do mamy i mówię: „Mamo, ja pracuję!". A ona: „A ty umiesz?". Bo ja nigdy wcześniej nie pracowałem fizycznie.

Dla discopolowego lekkoducha utrzymanie się w takiej pracy to osiągnięcie na miarę rozbicia atomu. Pracuje z samymi Polakami u ukraińskiego szefa. Każdego dnia z Greenpointu zabiera ich na robotę busik. Jeżdżą na Long Island albo do New Jersey. Łatają dziury w szkołach i urzędach. Szesnaście godzin dziennie, sto tygodniowo. Jak nie przyjdziesz w niedzielę do pracy, to nie ma potrzeby, żebyś pojawiał się w poniedziałek, bo za karę cię nie wezmą. To nie „Vogue" ani nie Wall Street, a i tak sto innych osób przebiera nogami, by przejąć miejsce po tobie. Raz przychodzi inspektor mierzyć temperaturę – papa ma sto sześćdziesiąt stopni Fahrenheita, czyli ponad siedemdziesiąt jeden stopni Celsjusza. Taka informacja nic nie zmienia – robić trzeba. Przez pierwsze dwa tygodnie Marek myśli, że umrze. Potem się hartuje. Spędza na dachach siedemnaście lat.

Spędziłby i kolejne. Gdyby nie ta noga. Prawa.

– Co się stało z moją pracą? Zwolnili mnie, jak nie dałem rady robić. Któregoś dnia okazało się, że praktycznie nie mogę chodzić. Cały czas mnie ta noga bolała. Pamiętam dzień, kiedy nie dawałem rady już nic udźwignąć, i szef Ukrainiec powiedział mi: „Ty się w ogóle nie nadajesz do roboty. Do widzenia". To nie był cham, po prostu nie miał wyboru. Na początku nie było dramatu. Boli, to boli. Nie ma roboty, to nie ma. Miałem jakieś zaoszczędzone pieniądze, brałem lżejsze prace, malowania i inne takie. Mama, jak mogła, to wysyłała raz na jakiś czas po sto dolarów. Starałem się, naprawdę bardzo. Ale nie dało się na dłuższą metę.

Ta noga zaczęła mi coraz bardziej puchnąć, więc doczołgałem się do szpitala. Nie doszedłem, tylko się doczołgałem. Normalnie plecak za sobą wlokłem, bo nie dawałem rady go nieść. W szpitalu najpierw próbowali mi udrożnić naczynia krwionośne, ale się nie udało. W nogę wdała się gangrena, musieli mi ją uciąć. Na wysokości łydki.

Bolało tak, że nie dawałem rady leżeć. Nie bolało tylko, jak siedziałem. Prawie miesiąc w tym szpitalu spałem na siedząco. Wróciłem do domu.

I wtedy landlord mnie wywalił, bo nie miałem z czego mu płacić za mieszkanie.

To była jesień 2016.

Złote liście tańczą w słońcu ponad miastem.
W złotych liściach nasze lato cicho zgaśnie.
Nie uciekniesz przed jesienią, nie marz o tym.
Jesień śni się tylko liściom, liściom złotym.

Swoje pierwsze trzy noce jako bezdomny Marek spędza w parku na Nassau. Trochę się boi, ale jest przygotowany. Przed chłodem jesieni chroni go koc – jedna z niewielu rzeczy, które zabrał z domu. Torbę z całym dobytkiem umieszcza pod głową, żeby chociaż tego nikt mu nie ukradł.

– Takie wylądowanie na ulicy to jest najgorsza chwila w życiu. Gdy nie wiadomo, co będzie dalej. Leżałem, patrzyłem w niebo i myślałem o tym, co to będzie. Przemyślałem sobie na tej ławce całe swoje życie.

Na parkowej ławce Marek albo śpi, albo popada w skrajności. Raz ma pustkę w głowie, raz obmyśla plan B. Ani przez chwilę nie panikuje. Częściej chyba myśli o tym, jak teraz żyć bez nogi, niż o tym – jak to będzie bez domu.

– Nie załamałem się, chyba tylko dlatego, że kiedy leżałem w szpitalu, to przyszedł do mnie wolontariusz. Gdyby był w długich spodniach, tobym się wcale nie kapnął, że on też nie ma nogi. Że on protezę ma. Normalnie chodził bez niczego! On mi powiedział: zobacz, wróciłem do pracy. I to mi pomogło. Uwierzyłem, że ja też będę mógł normalnie żyć.

Po trzech dniach koczowania pod gołym niebem Marka znajduje lokalny *streetworker*. Też Polak. I też kiedyś bezdomny. Zachęca go, żeby przeniósł się do *sieltera*, a Marek tę zachętę przyjmuje z ulgą. Wkrótce ludzie, z którymi naprawiał dachy, zrzucają się na zakup protezy dla niego.

Eryka lubi mówić, że jest jak producent rolls-royce'ów, który jedzie po *highwayu* i każdego rolls-royce'a zauważy. Ona ma tak z bezdomnymi – też każdego dostrzeże. Sama po nowojorskich *highwayach* porusza się eleganckim nowym SUV-em. Jej ubiór – jak przystało na anioła, zazwyczaj biały – subtelnie podkreśla wytworność i zamożność. Na pierwszy rzut oka Eryka więc ani trochę do świata bezdomnych nie pasuje. Mimo że w rzeczywistości pasuje jak ulał. Zastanawiam się, czy zawsze było jej tak łatwo. Czy kiedykolwiek bała się ludzi, którym pomaga.

– Bałam. Nie tylko ja. Również mój młodszy syn, który – gdy zaczynałam działać jako wolontariuszka – chodził jeszcze do szkoły podstawowej. Kiedy pierwszy raz poszłam zajmować się w nocy bezdomnymi w *sielterze*, dał mi atrament w rozpylaczu i powiedział: „Mamusiu, jeśli bezdomny będzie chciał cię zaatakować, to go opryskaj tym, żeby inni wiedzieli, że jest niedobry".

– Kiedykolwiek ci się ten atrament przydał?

– Nigdy. Raz tylko, wiele lat temu, był jeden polski chłopiec. Bardzo pijany, źle się zachowywał w *sielterze*, więc powiedziałam mu, żeby się lepiej zbierał, zamiast psocić. A on rozbił butelkę o chodnik. Nosił ksywkę „Czerwony Janek", bo miał zawsze czerwoną twarz. Wtedy trochę się wystraszyłam.

– I to wszystko?

– Wszystko. Wiem jedno. Z nimi jest bardzo bezpiecznie, bo zawsze będą cię bronić. Jakby w całej tej grupie bezdomnych któryś ci coś powiedział, toby mu się oberwało. Słownie i fizycznie. Nigdy więc nie było przypadku *ever*, żeby był jakiś *insult*[3] w stosunku do mnie. Oni nie są niebezpieczni. Jeśli się ich traktuje jak ludzi, to oni są jak ludzie.

– Jak trafiłaś do ich świata?

– Tak, że jestem osobą bardzo wierzącą. Uważam, że jesteśmy równi w oczach Boga, a naszym obowiązkiem jest pomoc drugiemu człowiekowi. Najpierw więc zamierzałam być wolontariuszką w szpitalu, ale tam mnie nie chcieli, bo myśleli, że mam w tym jakiś ukryty cel. Wtedy mer Nowego Jorku Ed Koch zainicjował projekt, który nazywał się „Partnership for the homeless"[4] i ja się do tego przyłączyłam. Polegało to na tym, że przywozili z Manhattanu, ze stacji Grand Central, autobusem *homeless* ludzi na wieczór na

---

[3] *insult* (ang.) – zniewaga.

[4] „Partnership for the homeless" – Partnerstwo dla bezdomnych.

nocleg. Do synagog, szkół czy do podpiwniczeń kościołów. Tak dwa–trzy razy na miesiąc. Chodziło tylko o to, żeby ci, którzy żyją na ulicy, mieli gdzie spać zimą. Byłam w *night team*[5] w jednym z kościołów na Queens. Spałam przy nich i na rano, na piątą robiłam im śniadanie, żeby nie wrócili na ulicę głodni. Mieli gdzie się ubrać, gdzie się umyć. Taki nocleg to było dla nich niesamowite przeżycie, bo przecież przez trzy czwarte roku nie spali na łóżkach, tylko gdzieś w kucki albo na siedząco. Ty wiesz, jak bezdomne kobiety w nocy piszczały z bólu, bo je kurcz łapał? Po kilku latach ten program jednak zamknięto, a my byliśmy gotowi dalej pomagać. Tym bardziej że to się zbiegło w czasie z tygodniem, w którym na ulicy zamarzła trójka bezdomnych: jedna kobieta w pudełku po lodówce, ktoś tam w parku i jeszcze ktoś trzeci.

– Polacy?

– Polacy. Jak ta trójka zamarzła, to ja musiałam iść zidentyfikować ciała. Nie chciałam, żeby to się powtórzyło. Otworzyliśmy więc z wolontariuszami własne miejsce. Taki tymczasowy *sielter* na Greenpoincie. Po prostu, żeby nikt więcej nie zamarzł w zimie. To było przy kościele Świętego Antoniego. On nie był tylko dla Polaków, ale przychodzili do nas w większości Polacy, bo to w końcu Greenpoint. Ścinaliśmy im włosy – były w bardzo złym stanie. Stałam po kostki w chlorku rozlanym na podłodze i ich goliłam. Niektórym wszy aż kanały w głowie wydrążyły. Rozlewaliśmy ten Clorox po całej podłodze, bo oni lubili na bosaka chodzić – to było dla nich przyjemne, jak się nachodzili cały dzień w butach. Sprawdzaliśmy, w jakim są stanie, czy są szczepieni, czy nie mają gruźlicy. Wszystkich znaliśmy, a oni znali nas i wiedzieli, że jeśli temperatura jest poniżej dwudziestu pięciu stopni Fahrenheita, to robimy dla nich nocleg u Świętego Antoniego.

---

5 *night team* (ang.) – nocny zespół.

– A jak kogoś brakowało?

– To od razu wsiadałam w samochód i jeździłam po ich zakamarkach i bazach, żeby go szukać. Często oni sami pilnowali siebie nawzajem. Tłumaczyłam im, że są odpowiedzialni za to, żeby ich kolega nie zamarzł. Jednego dnia śnieg straszny padał, ja zajechałam do miejsca, gdzie często przebywali bezdomni, patrzę – a tam taka wielka zaspa śniegu. W pierwszej chwili pomyślałam: zaspa to zaspa, ale coś mnie przy niej zatrzymało. Zaczęłam kopać w tym śniegu, aż nagle usłyszałam buczenie. Zajrzałam i krzyczę: „Mikołaj, to ty?!". Ledwo już mówił i odpowiedział tylko: „Dzwoń po pogotowie". Nie wyobrażam sobie, żeby on do rana przeżył pod tym śniegiem. Drugiego – takiego Kozła – zgarnęłam z tego przystanku przed Starbucksem. Gdy go znalazłam, nie mógł się już ruszać. Ani wstać, ani mówić. Zamarzłby na siedząco. Trzeciego – który miał ksywę Cygan – zawołałam, gdy szedł przez Greenpoint Avenue. Krzyczałam do niego: „Leć do *sieltera*, otwarty dziś jest!". Biegł, ile tylko miał sił w nogach, bo miał leciutką skórzaną kurtkę i jeszcze był posikany. Był taki zmarznięty, że ledwo leciał. Nie można go było do ładu doprowadzić, tak się trząsł. Nie pomagała nawet gorąca herbata. O trzeciej rano zabrała go karetka do szpitala.

– Zapamiętali ci to?

– Jakiś czas później, gdy akurat z polskim konsulatem załatwialiśmy bezdomnym paszporty, Cygan pojawił się w *sielterze* znowu. Przyszedł mi podziękować za to, że go wtedy zgarnęłam. Dla takich chwil warto żyć.

Proteza, którą Marek dostał od kolegów, leży dziś zamknięta w szafce w *sielterze*, obok zestawu do karaoke. Nie przydaje się z prostego powodu. Hasło „nieszczęścia chodzą parami" w biografii Marka oznacza mniej więcej tyle, że los zabiera mu to, co parzyste. Już mieszka w *sielterze*, jeszcze nie nauczył się dobrze chodzić z protezą, a już – rok po utracie prawej nogi – zaczyna go boleć lewa i ją też trzeba amputować. Powyżej kolana.

– Kiedy wyszedłem ze szpitala, to dopiero zaczął się dramat, bo mi nic nie pokazali, jak sobie teraz radzić bez obu nóg. Nie miałem żadnej rehabilitacji. Wypisali mnie i radź sobie. Jak mi ucięli pierwszą nogę, to się podpierałem drugą i jakoś to było. A bez dwóch to jak? W sielterze za każdym razem musiała przyjeżdżać karetka, żeby mnie na kibel posadzić. Dopiero potem dali mi taką deskę, po której mogę się zsuwać na ubikację i pod *szałer* wchodzić. Zwykła deska, a życie mi ratuje. Teraz jest dobrze.

Uśmiecha się.

Gdy następnego dnia budzę się z myślą, że Marek swoje życie urządził sobie – jak na okoliczności – w miarę praktycznie, spotykam go na ulicy udręczonego jak nigdy.

– Winda w *sielterze* się zepsuła, a ja mam łóżko na drugim piętrze. Nie mogłem wjechać na górę. Musiałem spać na parterze przy schodach.

– Nikt nie zaoferował, że cię wniesie po schodach?

– A kogo to obchodzi, że ja nie mam jak spać?

Od rana więc za pomocą kawałka grubej gumy Marek próbuje rozruszać zastałe po nocy mięśnie ud. Ewidentnie nie ma dziś siły. Nawet na wózku elektrycznym (kolejnym prezencie od znajomej – tej samej, która sprawiła mu zestaw do karaoke) porusza się wolniej niż zwykle. Na szczęście nie mamy daleko – jakieś trzysta metrów do Starbucksa, nie więcej. O wpół do trzeciej Marek ma badania w klinice na Greenpoint Avenue i pozwala mi sobie towarzyszyć. Do lekarza może chodzić za darmo, choć nie ma ubezpieczenia. Płaci za niego miasto. W poczekalni przychodni Mount

Sinai Heart – ani trochę nieróżniącej się wystrojem od każdej innej na świecie – czekamy na swoją kolej. Ledwo Marka słyszę – jego głos przebija się przez wokalną wieżę Babel – oprócz nas czekają Meksykanie, Portorykańczycy, Rosjanie, Ukraińcy.

Znów sięga po telefon, w którym czule gromadzi dwie rzeczy dla siebie najważniejsze: wspomnienia i marzenia. Wspomnienia to te, które puszczał mi w Starbucksie na cały regulator. Marzenia – płyną teraz z filmiku na YouTubie. Reklama profesjonalnej protezy nogi Otto Bock – może nie lamborghini, ale co najmniej audi wśród protez. Ten czterdziestosekundowy spot Marek pokazywał mi już z dziesięć razy. Chętnie zobaczę go po raz jedenasty, bo ze wszystkich tematów świata to ten jest dla niego najważniejszy.

– O, taką protezę będę miał! Ona jest taka, jakbym miał dziewięćdziesiąt procent swojej nogi. Jest ładowana do prądu. Będzie gotowa w miesiąc, tylko najpierw muszę na nią zarobić. Kosztuje dwadzieścia tysięcy dolarów. Ale jak będę ją miał, to się ta proteza drugiej nogi – ta, co ją dostałem od kolegów – też w końcu przyda, bo będę miał jak się nauczyć na niej chodzić. Tylko te pieniądze muszę zebrać.

W ciągu ostatniego pół roku na ulicznym śpiewaniu Marek zarobił pięć tysięcy dolarów. Zostało piętnaście. Najwięcej zgarnia w niedzielę pod kościołem – bywa, że *Czarna Madonna* jest warta trzy stówki, i to jednego dnia. Gdy na dworze brzydko – nie zarabia nic. Do wózka przypiął zalaminowane karteczki – po polsku i angielsku. Z informacją, po co to wszystko. Spina się w sobie, nie frustruje. Nawet wtedy, gdy podczas jednego z polonijnych koncertów Zenek Martyniuk postawił skarbonkę, by ludzie wrzucali datki. A potem się okazało, że ktoś tę skarbonkę zawinął.

– Muszę mieć tę protezę. Muszę być sprawny. Muszę być sprawny i z protezą wrócić do Polski. Muszę mieszkać w Białymstoku. Śpiewać, grać, być stróżem, wszystko jedno. Nie mogę zamieszkać z mamą i być zdanym na jej łaskę, bo na wsi to ja żadnej roboty nie znajdę.

Nie ma czasu rozwinąć tej myśli, bo wzywają nas na badania. Najpierw ukraiński doktor robi Markowi USG naczyń krwionośnych. Stamtąd kieruje go do lekarza pierwszego kontaktu – doktora Ossamy Samuela, który już od dawna czuwa nad zdrowiem Marka. Zna historię jego chorób. Od uciętych z powodu zapchanych tętnic nóg po problemy z tętnicami szyjnymi i grzbietowymi, które w ostatnich miesiącach zaczęły się zapychać, i stąd nasza dzisiejsza wizyta. Doktor zaczyna. Mówi wolno, prosto i bardzo wyraźnie, ewidentnie ma świadomość, że fachowa terminologia na nic się tu nikomu nie przyda.

– Dziś dobre wieści. Wczoraj byłem bardzo zaniepokojony, bo widziałem, że jedna tętnica na twojej szyi nie jest ani trochę drożna. Dziś jednak okazało się, że w pozostałych jest przepływ. Neurolog chciałby, żebyś zrobił jeszcze tomografię, która da nam odpowiedź, czy możemy taki stan rzeczy pozostawić i czy nie będzie miało to wpływu na pracę twojego mózgu. Już dziś jednak podwyższę ci dawkę leku na obniżenie cholesterolu. Nikt chyba ci wcześniej nie wyjaśnił, jak się znalazłeś w takim położeniu, w jakim teraz jesteś. Znalazłeś się w nim z powodu twojego cholesterolu!

– Lekarze mówią mi, że mam tętnice jak beton zalane. Krew mi do mózgu dochodzi tylko tyłem głowy. To podobno genetyczne sprawy, ale nie wiem – mówi mi Marek jeszcze w gabinecie, jakby nie miał pewności, czy zrozumiałam wszystko z wykładu doktora Ossamy. – Mój dziadek młodo zmarł, miał pięćdziesiąt lat. Ojciec zmarł, jak miał pięćdziesiąt pięć. Ja bym chciał chociaż do sześćdziesiątki dociągnąć.

Gdy wychodzimy, zamyśla się i mówi, chyba bardziej do siebie niż do mnie:

– Jeszcze swojego nie odpokutowałem.

Kochana ma, kochana ma,
To zakochany chłopak znów dla ciebie gra.
Kochana ma, kochana ma,
Może ożyją piękne chwile – te sprzed lat.

– Prawdę miałem mówić, tak? Prawda jest taka, że ja tu, do Ameryki, uciekłem z inną kobietą.

Swoją żonę Elę Marek poznaje na wiejskiej zabawie. Trochę młodsza, zgrabna, miła. Tak miła, że trzeba gwałtownie przyśpieszać koleje losu – brać ślub, bo Ela jest w ciąży. Ma wtedy dziewiętnaście lat, Marek – dwadzieścia cztery. Rodzi im się córka, po czterech latach – kolejna. Rodzinna machina funkcjonuje prosto i tradycyjnie: Marek koncertuje, Ela zajmuje się domem.

– Ja zawsze na gotowe przychodziłem. Wszystko było na głowie żony. Każdy weekend mnie nie było, bo jak nie festiwale, to odpusty. A jak nie odpusty, to wesela. Chciałem się wyszumieć. Oczywiście „zupełnie przypadkiem" każdy wyjazd mi się przedłużał. Jak wyjeżdżałem z domu w środę, to wracałem dopiero w następny wtorek. Koncert, impreza, hotel. Koncert, impreza, hotel.

– A w hotelu?

– Wiadomo co. Gdzie strona, tam żona. Jak marynarz. Fanki same pchały się do łóżka. Ela od początku wiedziała, że latam na boki. Wytrzymywała, ale do czasu.

– To na koncertach poznałeś kobietę, z którą uciekłeś do Stanów?

– Nie. Iwonę poznałem jeszcze wcześniej niż żonę. Znaliśmy się z technikum rolniczego. Gdy mieliśmy romans, ona też była już po ślubie. Na początku byłem w niej zakochany. Postanowiłem z nią uciec, bo myślałem, że z nią będzie mi w życiu lepiej. Ale tutaj było to samo. Też wszystkie moje grzeszki brały górę. Też chodziłem na boki. Chyba mam słabą silną wolę.

Z Elą Marek był przez siedem lat. Z Iwoną tyle samo. Z Elą ma dwie córki. Z Iwoną trzecią córkę, która właśnie kończy *high school*. Córki z Polski przez całe lata nie chciały z nim rozmawiać. Teraz, podobnie jak ich mama, mówią: „było, minęło". Zaoferowały pomoc, gdy już wróci do Polski. Niedawno jedna z dziewczyn poinformowała Marka, że został dziadkiem. Z amerykańską córką spotyka się na mieście. Rozmawiają o tym, jakie studia powinna wybrać – myślą o medycynie.

– Nie tęsknię za tym życiem, które prowadziłem w Polsce, bo było niedobre. Teraz żyłbym inaczej. Praktycznie wszystko bym zmienił. Nie chodziłbym na prawo i lewo. Jedna żona. Jeden dom. Dopiero teraz to doceniłem. Wiesz, o czym przede wszystkim myślałem przez te pierwsze trzy noce, gdy spałem na tej ławce w parku? O tym, że to wszystko jest kara za moje grzechy. Dziwię się, że dziewczyny mi wybaczyły.

– A ty sobie wybaczyłeś?

Marek nie odpowiada. Płacze. Kręci tylko głową, żebym wiedziała, że nie. Że nigdy.

– Marek wróci do Polski. Jestem tego pewna – mówi z przekonaniem Eryka, gdy pijemy kawę w McDonaldzie na Greenpoincie. – Wyjdzie na prostą i będzie szczęśliwy, bo jest człowiekiem Boga. Jedynie wiara może zdziałać cuda, nic innego. Ja jestem tylko pomocnikiem.

Pytam Erykę, czy czuje się odpowiedzialna za „swoich" bezdomnych.

– A dlaczego mam się czuć? Jeśli ktoś zgłosi się po pomoc, to się martwię o niego, będę pomagać i nie porzucę go. Będę jak pitbull – dzwonić, wspierać, dawać mu odczuć, że ktoś się o niego troszczy. Ale gdy pomogę, to zamykam rozdział i idę pomagać dalej.

– Zdarzyło ci się powiedzieć: „Chłopie, jesteś młody i zdrowy, weź się do roboty"?

– Mam taki system już od bardzo dawna. Gdy widzę w *sielterze* kogoś, z kogo jeszcze coś będzie, to podchodzę i po cichu mówię: „Słuchaj, spierdzielaj z tej grupy, ty tutaj nie należysz. Co ty tutaj robisz?".

– Skutkuje?

– Tak! Sama natknęłam się w gazecie na artykuł o chłopaku, który opowiadał o swojej przeszłości i o tym, że wszystkich bezdomnych z Greenpointu znał. I nagle czytam, że on mówi: „Jedna z tych, co tam pomagają, przyszła do mnie i pyta: »Co ty tu robisz?«, a ja poczułem się, jakby młotem mnie coś uderzyło". I przestał. Wziął się za siebie. Wyszedł z tego. Nie masz pojęcia, jaka to radość!

– Łatwo jest w Ameryce wylądować na ulicy?

– Oczywiście, że tak. W Polsce zazwyczaj jest rodzina. Jak coś się wali, to zawsze jakiś dalszy kuzyn się znajdzie, który pozwoli ci się przespać choćby w oborze. A tutaj nic – na ulicę i koniec. Poza tym jest bariera językowa, bo większość od początku przyjazdu do Stanów pracuje, więc nie ma czasu nauczyć się języka. Jedna kobieta mieszkała tutaj przez trzydzieści trzy lata i nie nauczyła się słowa po angielsku. Związała się z mężczyzną o dziesięć lat młodszym, który ją oszukał. Wykradał jej co miesiąc po pięć tysięcy dolarów z konta, aż w końcu wybrał wszystko. I tak trafiła na ulicę. Miała wtedy osiemdziesiąt trzy lata, więc w tym szoku latała w szlafroku po Greenpoincie. Jeden z naszych wolontariuszy pobiegł przynieść jej jakieś ciuchy, bo nie miała nic. Gdyby znała angielski, toby sobie załatwiła emeryturę, bo w tym wieku już jej przysługiwała.

A tak – została z niczym. Była całkowicie *depend*[6] od tego człowieka – oszusta. Odesłaliśmy ją do Polski, do MOPS-u we Wrocławiu.

– To najlepszy sposób? Wysyłać ludzi z powrotem do kraju?

– Najlepszy. Bo to jest zmiana *surrounding*[7]. W Polsce nie ma „kolegów". A jest odpowiedzialność przed rodziną. I wstyd. To wszystko się składa na to, że człowiek chce stanąć na nogi. Bo nieraz do zmiany potrzebny jest szok. Wiele osób w Polsce nie ma nawet pojęcia, że ich bliscy w Nowym Jorku żyją na ulicy. Bo tamci wstydzą się powiedzieć. Dlatego tutaj używają ksywek. Wszyscy. Co do jednego. Wstydzą się tego, że stracili pracę, nie wysyłają bliskim żadnych pieniędzy, więc zrywają kontakt. Ale jeśli rodzina by wiedziała, jak oni tutaj żyją, to niejedna matka, brat czy siostra krzyczeliby „wracaj!".

– Chętnie wracają?

– Bardzo chętnie. Raz leciałam do Polski i zabierałam ze sobą trzech bezdomnych – dwóch stąd, a jednego z Pensylwanii, bo konsulat mnie poprosił, żeby nie leciał sam. Akurat kupowałam bilety lotnicze na Greenpoincie, patrzę – a tam jeden taki bezdomny, niedowidzący, się kręci. Pytam go: „Gdzie mieszkasz?". On mówi, że tu na rogu w kąciku cichym, żeby go nikt nie widział. Pytam: „Kogo tam masz w Polsce?". A on mówi, że matkę. A że starszy już był, to ja na to: „Mama żyje?! To jak to ma być, żebyś ty jej tyle lat nie widział?". I on się wtedy rozpłakał. Podał telefon do siostry, oczywiście chciała, żeby wrócił. Zrobiliśmy mu w *sielterze* wieczór pożegnalny. Chłopaki mu śpiewali *Góralu, czy ci nie żal?*, bo on góral był. I nagle jeden

---

6 *depend* (ang.) – zależny.

7 *surrounding* (ang.) – otoczenie.

z chłopaków – taki dwudziestoczteroletni Stefan – mówi mi, że on też chce wracać.

– Na Stefana też ktoś w Polsce czekał?

– I to jak! Te telefony do krewnych są niesamowite! Dzwonię do jego matki i mówię, że Stefan tu ze mną jest i chciałby wrócić. A matka już męża woła i zaczynają mi opowiadać, że oni go szukają wszędzie. I że każdemu, kto do Ameryki jedzie, też każą go szukać. Nie mogli uwierzyć, że to prawda. Że ich Stefan żyje.

– Dlaczego taki młody chłopak wylądował na ulicy?

– Zakochał się tutaj i to nie poszło dobrze. Przyjechał do jakiejś dziewczyny, a jak z nim zerwała, to się załamał. Na lotnisku w Rzeszowie odbierał go ojciec. Po drugiego bezdomnego przyjechała siostra z mężem. A trzeciego podwoziliśmy do domu my, bo nikt się po niego nie zjawił. Zapytałam, co go skłoniło, żeby wrócić. Odpowiedział mi: „Przestraszyłem się, bo mój kolega zapił w nocy, zmarzł, a jak się obudził, to się okazało, że mu szczur odgryzł palce u rąk".

– Ilu bezdomnych już odwiozłaś do Polski?

– Osiemnastu.

– Kto za to płaci?

– Nieraz pomaga konsulat, a potem wszystko spłacane jest w Polsce. A nieraz... trzeba po prostu kupić i już. To jest ratowanie życia, więc w tym momencie nie patrzy się na nic, tylko daje kartę kredytową i kupuje bilet.

Kilka miesięcy później, gdy właśnie kończę pisać opowieść o Marku, dostaję od niego wiadomość. W wiadomości zdjęcie: Marek na wózku – o wiele szczuplejszy niż w momencie, gdy widziałam go ostatni raz. O wiele bardziej „wystylizowany" – w bejsbolówce i ciemnych okularach przeciwsłonecznych. Do nóg przymocowane ma dwie protezy. Jedna to ta, którą dostał od kolegów z budowy i która przez trzy lata leżała zamknięta w szafce w *sielterze*. Druga – to ta umiłowana: Otto Bock za dwadzieścia tysięcy dolarów.

Całą sumę udało się zebrać tak szybko dzięki serii imprez charytatywnych, które miłośnicy disco polo zorganizowali w nowojorskich klubach. Widzę filmik z jednej z nich i nie mogę się nie wzruszyć, bo na nich Misiek prawie jak sprzed lat. Siedzi na wózku na środku dużej sali w gangsterskim kapeluszu à la Capone i śpiewa o filmowej miłości. A calutka sala śpiewa razem z nim, bawiąc się, jakby jutra nie było.

W środę 23 maja Marek ma w szpitalu zacząć kilkumiesięczny proces nauki chodzenia na nowej protezie. Ostatni etap przed wymarzonym i wyczekanym powrotem do Polski.

Dzień wcześniej – we wtorek 22 maja – potrąca go na pasach ogromna ciężarówka.

Pogruchotany do ostatniej śrubki wózek inwalidzki wyciągają spod auta ratownicy medyczni. Zaraz po wózku wydobywają Marka i nie mogą uwierzyć w to, co widzą. Przeżył. Nic sobie nie połamał. Jest tylko mocno poturbowany, musi nosić na szyi kołnierz ortopedyczny.

I tylko te uda – też całe, ale nie wiadomo dlaczego spuchły tak bardzo, że nie mieszczą się w protezy.

Naukę chodzenia odłożono na lepsze czasy.

Jeszcze nie odpokutował.

KĄCIK MARIANNY

Kiedyś przyjechała tu Sośnicka. Do restauracji Orbit – tej, co to w niej Violetta Villas brała ślub. Weszła na scenę, śpiewa, a tu ktoś podchodzi do niej i mówi: „Skoro ty taka wielka Sośnicka jesteś, to mi zaśpiewaj *Szła dzieweczka do laseczka*!".

Chyba nie zaśpiewała, ale to jest szok dla piosenkarki, która w Polsce ma taką sławę, klasę i renomę, że ktoś tu jej mówi, żeby to zaśpiewała, prawda?

Gdy za dużo wokół się dzieje – słyszę buczenie.

Gdy jestem zdenerwowana – słyszę huk.

Gdy jestem zmęczona – słyszę szum.

I dopiero gdy wieczorem porozmawiam z Marlenką i pogłaszczę kota, to wreszcie słyszę ciszę.

Mam w sobie trochę żalu. Czasem myślę, że trochę, a czasem, że dużo. Gdy myślę, że bardzo dużo, wtedy właśnie słyszę ten huk. Ale czasami to tak siadam i się zastanawiam: a może po prostu *I was born upset*[1]?

Miecio – mąż mój – mi mówił, że ja w Stanach też będę śpiewać, jak Krawczyk czy Kasia Sobczyk. Ale ja wiedziałam, że

---

[1] *I was*... (ang.) – urodziłam się smutna.

Polak to do Ameryki jedzie sprzątać, a nie występować. I dlatego wcale się nie zdziwiłam, że od razu po przyjeździe wylądowałam na „domkach". Czy się bałam? Ani trochę. Dookoła wszyscy tylko: „Gdzie tam, Marysiu (bo ja jestem Marianna, to tylko bliscy mnie zdrabniają na Marysię albo Marylkę), ty do sprzątania, jak ty taka delikatna?". Ja im na to mówiłam, że bez przesady. Że ja nie jestem do roboty? Ja umiem wszystko! Jak mi ktoś kiedyś jeszcze w Polsce powiedział, że nie umiem żyć na wsi, to kazałam mu przyprowadzić krowę i na jego oczach ją wydoiłam.

Tę delikatność jednak i tak wszyscy dookoła widzieli i mnie od razu dyskwalifikowali. „Zbyt subtelna na taką robotę".

Pierwszego dnia agencja zatrudniająca polskie sprzątaczki wysłała mnie do wspaniałego domu w *downtown* Chicago. Wchodzę, a tu wszystko takie nowoczesne, wysmakowane! Taki przepych! Taki blichtr! Na środku kuchni wielki worek, niezwykle pięknie zawiązany! Tak kreatywnie, z pomysłem. Cóż to za awangardowa rzeźba! – pomyślałam, biorąc się do roboty. Cały czas się zastanawiałam, co jest w środku i co to za element aranżacji. Jak już wszystko wysprzątałam i byłam z siebie zadowolona, to zadzwoniła szefowa z awanturą i powiedziała, że mnie zwalnia. Właściciel nie zapłacił za moje sprzątanie, bo ten worek był po prostu workiem na śmieci, który miałam wynieść. A ja tak się nim głupio zachwyciłam, jakby to było dzieło sztuki.

Tak w ogóle to musisz wiedzieć, że gdy tu przyjechałam, byłam straszną rasistką. Jak zadzwoniła do mnie szefowa i kazała posprzątać u Afroamerykanów, oburzyłam się i powiedziałam, że ja, Polka, u Murzynów sprzątać nie będę. To było wieki temu i bardzo się tego wstydzę. Potem dużo pracowałam z Afroamerykanami i wiem, że są fantastycznymi ludźmi. Cała nasza rodzina tu w Stanach zrobiła się zresztą całkiem *multi-kulti*. Marlenka jakiś czas temu miała czarnoskórego chłopaka, jedna bratanica wyszła za mąż za Żyda, a druga za Araba. Choć ja nie lubię słowa „Arab" i wolę zamiast tego mówić, że „z Iraku". Jak bym więc teraz mogła o innych źle myśleć, jak oni wszyscy tacy wspaniali?

Tak czy siak, w kolejnych agencjach sprzątających poszło mi niewiele lepiej, bo jednak bliscy mieli rację i wcale taka silna nie byłam, tylko miałam nadzieję, że jestem. Raz pojechałam na jakiś domek serwis robić i dostałam takiego bólu głowy, że musiałam aż się położyć na *carpet*[2]. Inni musieli za mnie dokończyć sprzątanie. Nie zarobiłam nic. Przecież rok wcześniej, w 1989 roku, w Polsce, w Wyszogrodzie, przeszłam ciężką operację. Musiałam mieć transfuzję. Przez czternaście dni nie mogłam chodzić, krwawiłam i myślałam, że to ze stresu. Dopiero potem się okazało, że to guz. Na szczęście niezłośliwy.

Dlatego gdy Miecio z uporem maniaka twierdził, że będę tu śpiewać, to na początku się złościłam i krzyczałam: „Gdzie? W restauracji do kotleta?! *No way!*". Aż w końcu do mnie dotarło, że lepiej jednak śpiewać, niż sprzątać. I tak zaczęłam.

Wczoraj znalazłam takie zdjęcie z operetki. Bardzo *sexy*. Muszę ci je pokazać! Bo to, co masz w rękach, to już program *Księcia i żebraka*. Wrocław, październik 1983 roku. Tu grałam mężczyznę. Tu jest napisane: „Książę Edward – Marianna Dzis". Główna rola! Grałam ją bez dublerki przez rok, a jak po mnie przyszła inna aktorka, to już nie uciągnęła tej roli. Tam trzeba było śpiewać, a ona umiała tylko grać. Ja umiałam i jedno, i drugie.

Te pięć lat w Operetce Wrocławskiej minęło mi, jakbym była na haju, pod wpływem narkotyku. Ledwo się tam pojawiłam, od razu musiałam wskoczyć w *Króla walca* Straussa

---

[2] *carpet* (ang.) – dywan.

i cały świat natychmiast wydał mi się zaczarowany. Tak inny od estrady wojskowej, na której śpiewałam wcześniej. Tam to wszyscy ciągle tylko się kłócili. Kazali nam śpiewać piosenki o przyjaźni polsko-radzieckiej, kiedy ja wcale tego śpiewać nie chciałam. I jeszcze tyle tego alkoholu na wyjazdach. To mnie męczyło strasznie, bo nigdy nie piłam dużo. Alkohol mnie wytrąca z równowagi, no i bałam się też, żeby mi mąż mój, Miecio, gdzieś za bardzo nie popłynął.

Może dlatego tym bardziej tak kochałam tę operetkę. Gdy grałam zakochaną, nawiedzoną kobietę w *Krainie uśmiechu* Lehára, to wszyscy za kulisami stali i patrzyli, jak Marianna to robi. Mówili potem, że ich dreszcze po całym ciele przechodzą. Szczególnie tak mówili tancerze o innej orientacji seksualnej, bo oni zawsze lubili eleganckie dziewczyny, i zawsze dostawałam od nich mnóstwo komplementów.

Teraz, gdy to analizuję, dochodzę do wniosku, że przed operetką moje życie było smutnawe, depresyjne, problematyczne. A tam naprawdę czułam, że się podobam, i to mi było bardzo potrzebne. Wszyscy mnie chwalili. Na przykład jak były przymiarki kostiumów, to często mierzono je na mnie jako na wzorze. Jak ćwiczyłam nogi przy drążku (bo musisz wiedzieć, że byłam prawie tak rozciągnięta jak w balecie!), to często widziałam oczy innych artystów wpatrzone we mnie. Miałam ochotę się ładnie ubierać. Miałam ochotę wychodzić. Nawet włosy obcięłam na bardzo krótko. Jak Britney Spears. Z tą różnicą, że ona ścięła, bo tak bardzo jej było w życiu źle, a ja dlatego, że tak mi było w życiu dobrze. Tak bardzo krótkie miałam te włosy, że czasem był nawet problem z przypięciem mi peruki i musiałam zakładać na głowę bandaż elastyczny. Zupełnie jakbym wszystkie te smutki i niepowodzenia wcześniejsze chciała w ten sposób za sobą zostawić.

Było dla mnie ważne tylko to, żeby żyć kolorowo i być cenioną. Nic wyżej. Żeby być wyżej, trzeba być samemu. Tak mi się wydaje. Na wysokości nie ma miejsca dla dwojga. A ja byłam z Mieciem i chciałam z nim być. Nadal zresztą chcę.

Od kiedy nie ma tego wszystkiego, co powinno być, lubię sobie życie porządkować i układać na różne sposoby. Siedem lat temu założyłam bloga. Nazywa się Kącik Marianny. Piszę na nim o tym i o owym, żeby sobie posegregować myśli w głowie.

Na blogu nie napisałam, że gdy w 1986 Marlenka się urodziła, to ja chyba nagle zwariowałam. Śpiewałam wtedy w operetce, mąż grał w orkiestrze. Mieliśmy służbowe mieszkanie, dosyć małe. Chcieliśmy więcej, szczególnie ja. Wtedy właśnie, nie wiadomo dlaczego, zdecydowałam, że nie chcę więcej występować, tylko chcę się poświęcić córce. Ewentualnie dorabiać w szkole. Lekką ręką pozbyliśmy się tego mieszkania i przeprowadziliśmy do rodziny męża. Do Wyszogrodu koło Opatowca.

Już po roku zdałam sobie sprawę z tego, co ja najlepszego – choć w zasadzie to najgorszego – zrobiłam. Mąż wyjechał do Stanów, żeby coś tam zarobić i wrócić. Ja z kolei w tym samym czasie zachorowałam i musiałam mieć dwie operacje w Krakowie. Wszystko zaczęło się walić i zrozumiałam, że ten Wyszogród to nie jest moje miejsce. Że ja się do życia na wsi w ogóle nie nadaję. I że coś w tym życiu musi się stać, bo tak dalej być nie może. Nie może.

Mąż chciał, żebym przyleciała do niego do Ameryki, ale w krakowskim konsulacie powiedzieli, że z córką mnie nie puszczą. Odparłam, że bez córki to ja się na krok nie ruszę. Impas. Dziecko, dla którego zostawiłam Wrocław, miałam teraz zostawić i wyjechać do Stanów? Nie ma mowy! *Never*! Wracałam z konsulatu samochodem i sobie śpiewałam na pocieszenie Annę German: że być może gdzie indziej są ziemie piękniejsze, lecz w sercu najdroższe tereny nad Wisłą i piasek Mazowsza.

O tym, co było potem, piszę już w moim Kąciku Marianny. Pewnego dnia wróciłam z zakupów, patrzę – a na stole leży żółta koperta. Nie znałam jeszcze wtedy angielskiego, nie mogłam więc mieć pewności, co to jest, ale jakoś sercem wyczułam, że Miecio w reaganowskiej loterii wizowej wylosował zieloną kartę i że możemy z Marlenką do niego dołączyć. Wtedy rzeczywiście pomyślałam, że anioł nad nami czuwa.

Samą podróż w Kąciku Marianny opisałam tak:

Zaczęłyśmy się pakować. Już wtedy wiedziałam, że wyjeżdżam, by żyć w Ameryce. Żadnej taryfy ulgowej. Sąsiadka rodziców, Gienia z Gdyni, postawiła mi karty. Na koniec zeszły jej się 4 asy. Ona też powiedziała: jedź, Marysiu (do dzisiaj nie wiem, co te asy oznaczały).

Mąż mi zostawił trochę pieniędzy, aby kupić to i tamto, chociaż jednocześnie upomniał, że w Ameryce wszystko jest i „nie kupuj byle czego". Ale, hmm, nie byłabym kobietą, gdybym go posłuchała. A to puder, a to bluzeczka, sobie, Lenusi, duperele. Summa summarum, zostało mi 20 $. A co tam, przecież jadę do męża!...

Lot trwał około 10 godzin, z czego aż 6 Marlenka spała przy mojej piersi, na moich kolanach. Po paru godzinach lotu podchodzi stewardesa z tacą perfum. O, perfumy! Tak, oczywiście. Ile kosztuje ten malutki flakonik Nina Ricci? 16 $. *No problem*... Dałam te 20 i dostałam resztę 4 $. Ojej, co ja zrobiłam?!!

Z 4 dolarami w kieszeni, z 4 walizkami i z 4-letnią córką 31 sierpnia 1990 stanęłam na Ziemi Amerykańskiej...

Niektórzy tu w Chicago nie mieli pracy, a my z Mieciem mieliśmy jej aż za dużo. Najpierw nazywaliśmy się Happy Band. To był zespół Marka Kulisiewicza, który wcześniej w Polsce grał w Wawelach i Niebiesko-Czarnych. Szybko jednak zdobyliśmy własny repertuar, rozeszliśmy się z Markiem w zgodzie i poszliśmy na swoje – pod nazwą Marianna Band. Muzyków zawsze mieliśmy świetnych. Grał z nami na perkusji Tomek Pilewski po warszawskiej Wyższej Szkole Muzycznej. I Janusz Kozera – basista, który przyjechał tu z Jarosławem Kukulskim, mężem Anny Jantar. I Marek Wilczyński – muzyk i reżyser w jednym. I taki Przemek Pal, co w Lombardzie nagrywał *Przeżyj to sam*. Sama śmietanka.

Występowaliśmy praktycznie wszędzie. Z Happy Band w klubie Mazury na Pulaski Street. Później już sami w Janosiku na Fullerton Avenue. W Cardinal Club, który już nie istnieje, bo zbudowali na jego miejscu supermarket. Czasami w Maryla Polonaise – tam, gdzie Kasia Sobczyk też trochę śpiewała i gdzie podobno kiedyś doszło do morderstwa. Ale najdłużej to w Capitolu na *Miłłokach*, bo w sumie aż trzy lata.

To nie było tak, że ja to kochałam. Ja po prostu byłam zmuszona się przestawić. W Mazurach nie bardzo lubiłam śpiewać. I w Janosiku też nie. Nie mówię, że górale mają brzydką muzykę, bo mają piękną. Ale tam nie wymagano od nas żadnego rockowego materiału, tylko pioseneczki. Happy Endu, Sipińskiej czy Giżowskiej. Te wszystkie *Złote obrączki* i tak dalej.

A w Capitolu było dobrze, bo ambitniej. Mogłam tam śpiewać piosenki Bajmu. Albo Maanamu. Bardzo to wszyscy lubili i mówili, że jestem jak Kora drapieżna. Nawet w wyglądzie. Céline Dion kochałam śpiewać. Bette Midler.

Standardem było, że zespół w Ameryce musi mieć w repertuarze dwieście numerów. No bo jeśli ktoś z sali o coś poprosi, to przecież nie można go zawieść. Dodatkowo właściciel życzył sobie, żeby co tydzień był nowy numer, nowa piosenka. Próby robiliśmy w każdą środę. Ja zawsze wcześniej kupowałam nam nuty (na które mówiliśmy „kwity") i przygotowywaliśmy się do występów naprawdę profesjonalnie. Nie tak, jak te współczesne zespoły, które kupują gotowe podkłady i tylko kiwają się jak głupki nad instrumentami.

Na Polakowie ludzie bawili się w weekendy, więc graliśmy w piątki, soboty i niedziele. Zawsze wychodziliśmy z siebie, żeby tylko zadowolić gości. Taka Sośnicka mogła odmówić zaśpiewania *Szła dzieweczka do laseczka*, bo ona tu była tylko przejazdem. Ale nam, którzy tu mieszkaliśmy, zależało na tym, żeby dostawać od klientów ekstra *typy*[3]. Zespół musiał grać dosłownie wszystko – od *W gorącym słońcu Casablanki* po *Złote obrączki*. Takie prawo rynku.

To nie były kluby, w których się jadło. Spotykały się tu tak zwane chicagowskie małżeństwa, czyli ci, którzy zostawili rodziny w Polsce, a tu leczyli samotność z kim innym, kto też bliskich miał daleko. Przychodziło się napić wódeczki i potańczyć, a to zespół miał zrobić wszystko, by wprowadzić klientów w dobry nastrój. Czyli mówiąc po naszemu: tak, by zamawiali jak najwięcej alkoholu, bo głównie z tego klub się utrzymywał. Cała reszta – jak jedzenie czy muzyka – były tylko do tego alkoholu zagryzką. Często szef przychodził do mnie i mówił: „Marianna, co się dzieje? Widzę, że jest dużo ludzi, ale za mało piją!". Nieraz była taka presja, żebym podchodziła do baru. Bo gdy solistka podchodzi do baru, to wszyscy chcą jej postawić drinka, a właściciel się cieszy. Na początku się zgadzałam, ale potem powiedziałam: „No, no, proszę pana, ja nie jestem od tego".

---

[3] *typy* (dial. Pol. amer.) – napiwki (od ang. *tip*).

Nikt, kto tu przyjeżdża, nie zdaje sobie sprawy, jak potężny stres wiąże się z życiem tutaj. Co z tego, że my z Mieciem byliśmy w Polsce artystami, mogliśmy być kimś i zawsze elegancko się ubierać, skoro tutaj na głowie był dom do utrzymania. Miecio z wykształcenia jest muzykiem saksofonistą i klarnecistą, a do tego umie grać na pianinie. W Polsce grał w big-bandzie z ojcem Wodeckiego. Tu, w Chicago, uczył prywatnie muzyki i jednocześnie prowadził (i zresztą prowadzi do dziś – już trzydzieści lat!) Zespół Pieśni i Tańca Polonia. Ale w Ameryce ubezpieczenia nikt człowiekowi sam z siebie nie da. A bez ubezpieczenia nie da się tutaj żyć. Miecio, żeby je dostać, musiał wziąć jeszcze pracę w fabryce. Przy *shippingu*, czyli wysyłce towarów. Choćby po to, żeby nasza Marlenka mogła mieć usunięty trzeci migdał. Albo żeby nie płacić za mnie trzydziestu tysięcy dolarów, gdy miałam operację *gall bladder* – woreczka żółciowego.

Ja sama łączyłam śpiewanie w Marianna Band z *baby-sittingiem*. Każdego dnia wstawałam o czwartej rano, pięć dni w tygodniu pracowałam jako niańka, trzy wieczory śpiewałam w klubie, raz miałam próbę z zespołem, do tego jeszcze uczyłam dzieci w polskiej szkole. Jeszcze przez trzy semestry uczyłam się robić zdjęcia rentgenowskie. Zrezygnowałam, gdy zauważyłam, że wioząc Marlenkę do szkoły, zasypiam nad kierownicą.

Ktoś mógłby zapytać: czemu tak ciężko pracowaliście? Ale my chcieliśmy po prostu jakoś mieszkać i jakoś żyć. Mieć na podatki od mieszkania i na szkołę dla córki. Nawet jak już mogliśmy kupić dom na Jackowie, to nadal podnajmowaliśmy *bejsment* lokatorom, żeby było trochę lżej.

Bo nigdy, choćby przez chwilę, nie wyobrażaliśmy sobie, żeby Marlenka mogła pójść do publicznej szkoły. W Chicago? Broń Boże. Wiem, że niektórzy tak wysyłali, żeby było im łatwiej, ale ja nie. Za dużo tam gangów, narkotyków i broni. Nie byłaby tam bezpieczna. Za jej szkołę płaciliśmy pięć tysięcy dolarów rocznie – w latach dziewięćdziesiątych to były bajońskie sumy. Zatrudniliśmy dla niej nauczycieli muzyki – po pięćdziesiąt dolarów za lekcję. Woziliśmy ją na lekcje fortepianu. Na balet do rosyjskiej primabaleriny uczącej przy Michigan Avenue.

Marlenkę zabierałam ze sobą wszędzie. I jak pracowałam jako *baby-sitter*, i do szkoły, w której uczyłam. Gdy miała lekcje w szkole baletowej, siedziałam i drzemałam przed jej klasą. Nie mieściło mi się w głowie, że skoro w weekendy pracuję do czwartej rano, to rano jej o siódmej do szkoły nie zawiozę.

Chcieliśmy, żeby się rozwijała. Długie lata wyrzucałam sobie, że mogłam dać córce Wrocław, a zanim wyjechaliśmy za ocean, porzuciłam operetkę, wyprowadziłam się na prowincję i na jakiś czas dałam jej wieś. Miecio też mi to trochę do dziś wypomina. Mówię o czymś innym, a on nagle z tym wyskakuje. Ciągle mi przerywa – jak Monika Olejnik! W każdym razie, gdy już wszyscy byliśmy razem w Chicago, postanowiłam, że teraz dam Marlence świat.

Gdy się okazało, że Miecio wylosował zieloną kartę, to powiedziałam sąsiadom z Wyszogrodu, że nie wiem, czy powinnam tam jechać. Sąsiadka Jadwiga na to: „Jedź, Marylko, dasz przynajmniej córce przyszłość". To było dla mnie takim prysznicem, że ja tam nie jadę dla siebie, tylko w innym celu, i od tej pory już się uparłam na tę Amerykę. Nie zachłysnęłam się nią, tylko uparłam. Trzeba było Marlence stworzyć dobre warunki do rozwoju, choćby nie wiem co. Myśmy zawsze byli niesamowicie zapatrzeni w to nasze dziecko. Zawsze była i jest najważniejsza. Koniec kropka.

Sześć lat przed Marlenką w wyniku własnej głupoty poroniłam ciążę i czuję się bardzo winna. Do dziś on mi się śni.

Mówię „on", bo jakoś zawsze mi się wydawało, że to będzie chłopczyk. Niedawno miałam taki sen, że widzę mężczyznę pięknego, z nosem jak u mojego brata, z czarnymi włosami. Leżał na moich rękach, ale wiedziałam, że nie żyje. Chyba dopiero po tym śnie tego mojego synka w sercu pogrzebałam i pomyślałam, że on na mnie czekać będzie kiedyś i pomoże mi przejść w niebiosa. Poszłam nawet do kościoła i powiedziałam, że chcę, aby była odprawiona msza za niego, ale siostra zakonna mi powiedziała, że to dziecko jest już aniołkiem i nie przyjmują takich intencji.

Natomiast później, rok przed wyjazdem do Stanów, okazało się, że po operacji, którą przebyłam, nie będę mogła mieć więcej dzieci. Od razu było więc jasne, że od tej pory wszystko dla niej.

Marlenka żyje teraz bardzo po amerykańsku, a przyjaciele mówią na nią „Marley". Skończyła kierunek *music education & vocal jazz* na Uniwersytecie Loyola w Nowym Orleanie, studia kosztowały czterdzieści tysięcy dolarów rocznie. Później studiowała na Northwestern University – w szkole, która jest w dziesiątce najlepszych uczelni Ameryki. To kolejne sześćdziesiąt pięć tysięcy dolarów. Niedawno przyjęto ją na warsztaty operowe w Grazu – piętnaście tysięcy dolarów. Zawsze miała swój samochód, zawsze mogła na nas liczyć. Zawsze ją *supportowaliśmy*. Nawet jak graliśmy w klubach, a nie byliśmy pewni opiekunki, to mąż w przerwie występów pędził do Marlenki, żeby sprawdzić, czy krzywda jej się nie dzieje. Teraz Marlenka śpiewa jazz, gra, ma wiedzę z dyrygentury. Ostatnio w recenzji z jej występu ktoś napisał, że jej głos jest jak szampan z *raspberries* – malinami. Takie piękne, unikatowe połączenie. Jest rozpoznawalna i ceniona na amerykańskim rynku. Kobieta jej kiedyś wróżyła w Nowym Orleanie i powiedziała, że ona spiła taką śmietankę z nas – rodziców. Marlenka jest moim aniołem, psychologiem i przyjacielem. Ona mnie udoskonala. I ona jest moim amerykańskim sukcesem. Bo inne rzeczy to tak średnio.

W 1995 znajomy powiedział mi: „Marianna, czemu ty się tak męczysz? Przecież wy możecie zarabiać duże pieniądze na weselach". Strasznie się wtedy zdenerwowałam, bo *never ever*. Tak nisko jeszcze nie upadłam. Mnie się te wesela kojarzyły z tymi polskimi, na których grają muzykanci, a nie muzycy. Ale znajomy dalej ciągnął – o tym, że w Ameryce jest inaczej. Tu jest normalne, że muzyk, który nie ma pracy, zgłasza się do agencji i gra wesela. Za cztery, pięć godzin grania płacą pięćset dolarów.

Dlatego my też postanowiliśmy wtedy odejść z Capitolu i poszliśmy w wesela. Nie tylko polskie, celowaliśmy też w bardziej międzynarodowe, na przykład polsko-meksykańskie. W sumie ponad tysiąc takich imprez zaliczyliśmy. Graliśmy w bardzo dobrych miejscach – na polach golfowych, na *south suburbs*[4], w *downtown* na trzydziestym którymś piętrze. W hotelach, w salach z podświetlanym parkietem, salach z parkietem obrotowym. Wszędzie.

Mnie to oszołomiło, ja to nawet lubić zaczęłam. Wszyscy byliśmy elegancko ubrani, ja w pięknej sukni, panowie we frakach. Robiłam całą konferansjerkę po polsku i po angielsku. Czasem śpiewałam gościom coś operowego, jeśli był *special request*[5] podczas obiadu – więc przynajmniej doświadczenie z Polski mi się przydało. Amerykanie są na luzie – od razu wychodzą do tańca, piją powoli, nie upijają się. To raczej Polacy mają wrodzone jakieś skrępowanie. Nieraz jest tak, że na początku są trochę spięci, potem muszą

---

4 *south suburbs* (ang.) – południowe przedmieścia.

5 *special request* (ang.) – specjalne życzenie.

wypić, żeby nabrać animuszu, i na koniec to wychodzi troszeczkę żałośnie. Jedyne, do czego musieliśmy się dostosować, to do grania polki po tutejszemu. Polonia amerykańska uczyniła z polki swój narodowy taniec, choć przecież on pochodzi z Czech. A dodatkowo – ich polka jest wolna, nie taka szybciutka jak u nas. Więc oni takie malutkie kroczki drobili, a ja ciągle pokazywałam moim muzykom, że trzeba grać wolniej i wolniej.

Córka, choć już w tym czasie dorastała, nie występowała z nami. Nie chciałam, żeby kojarzono ją z graniem na takich imprezach, nawet jeśli w Stanach to normalne. Bo w polskim środowisku to jednak traktowane jest jako coś gorszego. Jak ktoś chciał mi dokuczyć, to mówił: „O, bo ty śpiewasz na weselach". No i co z tego? – ja się pytam.

My za pieniądze z wesel mogliśmy częściowo opłacić kupno domu w Wheeling pod Chicago, na który mówimy „Dom Marzeń". Może dlatego, że najlepiej się wspomina te marzenia, które się utraciło. A my ten dom straciliśmy. To nie był pałac, tylko *townhouse*[6]. Miał duży *bejsment*, w którym robiliśmy próby, garaż na dwa samochody, *living room*, *dining room*, trzy sypialnie i trzy łazienki. Miał piękne okna w krateczki, stał przy samej Milwaukee Avenue. Niedaleko było jezioro. Nam on się wydawał piękny i duży, ale jak raz przyszła do mnie amerykańska koleżanka, to powiedziała: „O, jaki słodki malutki domek".

W tym czasie pomiędzy weselami zaczęłam też z Wheeling dojeżdżać do mojej drugiej pracy – w polskiej radiostacji. Przeprowadzałam wywiady z gwiazdami. Jak Wawrzecki tu przyjeżdżał czy pan Kobuszewski, to ja zawsze z nimi rozmawiałam w mojej audycji. Czy z Santor. Czy z Połomskim. Czy z Trafankowską, świętej pamięci. Bogusław Kaczyński

---

6 *townhouse* (ang.) – kamienica.

uwielbiał ze mną rozmawiać, bo bardzo podobało mu się moje imię i podobała mu się też moja dykcja. Robiłam audycję *Muzyczne podróże Polameru*. Zapraszałam do niej ludzi, którzy byli gdzieś za granicą; rozmawialiśmy o tym kraju, a potem ja to wszystko ilustrowałam muzyką stamtąd. A kiedy z radia zwolniono pana Andrzeja Czumę i nie było komu poprowadzić porannego niedzielnego programu, który zaczynał się o szóstej rano i trwał do dziewiątej, to ja to wzięłam za niego. Czyli śpiewałam w nocy, brałam prysznic, mąż zostawał w domu z dzieckiem, a ja otwierałam radio. Ściągałam łańcuchy, wyłączałam wszystkie alarmy i wchodziłam na antenę, gdy nikogo oprócz mnie nie było jeszcze w pracy.

I może to tym się załatwiłam.

Dźwięki wioski, w której się wychowałam, to śpiew ptaków o świcie. Bzyczenie pszczół i szmer skrzydeł motyli buszujących w łąkach. Kołowrotek studni, z której czerpało się wodę.

Dźwięki operetki to *Mikado* Sullivana. Mniej instrumenty, bardziej głosy i wokale.

Dźwięki Capitolu to *rock* i *pop music*. Gwar rozmów o życiu z barmanem.

Dźwięki Domu Marzeń to samoloty lądujące nad lotniskiem. Rozmowy zakochanych spacerujących nad stawem. Zaśpiew karmionych przez nich łabędzi.

Dźwięki naszego domu w Des Plaines to turkot pociągu przejeżdżającego przez miasto. Skrzypienie nienaoliwionych drzwi i schodów, po których biegają koty. Gdakanie kur hodowanych przez naszych sąsiadów. Ale tego to ja już nie słyszę.

Pamiętam to bardzo dobrze. Stałam któregoś dnia w recepcji, przy sekretarce. Do radia wchodził akurat kolega i już od drzwi coś do mnie mówił. Patrzyłam na niego i nie słyszałam nic.

Potem, jak nagrywaliśmy z Marianna Band płyty, to coraz częściej mi Miecio mówił: „Marianna, ty musisz bardziej uważać na to, jak śpiewasz". Bo nawet jeśli w kontaktach z ludźmi udawało się coś ukryć, to na nagraniach już wszystko było jak na dłoni.

To się nie wydarzyło nagle. To trwało parę miesięcy.

Stopniowo, krok po kroku, Ameryka zabrała mi słuch.

Był rok 2001. Chodziłam na wizyty do takiego doktora Hindusa w University of Illinois Hospital. Powiedział, że to nie uszy środkowe, lecz wewnętrzne są zaatakowane. Tuż przy mózgu. I że nic mi nie może pomóc. Za bardzo mu nie wierzyłam. Pytałam: „To co ja mam zrobić?". On na to: „*What is on your neck?*"[7], bo miałam taki mały krzyżyk zawieszony na szyi. Powiedziałam mu więc, że jestem *christian*, *catholic*. „*So pray to him*"[8]. Byłam załamana, że tak mnie potraktował. Nie dał mi żadnej szansy. Później jeszcze zaliczyłam kilku innych lekarzy, licząc, że powiedzą mi co innego. Każdy mówił to samo.

Nikt nie rozumiał, że ja – nawet w aparatach za kilka tysięcy dolarów – nie mogę już śpiewać. „Jak to nie możesz śpiewać?" „Jak to nie możesz wejść w tonację? Kup sobie lepsze słuchawki! Lepsze aparaty!" Ci, którzy słyszą, nigdy nie zrozumieją, że w głowie prawie nigdy nie ma ciszy. Nie zrozumieją, co to *tinnitus*, szum uszny, który nie pozwala funkcjonować jak dawniej.

Gdy tylko się okazało, że straciłam słuch na dobre, zostałam w jednym dniu zwolniona z pracy w radiu. Szef nie

---

7 *What is...* (ang.) – Co nosisz na szyi?

8 *So pray...* (ang.) – Więc módl się do niego.

umiał mi tego powiedzieć. Czekał, aż wszyscy wyjdą z pracy, i zawołał, żeby oznajmić, że nie ma już pieniędzy na mój etat. Wróciłam do domu i – mimo aparatów – nie słyszałam już absolutnie nic. Całkowicie mnie zamknęło.

Z zespołem występowaliśmy jeszcze przez kolejne dziewięć lat, ale ja już bardziej prowadziłam konferansjerkę, niż śpiewałam. Mieliśmy coraz mniej pracy, więc też coraz mniej pieniędzy. Musieliśmy sprzedać nasz Dom Marzeń w Wheeling. Przeprowadziliśmy się do Des Plaines, czterdzieści pięć minut na północ od Chicago.

Przyczyn, dla których straciłam słuch, nigdy nie poznałam. Myślę, że przesiliłam emocje. To spowodowało u mnie blokadę, której do dziś nie mogę zdjąć. Inni mówią: „Marysiu, bo ty za dużo chciałaś". A ja naprawdę nie wiem, czemu się tak uparłam. Przecież mogłam wiele rzeczy odpuścić. Mam o to do siebie żal, że teraz taką cenę płacę.

Nie wiem, czy bardziej boli mnie to, że nie słyszę, czy to, jak mnie potem potraktowano. Środowisko patrzyło na mnie, jakby to była moja wina. Była taka polonijna witryna, dzisiaj już zamknięta, która się nazywała Expatpol. Tam był artykuł o mnie. Pod artykułem ze sto komentarzy. Każdy o tym, że jestem głucha. Wszystko to *wyprintowałam*[9] i te kartki leżały u mnie dobrych parę lat.

Polonia chicagowska jest naprawdę okrutna. Nie lubi patrzeć, kiedy wzlatujesz. Lubi łupnąć cię w łeb, gdy upadasz. Żeby ktoś tylko przypadkiem nie był za mądry. Żeby tylko komuś za dobrze się nie działo. Żeby tylko ktoś nie popsuł ci biznesu.

Któregoś razu jedna Polka, która tu w Chicago była koncertowym impresario, poprosiła, żebym pojechała z nią na

---

[9] *wyprintować* (dial. Pol. amer.) – wydrukować (od ang. *print*).

lotnisko O'Hare. Nie znała dobrze angielskiego i potrzebowała tłumacza. Chciałam pomóc, więc się zgodziłam. Zaprowadziła mnie do sekcji Immigration i kazała tłumaczyć, że słynny polski zespół rockowy, który wkrótce ma koncertować w Stanach, planuje osiedlić się tu na stałe. A przecież to była nieprawda! Po prostu nie sprzedała biletów na koncerty, więc musiała coś wymyślić, żeby muzyków nie wpuszczono do Ameryki. Pewnie do dziś nie wiedzą, że to przez nią cofnięto ich do Polski.

Po tym, jak straciłam słuch, nie mogłam już nawet liczyć na polonijnego księdza, dlatego kiedyś regularnie chodziłam do kościoła, a teraz już rzadziej. Przecież ja szukałam rady. Pytałam: „Proszę księdza, co mi się dzieje z tym słuchem?". A on zamiast pocieszyć, grzmiał: „Marianno, Bóg chce sprawdzić, czy masz dużo pokory". *Excuse me?!* On mi mówi w tej chwili o pokorze, kiedy ja jestem takim dobrym człowiekiem i innym bym serce oddała? Niech on lepiej uczy tych, co wychodzą z mszy w bazylice na Jackowie, a potem od razu idą do tych złodziei, co stoją pod kościołem, i bez skrupułów kupują od nich zegarki!

Nadal jestem religijna, nawet po tym wszystkim. Teraz już jednak po swojemu. Nie mogę dłużej słuchać, że to kara za grzechy. Jestem po sześćdziesiątce, a od dzieciństwa słyszę, że to lub tamto jest karą za grzechy.

Urodziłam się koło Lublina. Na wsi. Śmiesznie się wieś nazywała – Maśluchy. Od tej wsi do Lubartowa jest dwadzieścia kilometrów. Tam diabeł zawsze mówił dobranoc. Tam nawet nie było drogi. Do szkoły chodziłam do Uścimowa, trzy kilometry w błocie. Jak jezioro było zamarznięte, to sobie skracałam drogę i szłam po lodzie.

Tam było dużo biedy.

Byłam bardzo smutnym dzieckiem, bo mama i tata wiecznie mieli problemy z pieniędzmi. Rodzice pracowali na roli. Tato był tak pechowym rolnikiem, że zawsze ze wszystkim zostawał na szarym końcu. Miał piękny głos. Nie miał smykałki, by cokolwiek osiągnąć. Mama była zawsze konkretna – jak w wojsku.

Marzyłam zawsze tylko o jednym – by się stamtąd wyrwać. Tak więc już w wieku czternastu lat wyniosłam się do Lublina i zamieszkałam w bursie. Oszczędzałam na jedzeniu, żeby rodzice nie musieli za mnie za dużo płacić, i przez to nabawiłam się problemów z jelitami, które mam do dziś.

Jestem rodzicom wdzięczna za to, że mimo tej biedy odejmowali sobie od ust, żeby zapłacić mi za bursę. Nigdy mnie nie skrzywdzili ani nie uderzyli. I za to, że zaprowadzili mnie do pana Wawrucha – organisty z Uścimowa, który uczył mnie śpiewać.

Nie jestem rodzicom wdzięczna za to, że każde nieszczęście interpretowali jako karę boską. Przez to tyle czasu mi zajęło, by zrozumieć, że utrata słuchu karą boską nie jest.

Gdy mówię „tyle czasu", to sama nawet dobrze nie wiem, ile dokładnie. Kiedy zaczęłam czyścić swoje życie i uwalniać się od obwiniania się o wszystko i oceniania siebie? Może nawet nadal to robię?

Gdy było mi źle, Marlenka zabrała mnie do Nowego Jorku. Miała zaskórniaki odłożone i za te pieniądze poszłyśmy na *Cyganerię* do Metropolitan Opera. Śpiewał Piotr Beczała. Zatrzymałyśmy się koło 5th Avenue przy Central Parku.

Sama wymyśliłam sobie taki sposób, że gdy mnie coś bardzo boli w duszy, to piszę na kartkach te swoje uczucia. Potem jadę nad rzekę Des Plaines River płynącą w Wheeling, koło naszego Domu Marzeń, siadam nad tą rzeką i wrzucam kartki do wody.

Kiedy zaczęłam porządkować swoje życie, wyrzuciłam wszystkie niepotrzebne rzeczy z mojego domu. Przez długi czas byłam w Stanach uzależniona od zakupów. Do tego stopnia, że chodziłam do sklepu nie po to, żeby coś kupić, tylko po to, żeby poczuć się lepiej. Teraz odwożę wszystko do Armii Zbawienia. Oddaję im to za darmo, żeby mogli komuś sprzedać. Uwalniam się od wszystkiego, co zbędne.

Często się zdarza, że czegoś nie dosłyszę, nawet w aparatach. One pomagają i dają dźwięk, ale nawet te najlepsze nie zlikwidują szumu, który mam w głowie. Gdy więc nie słyszę, pomagają mi umiejętności aktorskie – udaję, że nie zrozumiałam po angielsku.

Czytam mojego ukochanego Paulo Coelho, bo on mnie wycisza i daje odpowiedzi. *Piąta góra* powiedziała mi, że wiele rzeczy zdarzy się w życiu *anyway*, choćbyśmy nie wiem jak starali się je przeskoczyć. *Pielgrzym* nauczył mnie pokonywać strach. *Weronika postanawia umrzeć* przypomniała mi, że trzeba się kierować w życiu miłością i tym, co ci serce mówi. Z tego Paulo Coelho to jest trochę hippis, ale zwraca uwagę na to, żeby trzymać kręgosłup moralny *no matter what*. Mnie z tą myślą lepiej jest. W całej tej podróży ku zdrowiu i ku pogodzeniu się z tym, co jest, Paulo Coelho był dla mnie najlepszy.

Nasz malutki domek w Des Plaines, choć wcale nie był tani, ani trochę nie może się równać z Domem Marzeń z Wheeling. Ale nie narzekamy. Dla nas dwojga wystarczy, bo Marlenka już poszła na swoje. Są dwie sypialnie, dwie łazienki, salon i *jarda*[10]. To miła okolica. Z Chicago dojeżdża tu pociąg. Przy głównej ulicy, Miner Street, stoi gmach lokalnej policji i memoriał ku czci *Fallen heroes*, czyli strażaków i policjan-

---

[10] *jarda* (dial. Pol. amer.) – ogródek.

tów, którzy zginęli podczas ataków na World Trade Center. Jest nawet polski salon piękności Trend Salon & Spa, na którym napisano: „*Root touch-up*", a w nawiasie: „Odrosty". Jest knajpka ze smacznym amerykańskim jedzeniem.

Miecio nadal prowadzi zespół Polonia, teraz jeszcze dorabia, jeżdżąc taksówką. Nieraz przychodzi do domu o dziesiątej w nocy, a już o czwartej rano wstaje, bo ma kurs. Zawsze jest elegancki, zawsze ładnie pachnie. On lubi pracować. On jest pracoholik. On zawsze jest *happy*. To ja jestem ta refleksyjna, wpadam często w smutki i melancholie. On nie.

Gdy skończyło się śpiewanie, zrobiłam szkołę pielęgniarską, bo jestem w tym dobra. Kiedy miałam czternaście lat, to już się zajmowałam obłożnie chorym dziadkiem, bo mama nie dawała rady, miała odruchy wymiotne. Wszyscy mi zawsze mówili, że jestem dobrą pielęgniarką.

Dostałam *licence*, ale nauczona doświadczeniem, wiedziałam, że w normalnym *nursingu*[11] się nie sprawdzę – fizycznie się do tego nie nadaję. Brałam prywatne zlecenia. Na początku znowu nie miałam szczęścia. Trafiłam do jednego bardzo bogatego pacjenta, który noc w noc kazał sobie robić lewatywę. Robiłam to przez cztery miesiące. Zarabiałam po tysiąc dolarów na tydzień, ale w końcu jednego dnia wróciłam do domu i zaczęłam się strasznie trząść i wymiotować. Marlenka wezwała pogotowie, a oni powiedzieli, że to *anxiety*. *Panic attack*. Gdy opowiedziałam lekarzowi o tym, co robię, natychmiast mi tego zakazał. Lewatywy klienta były jego fantazją seksualną, nie leczeniem.

W końcu znalazłam ogłoszenie, że amerykańskie małżeństwo poszukuje inteligentnej osoby do opieki. Zgłosiłam się i pracuję tam do dziś. Mieszkają w *downtown* na dwudziestym szóstym piętrze. Ona jest malarką, a on

---

[11] *nursing* (ang.) – opieka medyczna.

psychiatrą. On jest niedołężny, ona ma lekką demencję. On uwielbia operę, ona kocha Édith Piaf. Chodzę z nimi na spacery, jestem ich *good friend*. Słuchamy razem *Non, je ne regrette rien*. To jest moja piosenka, bo ja rzeczywiście nie żałuję, że tu przyjechałam. Nie żałuję.

No, może tylko czasami... Mam w sobie trochę żalu. On się jeszcze tli. Szum w mojej głowie już akceptuję, choć nadal go nie lubię. Tak jak nie lubię tego, że nic na to nie poradzę.

Nawet napisałam o tym krótki wiersz. Moim zdaniem, ładny:

Życie dobre, życie złe, raz na przodzie, a raz w tle.
Życie dobre, życie złe – przeznaczenie twe.

MADAM PINOT

Powiadają tu, że wino jest dowodem na istnienie Boga, który chce naszego szczęścia. Mówią tak, bo po horyzont widzą tylko miłosierdzie. Tym, którzy wino produkują, Bóg daje słońce, dzięki któremu chardonnay smakuje ambrozją i ciepłem. Daje cień, w którym trudne i kapryśne pinot noir nabiera złożoności i magii. Daje wiatr, od którego cabernet staje się miękkie jak dywanik. Daje przestrzeń na ustawienie beczek pozwalających w winie zatrzymać czas. Wcześniej daje winogrona, jakich nie posmakujesz nigdzie indziej na całym kontynencie, tylko w Kalifornii. Winogrona, w które wgryzasz się łakomie tuż po zerwaniu z krzaka, nie bacząc na strugi lepkiego soku spływającego ci po brodzie.

Ci sami, którzy mówią o winie i Bogu, nazywają okolicę „Paraiso", czyli raj. Widząc ten raj, myśli się o Steinbecku, który się w nim urodził, a potem jego stworzenie opisał dokładnie w *Na wschód od Edenu*. Za sprawą Steinbecka myśli się o pierwszych mieszkańcach tych rejonów – Indianach żywiących się owadami, bo nawet do głowy im nie przyszło, by cokolwiek sadzić. Potem o poszukujących złota Hiszpanach, zakładających tu swoje osady i nazywających je imionami świętych. Wreszcie o nowych Amerykanach, którzy ziemię tę wzięli w posiadanie na dobre, w bólach i trudach czyniąc ją rolniczym cudem.

Wśród tych ostatnich jest rodzina Pisonich, która w XIX wieku przybywa do doliny rzeki Salinas z północnych Włoch. W 1952 roku ich potomek Eddie Pisoni razem z żoną Jane dwieście kilometrów na południe od San Francisco, we wsi Gonzales, zakłada farmę. Dla przyjemności hodują konie. By zarobić na życie, uprawiają sałatę, cebulę, brokuły, pomidory i kalafiory.

Dwadzieścia sześć lat później Jane i Eddie słyszą nagle z ust swojego syna Gary'ego pionierską deklarację. Na wzgórzach pobliskich Santa Lucia Highlands, w okolicy, w której nikt wcześniej tego nie robił, zamierza uprawiać winogrona i produkować z nich wino.

Eddie łapie się za głowę i pyta: „Na co ci to wszystko? Nie wystarczą ci, synu, nasze konie i tysiąc akrów warzyw?". Gary odpowiada: „A czy widziałeś, tato, żeby ktokolwiek zapłacił dwieście pięćdziesiąt dolarów za ekskluzywną degustację sałaty?".

W pierwszej dekadzie XXI wieku Gary jest już międzynarodową gwiazdą winiarstwa. Najważniejsze branżowe magazyny publikują jego zdjęcie, na którym w pozie beztroskiego bon vivanta pije wino w wannie ustawionej pośrodku winnic. Gdy spaceruje po portowym deptaku w nieodległym Monterey, właściciele restauracji wychodzą przed swoje lokale, kłaniając mu się w pas, jakby był nie zwykłym winiarzem, ale ojcem chrzestnym całego regionu. Okolica doliny Salinas zapełnia się jego naśladowcami, stając się tym samym konkurencją dla oddalonej o trzy godziny drogi słynnej Napa Valley. Clint Eastwood przylatuje do Pisoni Vineyards swoim helikopterem tylko po to, by podpisać kontrakt na dostawę wina do swojego ekskluzywnego resortu golfowego, a potem sprzedawać je po dwadzieścia pięć dolarów za kieliszek.

W 2008 roku produkowane przez Gary'ego pinot noir w prestiżowym rankingu winiarskiego krytyka Roberta Parkera zostaje uznane za najlepsze na świecie. Olbrzymi sukces. Wspólny, choć tym razem nie chodzi o kooperację z Bogiem. Bardziej o upór i ciężką pracę Gary'ego i jego poślubionej dwa lata wcześniej żony – Margarette.

Gosi.

Margarette. Marguerite. Margo. Albo Gosia. Na pewno nie Małgosia. Prefiksem *mal* w angielskim oznacza się wszystko, co złe. *Maladaptation* to nieprzystosowanie. *Malfunctional* – wadliwy. *Maltreat* znaczy sponiewierać. *Malodour* znaczy smród.

Mal i tak zawsze do życia się wepcha nieproszone. Gosia przez ostatnie pięćdziesiąt cztery lata zdążyła się o tym przekonać nie raz. I w Polsce, i w Kanadzie, i na Kubie, i w Stanach. Ze swoim charakterem kipiącej temperamentem krakuski na pewno nie pozwoli, by *mal* zagnieździło się w jej życiu na dobre. Choćby w imieniu.

Ona *mal* zamieni w *super*. *Malfunctional* w *superfunctional*, bo to po angielsku znaczy wydajny. Wie, jak to robić, i robi to na co dzień. Nawet teraz, gdy jej nowiutkim białym SUV-em marki Lexus stajemy pod gmachem lokalnej poczty w Gonzales.

– Poznaj mój świat. *City girl* na wsi! Zobacz, jak ja to robię! – wykrzykuje wojowniczo zza kierownicy. Właśnie odbiera z poczty przesyłki, które kilka dni temu zamówiła przez internet. – Wszystko kupuję przez Amazon, nawet ryż. Bo Gonzales to taka dziura, że kiełbasę sprzedają tu zieloną, a ryż z robakami. Kasy mają mnóstwo, skurwysyny, co to prowadzą, a takie gówniane dają jedzenie. Skandal!

Na produkty z lokalnego sklepu Gosia – fanatyczka gotowania – jest skazana tylko w ostateczności. W to, czego nie kupi przez internet, zaopatrzy się sama na farmie. Nawet w jajka, bo dwa lata temu razem z Garym zamówiła (oczywiście online!) kilka kurczaków zwanych *Polish chickens* – zabawną odmianę z czuprynką, znoszącą białe jajka. By przez pierwsze tygodnie zwierzęta nie były narażone na chłodne noce północnej Kalifornii, urządziła kurnik w pokoju gościnnym i dogrzewała kurki lampami, aż podrosną. W ostatnich dniach jednak zastrajkowały i nie chcą dawać jajek. Trzeba zdać się na sklep. Gosia buszuje więc wśród opakowań, licząc, że znajdzie jakiekolwiek nieprzeterminowane. Nic z tego. Nie szkodzi. Na kolację będzie łosoś.

Kolację jemy na farmie założonej dokładnie pośrodku niczego. Oprócz niewielkiego, pomalowanego w barwach jasnej zieleni, liczącego ponad sto lat domku, dwóch chatek gościnnych (dla rozróżnienia nazywanych w dwóch językach: *guest house*[1] i *la casita*[2]), garażu, stodoły i pomieszczeń na beczki z winami po horyzont nie widać ani jednego zabudowania. W oddali mgliście majaczy jedynie kontur Santa Lucia Highlands – miejsca, w którym Gary z Gosią mają swoje winnice. Kilka dni temu przez okolicę przetoczyły się ogromne styczniowe ulewy, a w pakiecie z nimi – lawiny błotne, które spadły na tory, drogi i domy. Na dobry tydzień farma Gosi i Gary'ego była odcięta od świata. Jeszcze dziś po przesiąkniętych deszczem nieutwardzonych drogach można z niej wyjechać wyłącznie autem z napędem na cztery koła.

W przytulnym salonie domu Gosi i Gary'ego o kataklizmach myśleć nie sposób. Obite drewnem wnętrze jest, delikatnie mówiąc, bogate w drobiazgi. Głównie te związane

---

1 *guest house* (ang.) – domek gościnny.

2 *la casita* (hiszp.) – domek.

z największą miłością Gosi – kotami (po domu kręci się ich pięć) – i największą Gary'ego – winem (dokładnie pod salonem, w którym jesteśmy, mieści się piwniczka z półkami wypełnionymi trunkiem od podłogi aż po sufit). Po kątach salonu porozstawiane są figurki kociaków, od zwykłych (zrobionych z gipsu lub kryształków Swarovskiego), po funkcjonalne (w postaci poduszek, podajników na mydło lub uchwytów na serwetki). Ramę wielkiego telewizora otacza łańcuch światełek w kształcie kiści winogron. Na podkładkach pod ciepłe napoje widnieje napis: „Wino poprawia się z wiekiem. Im jestem starszy, tym bardziej je lubię". Przy kawowym stoliku leży album łączący obie pasje. Nosi tytuł *Wine cats*.

Jest chłodno, ale przed tym chroni nas skwierczący na pełnych obrotach kominek. Ze ściany przy kominku patrzą na mnie namalowane farbą portrety gospodarzy. Gosia w mocnym makijażu, z ciemnymi włosami upiętymi wysoko w kok. Obok Gosi – Gary z dziką, sięgającą ramion burzą kędzierzawych włosów i oczywiście z kieliszkiem czerwonego wina w dłoni.

Gdy Gosia kładzie na stole talerze z pieczonym łososiem w warzywach, Gary dołącza do nas, odkładając na bok swój wieczorny rytuał – palenie sziszy z marihuaną, która w całej Kalifornii od niedawna jest legalna. Nigdy nie nazywa jej inaczej niż po polsku: „maryśka". To zresztą jedno z niewielu polskich słów, które przez szesnaście lat związku (w tym – dwanaście małżeństwa) z Gosią nauczył się wymawiać całkowicie poprawnie, choć w Polsce był już ze trzydzieści razy i zakochał się w naszym kraju bez reszty. Ale na przykład słowa „kabanosy" nigdy nie przyswoił – do dziś mówi na nie „kawasaki".

– Wiesz, którą z polskich piosenek lubię najbardziej? – pyta, uzupełniając nasze kieliszki cabernetem własnej roboty. – Tę, w której wokalista śpiewa, że „zamknąłem cię na klucz w swoim niebie!".

– Tej nie znam! – odpowiadam zaskoczona.

– Jak nie znasz?! Budki Suflera nie znasz?! – dziwi się Gosia. – Przecież to *Bal wszystkich świętych*! Tam jest ta fajna metafora: „A ja włóczę się znów bez ciebie i do nieba mam klucz".

– Ale Cugowski tam nie śpiewa „I do nieba mam klucz", tylko „I do piekła mam tuż"!

– A, nic nie szkodzi – chichocze Gosia. – I tak fajnie, i tak.

Gary'ego nosi. Ewidentną pamiątką po włoskich przodkach jest jego ognisty temperament. Patrząc na to, jak ledwo może wysiedzieć przy stole, ma się wrażenie, że nawet burza loków, jaką nosi na głowie, to efekt skumulowanej wewnętrznej energii, która rwącym potokiem eksploduje na zewnątrz. Impreza, biesiada, wielkie Dionizje – to jego żywioł. Najpierw więc organizuje dla nas konkurs, w którym po smaku mamy poznać, jaki gatunek wina pijemy. Potem z werwą opowiada, jak najlepiej degustować wino, by odkryć cały bukiet jego smaków. Aż nagle i niespodziewanie wykrzykuje:

– Na śmierć bym zapomniał! Muszę ci coś pokazać! – Wstaje od stołu i zanim się zorientuję, odwraca tyłem do mnie, zdejmując spodnie. – Super, co?! – pyta zadowolony.

Powodem do dumy Gary'ego są nie tyle jego pośladki, ile to, co na nich widnieje. A widnieje niespodzianka, jaką w tajemnicy przed Gosią planował od miesięcy. Podczas podróży do Tajlandii wytatuował sobie na pupie serce z napisem: „Kocham Żonę Gosię". Aby w polskim języku nie zrobić błędów, konsultował wcześniej komunikat z jej mamą, która dodatkowo cały upominek zaprojektowała graficznie – jest architektem i świetnie rysuje. Gest równie romantyczny (przynajmniej według standardów Gary'ego), co praktyczny, bo uaktualniający sytuację trwającą już od dwunastu lat. Wcześniej Gary tatuaż miał tylko jeden: zrobione na drugim pośladku serce i napis: „*I love my wife Roseanne*”[3].

Dla Gosi pośladkowy telegram jest głównie nadzieją na to, że teraz już będzie dobrze.

Deklaracja na tatuażu była niespodziewanym porywem, niemającym nic wspólnego z jej oczekiwaniami. Ze wszystkich rzeczy, które mogłyby przeszkadzać, tatuaż o Roseanne przeszkadza jej najmniej. Pierwsze małżeństwo Gary'ego to od ponad dwóch dekad pieśń przeszłości, a z jego rozpadem Gosia nie ma wspólnego absolutnie nic. Do dziś zresztą pozostaje z Roseanne w idealnych relacjach. Poza tym nigdy nie żyła iluzją na temat nieskazitelnych damsko-męskich relacji, wiedziała, że rozwody były, są i będą. Sama doświadczyła tego już jako trzylatka, gdy jej mamę zostawił mąż. Dopiero po latach Gosi udało się nawiązać z ojcem prawdziwą więź i przyjaźń. Wie zatem, że bywa różnie. Przede wszystkim jednak gdyby sama tatuażami miała oznaczać swoje życie małżeńskie, to w tej chwili również miałaby już dwa.

Przed Garym był Ivo, którego zdjęcie Gosia pokazuje mi po kolacji. Widzę faceta oszałamiająco przystojnego i równie oszałamiająco wysokiego. Żyli razem trzynaście lat, choć z perspektywy czasu Gosia stwierdza, że o trzynaście za długo.

– Ogromny, ładny, fajny chłop z niego był. Ale głupi jak cholera! Nie to, że wiedzy nie miał. Inteligentny był, komputerami się interesował i pracował w tym, ale tak życiowo

---

3 *I love*... (ang.) – Kocham moją żonę Roseanne.

to masakra. Nigdzie nigdy nie był, bał się wszystkiego. Nic w domu nie zrobił – dwie lewe ręce. No to po co mi taki chłop?

Gosia poznaje Ivona kilka lat po tym, gdy jako dziewiętnastolatka emigruje z Krakowa do Toronto. Ona jest już zadomowiona w Kanadzie na dobre. On – mieszka tu od urodzenia, choć z pochodzenia jest Chorwatem. W czasach wojny jugosłowiańskiej Serbowie w Toronto zabijają mu ojca.

Stara prawda o tym, że przeciwieństwa się uzupełniają, w ich przypadku nie sprawdza się ani trochę. Fakt, mają wspólnych znajomych, lubią razem imprezować na organizowanych przez Gosię niemal co tydzień szalonych domówkach. Ale na tym punkty styczne w zasadzie się kończą. Po pierwsze – Gosia od początku ładuje się w ten związek trochę z przekory. Albo z pragmatyzmu – chcąc ukoić serce złamane wcześniej przez kanadyjskiego artystę, który nie chce w niej widzieć nikogo więcej niż dobrą przyjaciółkę.

Po drugie – rozmijają się z Ivonem w zamiłowaniach. Ona mogłaby spędzać całe dnie w prowadzonym przez siebie w domu zakładzie fryzjerskim. Farbować klientom włosy na wszystkie kolory tęczy. Przesiadywać z nimi na ogromnej kanapie z czerwonego pluszu. Nalewać im wino do kieliszków i puszczać muzykę z ustawionej w lokalu szafy grającej. Jego do roboty – delikatnie mówiąc – nie ciągnie. Częściej jej nie ma, niż ją ma.

– Wielki komputerowiec. Chodził na *appointmenty*[4], życzył sobie kupę pieniędzy. Dostawał te prace, bo świetnie się prezentował. Ale jak go już przyjmowali, to sobie nie radził i od razu rzucał. Siedział tylko w domu i dupą kanapę rzeźbił. Ciągle musiałam go utrzymywać.

---

4 *appointment* (ang.) – spotkanie.

Po trzecie wreszcie – wszystkie te światopoglądowe przepaści dałoby się może jakoś zasypać, gdyby nie dzieci. Ivo od początku naciska na posiadanie wesołej gromadki, nieustannie bredzi o tupocie małych nóżek. Doprowadza tym Gosię do szału. Nigdy nie lubiła dzieci i nigdy nie polubi.

– Ja byłam strasznym dzieciakiem, a mój brat potwornym rozrabiaką. Teraz się uspokoił, ale i tak kontakt mamy dość niewielki. Zawsze więc byłam przerażona, że będę miała takie bachory, jak moja mama miała. A Ivo patrzył, jak się ptaki zagnieździły u nas w ogrodzie, i gadał: „Chciałbym, żeby u nas też tak ptaszki ładnie ćwierkały w domu". Przez to ja się z nim bez przerwy rozchodziłam i schodziłam. Gdy obwieszczałam, że go zostawiam, to przychodził z ogromnym bukietem albo balonami z napisem „*I love you*". Na kolanach czasami płakał rzewnymi łzami. No to jak ja go mogłam odprawić? Mnie go było żal, bo to nie był zły człowiek. Tylko do życia w ogóle się nie nadawał.

Nie wiadomo, jak długo ta sytuacja ciągnęłaby się dalej, gdyby nie to, że Gosia nieświadomie daje Ivonowi czas do namysłu. W 2002 roku wyjeżdża do Krakowa na siedemdziesiąte urodziny swojej matki. Gdy wraca do Toronto, Ivo oświadcza, że chce rozwodu.

– Ulżyło mi, bo ja już sto lat wcześniej mówiłam, żeby się ze mną rozwiódł.

Sprzedali dom, ich drogi się rozeszły. Dziś Ivo ma żonę Chorwatkę i ma dzieci. Gosia ma Gary'ego, tematu potomstwa nigdy między nimi nie było. Gosia, nie będąc matką, jest dziś babcią i to lubi. Dorośli synowie Gary'ego z pierwszego małżeństwa mają dzieci, które regularnie uszczęśliwiają „Babcię Margarette" laurkami, dziękując jej za wszystko, czym je rozpieszcza. Ale po nową rodzinę Gosia musiała pojechać za granicę.

Gary, nie dając żonie dzieci, ofiarowuje Gosi coś, co ona doceni znacznie bardziej. Na eleganckiej czarnej butelce pinot noir widnieje jej zdjęcie, a pod nim – wielką czerwoną kursywą napis: „Madam Pinot". Wyjaśnienie wytłoczone z tyłu rozwiewa wszelkie wątpliwości: „Madam Pinot kocha pinot noir. Uwielbia gotować, serwować ludziom wino i spędzać czas w winnicach. Tę specjalną mieszankę Pisoni Pinot Noir dedykuję mojej wspaniałej żonie – Madam Pinot. Gary Pisoni".

Madam Pinot nie jest na sprzedaż. Choć każdy, kto go spróbuje, jest gotowy wyłożyć za nie grubą gotówkę, Gary pozostaje nieustępliwy. Tym jedynym winem chce dzielić się tylko z najbliższymi. Wyłącznie z tymi, którzy znają i potrafią docenić splot wydarzeń, który połączył ich losy. Którzy mają świadomość, że bez wina to małżeństwo nigdy by nie stało się faktem.

O momencie poznania Gosi Gary lubi mówić w kategoriach przeznaczenia. Ma nawet na to dowody, bo jednym z pierwszych pytań zadanych przyszłej żonie było to o dzień i godzinę urodzenia. Jako domorosły ekspert od astrologii jeszcze w dniu ich pierwszego spotkania wstukał pozyskane dane do komputera i zestawił z własnymi. Wykres, który otrzymał, potwierdził jednoznacznie: są dla siebie stworzeni.

Z perspektywy Gary'ego początek ich wspólnej historii przedstawia się więc tak:

– Margarette lubiła jeździć na Kubę, była tam chyba ze trzynaście razy. Gdy w 2002 roku przyjechała z koleżankami do Hawany na festiwal jazzowy, zatrzymała się w tym samym hotelu co ja. Ja z synem odwiedzaliśmy właśnie na Kubie fabrykę cygar, ale Jeff wrócił wcześniej do Stanów, żeby pilnować biznesu. Jednego wieczoru zobaczyłem ją w hotelowym barze, gdy zamawiała siedem kieliszków czerwonego wina – dla siebie i przyjaciółek. Byłem już trochę wstawiony, więc odważyłem się podejść. Powiedziała mi, że jest z Toronto i że pracuje jako fryzjerka. Odpowiedziałem: „Jeśli lubisz bujne czupryny i dobre wino, to mam ci do zaoferowania i jedno, i drugie!". Zadziałało!

– I nadal działa! – dokrzykuje jego żona, choć z jej punktu widzenia sprawy wyglądały nieco bardziej zagmatwanie. Dzisiejsza Gosia potrafi efektownie otworzyć butelkę szampana, utrącając jej szyjkę zabytkową szablą. O winie wie wszystko, nawet pogodę ocenia według jego kryterium: „No, jutro będziemy mieć słoneczko w sam raz na rosé". Gosia z 2002 roku nie jest jednak specjalistką, lecz co najwyżej pasjonatką. Wszyscy bywalcy jej słynnych na całe Toronto domówek wiedzą, że u niej w domu nic innego się nie pije, nigdy nie jest to jednak sommelierska uczta. Swoich gości częstuje winem, które na galony kupuje od sąsiada. Dość smacznym, ale młodziutkim – w winnicach Pisonich piłoby się je jak kompocik. Dostrzegając więc w Gosi znawczynię i smakoszkę, Gary dostrzegł nie rzeczywistość, lecz obietnicę.

Ona zaś w pierwszej chwili nie dostrzegła go w ogóle. W tym czasie jest świeżo po rozwodzie z Ivonem i planuje zrobić sobie odwyk od facetów, koncentrując się na podróżach. Rozmowę przy barze – tę o winie i włosach – pamięta jak przez mgłę. O wiele lepiej przypomina sobie, jak dzień później spotkała go w hotelowej windzie.

– Ja wtedy nie chciałam żadnego chłopaka, ale od razu zauważyłam, że Gary to świr i wariat, i strasznie mi się to spodobało. Był fajny, interesujący, kochał wino. Był całkowicie inny od tego, co miałam w Toronto – świat nudnawych misków, ciasteczek i kluseczek.

Ten drugi wieczór spędzają już w całości razem, jak dwójka zakochanych. Spacerują po plaży, trzymając się za ręce. Rozmawiają, kąpią się nocą w morzu, prosząc wcześniej kubańskiego policjanta, by popilnował im ciuchów.

– I tak największa miłośniczka wina w Toronto związała się z jednym z najlepszych kalifornijskich winiarzy. Chyba rzeczywiście brzmi jak przeznaczenie, co? – pyta Gosia.

Gary dodaje:

– To było zapisane w niebie.

Po powrocie z Kuby widują się co miesiąc. Raz on przyjeżdża do Toronto, raz ona do Kalifornii. Gosia pokazuje Gary'emu Polskę: Kraków, gdzie mieszka jej matka, i Zakopane, gdzie mieszka ojciec. Częstuje go zupą grzybową w chlebie, a on chodzi po Krupówkach ubrany w parzenicę i wykrzykuje do ludzi: „*Me* góral!"[5]. Gary w rewanżu poznaje ją z całym światkiem amerykańskich winiarzy. Zabiera na najbardziej prestiżowe branżowe imprezy. W 2003 roku Gosia przenosi się do Gary'ego na cały rok.

– Zakochałam się w nim po uszy. Nie pierwszy raz w życiu, bo wcześniej tak kochałam tego artystę, który mnie nie chciał. Ale drugi. Nogami, rękami, jak w błocie.

Piją dobre wino. Sielanka kwitnie. *Dolce vita*. Do momentu, gdy Gosia odkrywa, że nie są w Gonzales sami.

– Na początku niczego nie zauważyłam, bo gdy przyjeżdżałam, chowała się po krzakach, przeprowadzał ją do hotelu albo mówił o niej, że jest tylko przejazdem. Ale w końcu zorientowałam się, że ona tu mieszka! I że tu rządzi! Któregoś dnia przyjechałam do domu, a ona w salonie zdjęła zasłonki i przybiła gwoździami do okien zaplamione prześcieradła!

Tej „innej" Gosia nie chce nawet nazywać po imieniu. Od samego początku, podobnie jak synowie Gary'ego, nie

---

5 *Me* góral! – ja góral!

mówi o niej inaczej niż „Maciora", nigdy więc nie poznaję jej prawdziwego imienia. Gary – gdy prawda wychodzi na jaw – błąka się w nazewnictwie. Najczęściej tłumaczy, że to po prostu stara koleżanka. Albo przyjaciółka rodziny, którą chwilowo przygarnął, bo nie miała się gdzie podziać. Jak jest naprawdę – nie wiadomo. Krótkie śledztwo przeprowadzone przez Gosię szybko jednak wykazuje, że po pierwsze: „Maciora" mieszka w domu Gary'ego już od kilkunastu lat. Po drugie: że to ona miała być powodem rozpadu jego pierwszego małżeństwa.

– Ona ciągle się tu plątała, mieszkała z nami. Cały czas na amfie leciała. Nienawidziłam jej. Wszyscy jej nienawidzili, oprócz Gary'ego. Tu był horror. Odwiedziła mnie wtedy koleżanka z Warszawy, zobaczyła, co się dzieje, i powiedziała: „Ale mi *American dream*! Ja to stąd spierdalam!". Gosia po roku robi to samo. Pakuje swoje rzeczy, ucieka do Toronto.

Ile razy można zaczynać od nowa? Tyle, ile *mal* sobie zażyczy. Znowu rozpanoszyło się w jej życiu, znowu musi kombinować, co dalej. Znowu jest na starcie. Jak dwadzieścia lat wcześniej.

Z Krakowa do Toronto Gosia wyprowadza się z bratem w 1983 roku, tuż po swojej maturze. Czeka tam już na nich przyrodnia siostra matki. Z początku deklaruje, że ich przygarnie i utrzyma. Zmienia zdanie, gdy między nią a siostrzenicą zaczynają się tarcia. Dla Gosi jest jasne, że musi się wyprowadzić.

– Nie miałam gdzie się podziać, więc zadzwoniłam do byłego męża tej ciotki, też Polaka, a on powiedział, że chętnie mi pomoże. Sprzedałam mu futro, które mama mi dała jeszcze przed wyjazdem z Polski. Dał mi za nie dwieście dolarów. Wuj miał duży dom, ale kazał mi spać ze sobą w łóżku. Tłumaczył, że nie ma więcej pościeli. Choć miał. I pewnej nocy mnie zgwałcił... Skurwysyn. Szczur jebany. Nikomu o tym nie powiedziałam, bo wstydziłam się przyznać. Następnego dnia spieprzyłam do polskiej dzielnicy i za pieniądze z futra wynajęłam mieszkanie z pierwszego ogłoszenia, jakie znalazłam w gazecie. Czterdzieści dolarów za tydzień. Tam były szczury i pijaki. Strasznie się bałam.

Roncesvalles, czyli polską dzielnicę w Toronto, potocznie nazywa się „Wólką". I właśnie na Wólce, po ucieczce od wuja, Gosia znajduje pierwsze zatrudnienie. Pracuje w polonijnej restauracyjce Sir Nicholas za dwa dolary za godzinę. Na czarno, mimo że ma w Kanadzie pozwolenie na pracę. Kolejną robotę łapie już w centrum. Z ulicznego wózka stylizowanego na tramwaj sprzedaje śpieszącym się do pracy przechodniom rogaliki. Zarobione pieniądze trzyma w przywiezionym z Krakowa pudełeczku z cepelii. Obok niej swoje stoisko mają sympatyczni kanadyjscy studenci handlujący biżuterią. Gdy widzą szkatułkę, oczy im się świecą jak świecidełka, które sprzedają. Też taką chcą. Gosia zaczyna więc sprowadzać folkowe skrzyneczki z Polski i rozprowadzać je wśród Kanadyjczyków. Biznes żre jak szalony.

– Dziennie potrafiłam na tym zarobić nawet siedemset dolarów. Jak na weekendy przyjeżdżała do mnie przyjaciółka z Montrealu, to się w domu dla żartu obsypywałyśmy tymi pieniędzmi.

I tak aż do 1986 roku, gdy Gosia dostaje kanadyjskie obywatelstwo i postanawia rozpocząć poważne życie. Chce zdawać na studia medyczne, ale na egzaminie brakuje jej zaledwie sześciu punktów. Rusza więc do urzędu pracy. Ten wysyła ją na staż do gwiazdy fryzjerstwa – Michaela Volpe'a, który na kolejne dekady stanie się jej przyjacielem i mentorem.

Po dziesięciu latach i pracy w kolejnych prestiżowych salonach sama nie może się opędzić od własnych klientów.

W wysokiej suterenie domu, który kupuje z Ivonem, otwiera swój biznes, zatrudnia asystentki. Na jej fotelach siadają celebryci z całego Toronto. Kanadyjska telewizja angażuje ją do stylizowania włosów prezenterom. Teatr – do czesania aktorów z popularnego musicalu *Nędznicy*. Ma pieniądze, przyjaciół, imprezy i dom. Własnymi rękami pokonała *mal*.

A teraz, po ucieczce od Gary'ego z Kalifornii, znowu jest w punkcie wyjścia. Znów zakasuje rękawy. Wynajmuje mieszkanie w kondominium, powoli odzyskuje dawnych klientów, a wraz z nimi stabilizację i spokój ducha.

W 2005 roku dzwoni Gary z propozycją, by spotkali się na neutralnym gruncie. Spędzają razem kilka dni w Chicago. On przeprasza.

Po kilku miesiącach Gary przyjeżdża do Toronto. Z pierścionkiem.

W 2006 roku biorą skromny ślub w Las Vegas.

– On miał tylko dwa uzależnienia: wino i tę babę. A jak ona znalazła w moich rzeczach kartkę z życzeniami i dowiedziała się, że wzięliśmy ślub, to wpadła w szał! Nie masz pojęcia, jakie tu pióra leciały. Potem mówiła mi, że on ją przepraszał i tłumaczył, że ożenił się ze mną tylko po to, żeby mi pomóc, żebym papiery miała. Ale nie wiem, czy to prawda. Nie chce mi się w to wierzyć.

W garażu, gdzie Gosia trzyma dziś ocet, kombuczę[6] i kefiry własnej roboty, „Maciora" mieszkała aż do września 2017 roku. Teraz jesteśmy tu, żebym zobaczyła nie to, co jest w pomieszczeniu, lecz to, czego w nim nie ma. Jej nie ma. Gdy znika, Gosia zatrudnia specjalistę, który wszel-

---

6 Kombucza – grzyb herbaciany, na którego bazie przygotowuje się napoje mające podobno właściwości lecznicze.

kie ślady obecności kobiety usunie na zawsze za pomocą myjki ciśnieniowej.

– Wszystko tu było zgniłe i obsikane przez nią lub przez psy, które z nią przesiadywały. Smród był taki, że nie dało się przejść obok tego garażu.

– A co na to Gary?

– Nic.

Kolejne lata małżeństwa mijały, a impas w sprawie „Maciory" trwał. Gosia co i rusz stawiała Gary'emu ultimatum, a Gary co i rusz obiecywał jej, że druga kobieta wyniesie się z ich życia. Zawsze jednak w ostatniej chwili znajdował jakąś wymówkę. Chyba do ostatniej chwili wierzył, że Gosia o obecności intruzki po prostu zapomni.

W pierwszych latach rzeczywiście prawie zapomina – mają przecież mnóstwo do roboty. Bez przerwy są poza domem, w trasie, promując wina Pisonich na imprezach w Los Angeles, Las Vegas czy na Hawajach. Gary raczy tam ludzi anegdotkami, w tym swoim flagowym zdaniem: „Moim ulubionym winem jest każde, które akurat mam w kieliszku". Gosia patrzy z podziwem na to, jak jej świeżo poślubiony małżonek jest w środowisku poważany i ceniony. Patrzy też z nieskrywaną dumą – bo sama jest częścią tego biznesu.

W końcu odkąd osiadła w Gonzales na stałe, ich rodzinna firma funkcjonuje świetnie jak nigdy. Jakby niczym wino dojrzała do swojej najlepszej kondycji. Gdy organizują w winnicach degustacje, Gary bierze na siebie wybór trunków, Gosia szykuje do nich idealnie pasujące dania. Ludzie bawią się u Pisonich do ciemnej nocy, a potem zabawę tę wspominają przez kolejne miesiące.

– Więc nawet mi z początku ta pizda szczególnie nie przeszkadzała, bo praktycznie nigdy nas w domu nie było.

Spuszczenie kogoś z oczu nie oznacza jednak, że ten ktoś zniknie. Przez to z roku na rok jest gorzej. Gdy z garażu idziemy do pralni, Gosia pokazuje mi, że nawet pralkę i suszarkę musiała trzymać zamknięte na kłódkę.

– Ja z tą kobietą żyłam jedenaście lat! Nigdy się do niej nie przyzwyczaiłam. Ona się nie myła od trzech lat. Ciągle kradła mi rzeczy, sprzedawała je, a pieniądze wydawała na narkotyki. Atakowała mnie, rzucała się na mnie tak często, że musiałam zacząć chodzić po domu z gazem pieprzowym. Ona była pasożytem. Baba potwór. Ale na tyle inteligentna, żeby mojego Gary'ego omotać i uzależnić od siebie. Tu było piekło.

Do tego piekło, na które nie byłoby żadnego rozwiązania, gdyby w końcu nie zauważyli go synowie Gary'ego. Widzą coraz bardziej niebezpieczną kobietę, widzą jej niszczący wpływ na ojca. Są prawnymi właścicielami farmy, we wrześniu 2017 roku przychodzą więc do taty i oświadczają mu, że zdobyli sądowy nakaz eksmisji „Maciory". Na wyniesienie się z farmy ma trzydzieści dni. Dla Gary'ego to cios.

– Tylko pił, płakał i darł się, że zabieramy mu żonę, z którą był ożeniony przez trzydzieści lat. Chlał na umór. Przez miesiąc praktycznie nie trzeźwiał. Raz samochodem po pijaku wjechał w słup telegraficzny. Doczołgał się przez pole kalafiorów do domu, żeby policja nie zobaczyła go w takim stanie.

Gosia, która nie znosi robić z siebie ofiary, nigdy nie powie, jakie to uczucie, gdy mąż szaleje z rozpaczy za inną kobietą. Przemilczy to, a w głowie zaliczy po prostu do kolejnego *mal*, które trzeba pokonać. Bo to *mal* Gosia również bierze za fraki. Razem ze swoimi pasierbami namawia Gary'ego na terapię. W październiku 2017 roku Gary wyjeżdża na miesiąc do Utah, leczyć duszę.

Nazwa miejscowości Soledad po hiszpańsku znaczy „samotność", ale tu byciem sam na sam z naturą nikt by się szczególnie nie przejął. Jak daleko by nie spojrzeć, przed nami równiutkie rzędy krzewów winorośli odpoczywających zimą przed pracowitym sezonem. Okolica rozpływa się w pastelowych barwach, sprawiając, że nie wiadomo, czy to niebo odbija się w tutejszym stawie, czy może staw odbija się w niebie. Wśród należących do Pisoni Wineyards winorośli, palm i agawy stoi dość rozległa jaskinia, w której Gary i Gosia organizują swoje dionizyjskie przyjęcia. Dziś goszczą milionerów z Pensylwanii, którzy w dolinie Salinas chcą zainwestować w resort z gorącymi źródłami.

Gary rozlewa gościom chardonnay i opowiada o swoich początkach. O tym, jak przez prawie dziesięć lat szukał w tej okolicy wody potrzebnej do uprawy wina. Mówi o poznanym w barze Indianinie, który przekonywał go, że „potrafi wyczuć wodę", ale już na wzgórzach nic wyczuć nie potrafił. I o tym, jak wreszcie, po dekadzie, w najwyższym miejscu farmy w ciągu minuty trysnęło z ziemi tysiąc galonów wody. Goście z uznaniem biją brawo.

– Widzisz? On się połapał, że się pogubił. Zobacz, jaki to kochany facet – szepcze mi do ucha Gosia. – Dlatego tak chciałam walczyć o niego. Mam nadzieję, że on też będzie o siebie dalej walczył. On musi sam chcieć. Konia da się przyprowadzić do wody, ale nie da się go zmusić, żeby pił. – Po chwili namysłu dodaje: – Ja jestem taka, że zostawiam z tyłu wszystko, co było złe, i robię *deal* z tym, co jest teraz. Nigdy nie rozpamiętuję. Teraz mam tylko takie marzenie, żebyśmy się we dwójkę zestarzeli fajnie i wesoło.

Tę myśl przerywa Gary, który nagle wstaje od stołu i robi w środku jaskini obrót wokół własnej osi. Podchodzi do Gosi, obejmuje ją ramieniem, a biesiadnikom bez wahania obwieszcza: „A w tej grocie to często z moją żoneczką robimy sobie... jabadabaduuu!". Goście wybuchają śmiechem.

– No i taki jest ten Gary – podsumowuje Gosia. – Kochany, ale jak dzieciak. Dlatego kocham go, ale inaczej niż kiedyś. Kocham go, jakby był dzieckiem. I martwię się o niego jak o dziecko. Przez całe życie nie chciałam mieć dzieci, a teraz się okazuje, że jednak mam.

NAJGORSZE JEDZENIE W MIEŚCIE

Osobiste sympatie i antypatie Anny Wintour określa się tu według czasu, który poświęca na zjedzenie steku. W nowojorskiej restauracji Waverly Inn charyzmatyczna szefowa amerykańskiego „Vogue'a" stołuje się średnio trzy razy w tygodniu. Zazwyczaj w towarzystwie. Z menu zamawia zawsze to samo: Grilled Dry-Aged New York Strip Steak – grillowany, sezonowany na sucho nowojorski *strip steak*[1] z masłem i szparagami. Wieść gminna niesie, że z LeBronem Jamesem pochłonęła danie w zaledwie kwadrans, bo za koszykarzem ponoć nie przepada. Ze swoim ulubionym tenisistą Rogerem Federerem smakowała każdy kęs. Spędziła wtedy w Waverly Inn aż czterdzieści pięć minut. Według jej standardów to cała wieczność.

Kto oprócz Anny Wintour się tu pojawia? Pomyślcie o dowolnej osobie z grona amerykańskich *A-listers* – najgorętszych nazwisk śmietanki towarzyskiej USA, a możecie być pewni, że ona też. Od Beyoncé po Sarah Jessicę Parker. Od Roberta De Niro po Seana Penna. O tym ostatnim krąży plotka, że raz spontanicznie wybrał się do Waverly Inn, a właściciel go pogonił za brak rezerwacji.

---

1 *strip steak* (ang.) – kawałek rostbefu wykrawany z części zwanej *short loin* (krótkiej polędwicy).

– Nieprawda, nigdy bym go nie wyrzucił – dementuje sam zainteresowany, właściciel Waverly Inn Emil Varda. Polak. – To mój znajomy. On nie jest najmądrzejszy. Nie jest najostrzejszym nożem w tej szufladzie, a jego lewactwo uważam za trochę nieznośne. Ale jest bardzo sympatyczny. Zawsze bym znalazł dla niego miejsce.

Widywano tu również i samego Donalda Trumpa, ale teraz już by nie przyszedł, a powód jest niemal historyczny. Drugi właściciel Waverly Inn, wspólnik Emila Vardy, to Graydon Carter – były naczelny magazynu „Vanity Fair". Ten w zasadzie już od lat osiemdziesiątych znany jest jako jeden z najbardziej oddanych krytyków amerykańskiego prezydenta. To Carterowi przypisuje się autorstwo słynnego epitetu *short-fingered vulgarian* („parweniusz o krótkich paluszkach"), a sam Trump w rewanżu (i bogatej historii internetowej aktywności) „zadedykował" przeciwnikowi aż czterdzieści jeden swoich wpisów na Twitterze. Tweet czterdziesty drugi powstał stosunkowo niedawno – w czasach ostatniej kampanii prezydenckiej po krytycznym artykule Cartera na łamach „Vanity Fair". Amerykański prezydent napisał wtedy: „Waverly Inn – *worst food in city*". Najgorsze jedzenie w mieście. Carter i Varda natychmiast nadrukowali tę opinię na szczycie rozdawanej w restauracji klientom karty dań. Trump więcej się w Waverly Inn nie pojawił.

– Pan Varda siada tu – obwieszcza mi hostessa, jakby chciała mnie powstrzymać przed popełnieniem największej gafy w historii wszechświata. Skórzana miejscówka właściciela specjalnie w tym celu została zresztą przecięta nożem na siedzeniu, żeby ani mnie, ani nikogo innego przypadkiem nie kusiło. Posłusznie zajmuję miejsce naprzeciwko.

Waverly Inn bierze właśnie ostatni oddech przed nadchodzącym nieuchronnie za około godzinę szturmem wygłodniałych klientów, na razie jestem więc w lokalu praktycznie sama. No, nie licząc całego zaszczytnego towarzystwa ze ściany, której teraz nabożnie się przyglądam. Jeden z największych skarbów tego miejsca – mural rozciągający się na całą długość głównej sali – właśnie po to tu jest. By zachwycać. I zachwyca. Po pierwsze, bo namalował go Ed Sorel – jeden z najsłynniejszych rysowników Ameryki, tworzący ilustracje do „Vanity Fair" i „New Yorkera". Po drugie, bo to, co widać na muralu, można by nazwać wariackimi nowojorskimi bachanaliami. Nagusieńka Anaïs Nin w procesie tworzenia memuarów. Norman Mailer podziwiający swoje odbicie w tafli sadzawki. Andy Warhol spacerujący beztrosko z koszykiem z hipermarketu. Truman Capote jako motyl atakujący Walta Whitmana. Bob Dylan, Marcel Duchamp, Marlon Brando... Czterdzieści postaci amerykańskiej bohemy, które w ciągu ostatnich stu pięćdziesięciu lat mieszkały w okolicy restauracji, na West Village. Nie sposób nie zrobić zdjęcia, więc robię, by od razu przekonać się, że siadanie na miejscu właściciela nie jest jedynym sposobem na złamanie wewnętrznego regulaminu.

– Żadnych zdjęć, pani Doroto! Żadnych zdjęć! – krzyczy z drugiego końca sali podążający w moim kierunku sześćdziesięciokilkulatek w drogiej marynarce, której fason jej właściciel podkreślił szalikiem zawiązanym we francuskim stylu. Zwichrowana szpakowata czupryna, okulary w rogowych oprawkach... tak sobie go chyba wyobrażałam.

Emil Varda z Lublina.

To kiedyś.

Od ponad trzydziestu lat Emil Varda z Nowego Jorku.

– Oprowadzi mnie pan? – pytam.

Rozkład pomieszczeń w Waverly Inn większość amerykańskich gazet opisała z taką dokładnością, jakby wszystkie naraz nagle postanowiły zmienić na chwilę swój profil na wnętrzarski. Jakby dobrze wiedziały, że jedna z najmodniejszych restauracji Nowego Jorku każdy błahy wątek zmienia w gorący temat. Nawet kwestię lokalizacji toalet. Ale to za chwilę.

Bo samo wejście do lokalu wygląda niepozornie. Ot, zwykły, drewniany przedsionek przytulony do eleganckiego *brownstone*'a[2] – takiego jak wszystkie w okolicy. Tuż za wejściem bar przy kominku, wysokie stołki przy barze, alkohole za ladą. Na prawo od baru – sala główna. Ta z muralem. Bliżej wyjścia: tradycyjne restauracyjne stoliki zwane *dining roomem*, jadalnią. Bardziej w głąb: stoliki specjalne dla najważniejszych gości. Właśnie teraz przy jednym (sąsiadującym z tym, przy którym zwykł się stołować Emil Varda) zasiada Jill Abramson, była naczelna dziennika „The New York Times". Stoliki *premium* od zwykłych oddziela styl. Zamiast krzeseł – półokrągłe skórzane kanapy z brunatnymi obiciami. Chciałoby się napisać, że takie jak w *dinerze*[3], ale w lokalu, w którym serwowało się *macaroni & cheese*[4] z białymi truflami, takie porównanie ani trochę nie przystoi.

I wreszcie tuż za tą strefą VIP – toalety.

– To taki mój polski *wisdom*. Przed laty na jednej z wystaw w Nowym Jorku natknąłem się na Andy'ego Warhola, który w czasie, gdy był podziwiany, robił zdjęcia tym, którzy go podziwiali. I widzi pani – tu jest to samo. Normalnie w knajpach łazienki są gdzieś przy wyjściu. A u nas ci,

---

2 *brownstone* (ang.) – potoczne określenie nowojorskich kamienic; nazwa pochodzi od materiału, z którego są zbudowane – czerwonobrunatnego piaskowca.

3 *diner* (ang.) – tradycyjna amerykańska jadłodajnia.

4 *macaroni & cheese* (ang.) – makaron polany roztopionym serem; jedno z najpopularniejszych amerykańskich dań.

którzy siedzą w *dining room*, żeby skorzystać z toalety, muszą przynajmniej się przejść i zobaczyć.

– Mural czy celebrytów?

– Ci, którzy tu przychodzą, tak naprawdę jebią ten mural. Nic ich nie obchodzi. Oczywiście, że chodzi o gości!

Za łazienkami zaaranżowano już tylko jedno pomieszczenie. Ogród zimowy, nazywany Syberią.

– Mówią, że na Syberię zsyłamy najgorszych gości. Bzdura. Są ludzie, którzy specjalnie chcą tu siedzieć. Tu zresztą robimy też imprezy. Jakaś bardzo słynna Polka z jakimś bardzo słynnym Polakiem się tu żenili. Ale ja nawet nie pamiętam, jak oni się nazywają. Tak bardzo mnie to interesuje.

– Nie interesuje ani trochę?

– Ani trochę. Ja absolutnie ten świat olewam. Żadna celebrytka mi nie robi wzwodu, absolutnie. Oni tu przychodzą, więc ja ich znam. Wiem, kto jest sknerą, a kto ma za dużo pieniędzy. Ale traktuję ich z szacunkiem tylko dlatego, że są naszymi klientami i napędzają biznes. U nas mają spokój. Raz się zdarzyło, że w tym samym czasie przyszły do nas bliźniaczki Busha i Chelsea Clinton. Zrobiliśmy taką nawigację, że ani przez chwilę się nie spotkały i nawet nie wiedziały o swojej obecności.

– Komfort klienta jest w tym biznesie najważniejszy?

– Najważniejszy to jest serwis. Jak się ma dobry serwis, to można by serwować nawet karmę dla psa.

Jednak to, co podaje się klientom w Waverly Inn, dalej od psiego jedzenia być już nie może. Osławione białe trufle wynoszące pod niebo rangę swojskiego *mac & cheese* to jedno. Tym bardziej że dawno temu zniknęły z menu. Dziś gościom serwuje się kawior z jesiotra, ostrygi w sosie koktajlowym, kaczą pierś z rabarbarowym dżemem, pstrąga alpejskiego z karczochami i małżami oraz tatara w czarnych truflach.

Plus to, co właściciele restauracji znaleźli w starym jadłospisie, remontując wnętrza pozostałe po lokalu, który funkcjonował tu w latach czterdziestych.

– Z tamtego menu zerżnęliśmy solę Dover, ciasteczka krabowe i *chicken pot pie*, który moja babcia z Żukowa nazywała po prostu potrawką z kurczaka.

Przy takim zestawieniu nieuchronnie zaczyna się marzyć o tym, by ścieżki ludzi, którzy to menu przygotowali, połączyły się wcześniej w równie niezwykły sposób. Nic z tego. Historia założenia Waverly Inn jest najprostsza z możliwych. Ot, w 2005 roku zarządzający właśnie jednym z londyńskich lokali Emil Varda (który w świecie restauratorów funkcjonuje z sukcesem już od dwóch dekad, a w tym czasie robi sobie właśnie krótką przerwę od Ameryki) słyszy od znajomego, że Graydon Carter myśli o otwarciu własnej restauracji i szuka wspólnika. Panowie spotykają się w luksusowym Carlyle Hotel. Carter proponuje Vardzie whisky, kanapkę i wspólny interes. Varda za kanapkę dziękuje, przyjmuje whisky i propozycję biznesu. Wraca do Stanów, by się tym wszystkim zająć.

– Od razu był zamysł, by to był lokal dla celebrytów?

– Nie było żadnego zamysłu. Chcieliśmy po prostu otworzyć knajpę, żeby zarobić parę groszy. A to, co się zaczęło dziać od drugiego wieczoru, to przeszło wszystkie moje oczekiwania. Nie mieliśmy nawet telefonu podłączonego, żeby przyjmować rezerwacje, a ludzie i tak walili drzwiami i oknami. Ja to nazywałem „magiczne noce", bo cała sala była każdego wieczoru wypełniona celebrytami z pierwszych stron gazet. Trzeba było się troszczyć o te ich wybalonione ega. I ja się o to trochę martwiłem, bo wiedziałem, że gwiazdy kiedyś od nas odejdą, więc musimy tu zebrać także sąsiadów. Czasem były o to ostre konflikty. Graydon, który co roku organizuje największą prywatkę świata – tę w Hollywood po rozdaniu Oscarów – ciągle się wkurwiał. Że jak to? Jakiś tam pisarz z Londynu czeka na stolik, a nasz sąsiad z West Village siedzi i je w najlepsze? Ja mu mówiłem: ten sąsiad będzie tu przychodził przez cały czas, a pisarz zje i pójdzie dalej. Widzi pani – od przybytku głowa nie boli, ale jednak boli.

Patrząc na Emila Vardę, myślę o tym, że to jednak ten rodzaj migreny, który znosi się nawet nie z pokorą, ale z przyjemnością. Gdy rozgląda się po lokalu, ma minę dokładnie taką, jak na jednej z fotografii z „New York Timesa". Siedzi na niej przy stoliku zastawionym dla dwóch osób. Nogę założył na nogę. Nonszalancko patrzy w obiektyw wzrokiem, w którym absolutna pewność siebie łączy się z absolutnym spokojem ducha. Za jego plecami na zdjęciu – dwunastu apostołów. Chłopaki z Waverly Inn, wszyscy w białych koszulach, wąskich czarnych krawatach i fartuchach przewiązanych w pasie. Każdy z nich o innym imieniu, do każdego Emil zwraca się *per* „misiu". A mnie nie chce powiedzieć dlaczego. „Bo misiom będzie wtedy przykro".

Jeden z misiów zabiera właśnie z naszego stolika to, co zostało po kolacji, by zrobić miejsce na deskę serów. My umawiamy się na kolejne spotkanie.

– Chciałabym wiedzieć więcej o tym, co pana doprowadziło z Lublina do Waverly Inn. I jakie znaczenie ma dla pana ten restauracyjny biznes – zapowiadam.

Mijają dwa dni, a ja spaceruję właśnie po spowitym śniegiem Central Parku, obserwując radość nowojorczyków spędzających wolne chwile na tutejszym lodowisku. Dzwoni telefon. Emil Varda. Bez wstępu mówi:

– Małżeństwo z rozsądku. Z rozsądku. Tym jest dla mnie restauracyjny biznes. Do widzenia.

Zanim zdążę cokolwiek powiedzieć, rozłącza się.

Mówiąc do słuchawki „do widzenia", Emil Varda ma na myśli to, że kilka dni później spotkamy się w jego domu w spokojnym Larchmont. Godzinę jazdy pociągiem na północ od Nowego Jorku, w kierunku stanu Connecticut. To tu trzy lata temu uciekł z metropolii wraz z trzecią żoną – Francuzką Isabelle (nazywaną przez Emila „Zaski"), kilkuletnią córką – Romy (zwaną „Romcią") i suczką (zwaną – a jakże! – „Misią"). Świat tu zupełnie inny od tego, który zobaczyłam w Waverly na West Village, a sam Emil podkreśla to nawet swoim ubiorem. Dziś, w niedzielny poranek, nie ma już mowy o żadnych eleganckich marynarkach. Gdy wychodzi do mnie przed dom, ma na sobie dżinsy, ciemną kurtkę i skórzany kapelusz z szerokim rondem. Wygląda trochę tak, jakby właśnie wrócił z polowania w towarzystwie brytyjskiej królowej.

Pokonujemy razem dwa poziomy przestronnego, choć może tylko na polskie standardy, domu, zbudowanego nieco w stylu francuskiej prowincji – gdzie beże łączą się z szarościami, szarości z krzewami w kolorach jesieni, a krzewy z drewnianymi okiennicami. Zarówno garaż, jak i strych rezydencji (na którym Emil ma swoją pracownię) zastawiony jest gęsto malowidłami autorstwa właściciela.

– To są, proszę pani, takie szkolne malunki, nic więcej – kwituje.

Całą ścianę piwnicy zajmuje instalacja z wymalowanym na gazetowym papierze słowem PRAWDA napisanym cyrylicą. Obok PRAWDY – dwa nazwiska: Stalin i Putin. Strych obwieszony jest grafikami ze spiralami w różnych kolorach. Te Varda okrasił już nie nazwiskami, lecz sentencjami w różnych językach. Czytam na głos:

„Niebo gwiaździste nade mną, prawo moralne we mnie". To Kant.

„Błękitu nieba mi dajcie tylko tyle, co igielne ucho". To Mandelsztam.

„Veni, Vidi, Varda" – to Emil Varda.
W Larchmont widzę nie restauratora, lecz artystę.

Bo taki był plan – robić sztukę. Nie malarstwo, lecz teatr. Plan, który powstaje jeszcze w Lublinie, gdy pochodzący z biednej, bardzo antykomunistycznej rodziny Emil Varda uczy się w VII Liceum Ogólnokształcącym przy ulicy Farbiarskiej, a po lekcjach angażuje w organizację Wiosny Teatralnej. Plan, który nabiera rumieńców podczas studiów psychologicznych na Uniwersytecie Marii Curie-Skłodowskiej, gdy Varda zapisuje się na warsztaty teatralne do Jerzego Grotowskiego. I gdy – na kilka dni przed wylotem do Stanów – broni swojej pracy magisterskiej zatytułowanej: *Teatr Provisorium – metody budowania spektaklu i deklaracje programowe*. Sto dwadzieścia cztery strony eseju tak emocjonalnie i intelektualnie ważnego, że przyleciał razem z jego autorem do Ameryki.

– Ja byłem święcie przekonany, że będę tu miał swój teatr i że będę na nim zarabiał jakieś malutkie pieniądze. Tylko tyle, żeby starczyło na życie. Niestety. Nie było żadnej nadziei w tym wszystkim. Musiałbym spędzić życie na pisaniu wniosków o granty, a to jest absolutna paranoja. Znam ludzi, którzy tak robią. Jeden z nich, też z pochodzenia Polak, jest krytykiem sztuki i żyje z grantów i z wierszówki na East Village. W ukraińskim sklepie dają mu obrzynki. Końcówki wędlin. Jak gdzieś grochu ukradnie albo kupi, to robi zupę. Jak nie – to głoduje. Ja na jedno przedstawienie dostałem pieniądze od Jerzego Kosińskiego „na gębę" – nic nie musiałem pisać. Ale z wniosków o granty nigdy nie dostałem nic.

Taki impas najpewniej stąd, że Emil Varda oferuje Ameryce coś, co jest absolutnym przeciwieństwem królującego na Manhattanie Broadwayu. Spektakle wystawia dwa: *All roads lead to the Kurski Station* i *The fatal lack of color*. Pierwszy: w 1985 roku, drugi – dwa lata później. Bywa, że sam staje na deskach. Na scenie La MaMa Theatre w spektaklu *Lotto* gra Doktora Linka – wschodnioeuropejskiego psychiatrę sypiającego jednocześnie z dwoma pokoleniami kobiet z jednej rodziny.

– To wszystko było od początku skazane na porażkę. Tu wszystko się kręci wokół Broadwayu. A to, co ja wystawiałem, to nie był Broadway. Ani nawet *off-Broadway*, czyli Broadway amatorski. Ani nawet *off-off-Broadway*. To był *west side highway* – teatr, który nie mieścił się w ogóle w jakichkolwiek broadwayowskich kategoriach. U mnie chodzi o coś zupełnie innego niż w Broadwayu, gdzie jest wyłącznie *entertainment* – rozrywka. Ładni chłopcy. Gdzie wszyscy wysoko podnoszą nogi, i to w tym samym czasie. Jedynym, co trzymało mnie przy nadziei, było to, że może kiedyś ten cholerny Broadway przestanie istnieć. Nie przestał.

– To pana wina czy nowojorczyków, że teatralny plan na życie nie wypalił?

– Moja. Robiłem coś, czego nikt nie chciał kupić.

– To czemu pan się tak uparł na ten teatr?

– Bo w życiu, proszę pani, trzeba się na coś uprzeć. To jest miłość. Mam parę rzeczy do powiedzenia w życiu, a teatr to najlepsza forma, by to wypowiedzieć. Ale w końcu odpuściłem. Sam to nawet pod mostem mógłbym przeżyć. Nie wiem, jak długo, ale mógłbym. Ale gdy dołączyła do mnie w Stanach moja pierwsza żona, gdy moją najstarszą – sześcioletnią wówczas – córkę Patrycję trzeba było wysłać do szkoły, to musiałem wrzucić ostatni bieg. Wie pani, jeśli emigrować, to samemu najłatwiej.

– Gombrowicz, na którego mówię „Gombro", bo jest mi bardzo bliski, pisał, że emigracja jest jak nowe, świadome narodziny. Wszystko można zacząć od nowa. Nazwisko zmienić, życiorys dopisać. I bardzo wiele osób w Nowym Jorku tak robi. Jest przecież bardzo dużo „polskiej arystokracji" w Stanach Zjednoczonych – hrabia de Kowalski, hrabia de Bzitek... Każdy tu chce być hrabią! Widać wszyscy czytali Gombrowicza!

Gdy pytam, co po swoich „ponownych narodzinach" wymyślił na swój temat, nieco się obrusza.

– Gdzie tam! Po co? Hrabia z siódmego liceum w Lublinie? Gdzie tam! – Na dowód, że nie wymyślił nic, wskazuje na długą nitkę zawieszoną pod sufitem w jego domowym gabinecie. Przyczepił do niej kartkę ze swojego paszportu – tego, na który w 1983 roku przyleciał do Stanów. – Widzi pani? Jakie włosy długie, jaka broda? My wszyscy w polskim NZS-ie[5] tacy niedostrzyżeni, niedogoleni byliśmy.

Widzę. Na zdjęciu typowy student przełomu lat siedemdziesiątych i osiemdziesiątych. Wzrost: sto siedemdziesiąt sześć centymetrów. Oczy: niebieskie. Znaki szczególne: nie ma. Wszystko, siłą rzeczy, tak jak dziś. Tylko nazwisko teraz zamerykanizowane – w przeszłości brzmiało: Warda.

29 kwietnia 1983 roku z tym paszportem w ręku dwudziestosiedmioletni Emil Warda stawia się na warszawskim Okęciu. Za bagaż służy mu jedynie plecak ze stelażem, a w nim jedna para butów, dżinsy, kurtka – taka, jaką nosili amerykańscy żołnierze – i dużo książek. Na balkonie widokowym jego wylot do Frankfurtu (skąd dwa tygodnie później wyleci do Nowego Jorku) obserwują żona i kilkuletnia córka. Warda nie ma humoru. Jest skacowany – przyjaciele w Polsce urządzili

---

5 NZS – Niezależne Zrzeszenie Studentów, organizacja studencka założona w wyniku wydarzeń i strajków robotniczych w 1980 roku.

mu na pożegnanie huczną (jak na możliwości komunistycznych czasów) imprezę. Gdy więc lotniskowa straż graniczna przeszukuje go ponad miarę skrupulatnie, Emil żegna ojczyznę lakonicznym: „To może jeszcze zajrzyjcie mi do dupy i zróbcie rentgena!".

Obcesowość usprawiedliwia to, co Emil zaczyna sobie właśnie w pełni uświadamiać. Że bilet, który razem z paszportem trzyma w ręku, jest biletem w jedną stronę. Korzysta z oferty wystosowanej przez amerykańskiego prezydenta Ronalda Reagana, który deklaruje, że przyjmie do Stanów wszystkich więźniów politycznych z Polski.

Dwa lata wcześniej, po wybuchu stanu wojennego, Emil jako członek NZS-u organizuje na uczelni dwudniowy strajk. Później – angażuje się w wydawanie podziemnej gazetki opozycyjnej. Na początku uchodzi mu to na sucho, bo się ukrywa. W marcu 1981 roku zostaje jednak internowany, na dokładnie osiem miesięcy i trzy dni.

– Ja nigdy w Polsce nie pracowałem, nie byłem więc nawet członkiem Solidarności. I nie byłem zintegrowany z jej elitą. Oni mnie tam wszyscy nienawidzili w tym więzieniu, bo czytałem książki po rosyjsku. Mówili, że jestem „pierdolony KGB-ista". A ja opierdalałem ich, jak oni śpiewali bez przerwy te swoje pieśni patriotyczne.

– To kiedy dokładnie podjął pan decyzję o tym, że korzysta z oferty Reagana i wyjeżdża na zawsze do Stanów?

– Gdy oni właśnie kończyli czterdziestą siódmą zwrotkę *Boże, coś Polskę*.

W Nowym Jorku Emil Varda nie zna absolutnie nikogo. W pierwszych dniach pomaga mu organizacja International Rescue Committee. Szefowa polskiej sekcji – Barbara Nagórska – załatwia mu nocleg w hotelu Lehman na rogu

28. ulicy i Madison Avenue. Bardzo dobry adres. Teraz. W latach osiemdziesiątych bezpieczniej było się tam nie pojawiać.

– Jak ktoś zmarł na ulicy w piątek po południu, to leżał tak do wtorku rano. Policja nigdy tam nie przyjeżdżała. Ćpuny, gangsterzy i prostytutki. Jeden wielki burdel. Wszyscy tu pierdolili *poor boy from Poland*[6]. Karaluchy w hotelu były wielkości dłoni. Nie miałem kuchni, więc kupowałem parówki i wrzucałem pod kran z bardzo gorącą wodą. Po dwudziestu minutach były ciepłe. Trzeba było tylko uważać, żeby w tym czasie karaluchy nie weszły do zlewu.

Pierwsze dolary w Ameryce zarabia dzięki synowi Aleksandra Małachowskiego – Sawie, który wraz żoną mieszka na Queensie. Zapraszają Emila do siebie na kolację.

– Ja byłem jedynym, który mówił nie tak jak trzeba o Solidarności i moich kolegach z więzienia, więc byli ciekawi moich historii. Miałem tam u nich po raz pierwszy w Ameryce kolację na siedząco. Kieliszek wina pierwszy od wyjazdu z Polski. Cywilizację. Sawa w tym czasie robi w biznesie przeprowadzkowym, prosi więc Emila o pomoc we wniesieniu pianina na trzecie piętro bez windy. Siedem minut pracy i Varda zdobywa pierwsze sto dolarów.

Dalej nie idzie już tak łatwo. Emil, by zarobić to, czego nie zarabia na teatrze, bierze co popadnie. Od prac na budowie, przez malowanie schodów przeciwpożarowych, stolarkę (której nigdy wcześniej się nie uczył), po jazdę na żółtej nowojorskiej taksówce. Byle starczyło na utrzymanie pierwszej rodziny i na opłacenie skromnego mieszkania na East Village, do którego przenosi się z hotelu Lehman.

– Dlaczego pan wybrał to niebezpieczne East Village? Nie ciągnęło pana na Greenpoint, do Polaków?

---

6 *poor boy from Poland* (ang.) – biednego chłopca z Polski.

– Nie. Nigdy tam nie mieszkałem. Po raz pierwszy pojechałem na Greenpoint, gdy znajomi zawieźli mnie na spotkanie z laureatem Oscara Zbigniewem Rybczyńskim. Tam spotkałem polskojęzycznych nowojorczyków i wrażenia miałem przygnębiające. Czuć tam było jakąś taką nerwowość... Nerwowy śmiech. Niby się śmiali, bawili się, ale to wszystko nerwowo. Może dlatego, że wtedy w modzie u nich była praca przy rwaniu azbestu?

– I tylko to?

– Nie tylko. Wyobrażam sobie, że taka sama atmosfera musiała panować w Wielkiej Brytanii po 1945 roku. Gdy Polacy żyli w Londynie, ale czekali, kiedy będą mogli wrócić do Lwowa czy do Wilna. I nasi w Nowym Jorku też sprawiali wrażenie życia w takim oczekiwaniu. Na to, aż Reagan pójdzie z *marines* i zrobi porządek, a wtedy wszyscy wrócimy do kraju na laurach, przy dźwiękach orkiestry dętej i po czerwonym dywanie. A ja wiedziałem, że jestem tu na zawsze.

– Ale może dzięki temu, że żyli w grupie, było im łatwiej niż panu w osamotnieniu?

– Jak łatwiej? Wcale nie łatwiej! Z mieszkaniem na Greenpoincie jest tak, jakby się chciało zjeść ciastko, ale ciągle stoi się na ulicy i patrzy na to ciastko przez szybę. A przecież trzeba po prostu wejść i to ciastko wziąć. Kupić albo ukraść. Nie można tylko stać i patrzeć. A oni na Greenpoincie tylko stali i patrzyli. I marzyli o kraju, w którym ciastek nie było w ogóle.

To, co Emil Varda zostawił sobie w życiu polskiego, to regał z książkami. Ustawił go tam, gdzie ściana strychu zmierza ukośnie w dół. Na regale wszyscy literaccy „przyjaciele" – ci, których imiona z czułością zdrabnia, by podkreślić, że ma z nimi nić porozumienia. Jest więc Tadek Boy-Żeleński i jego *Reflektorem w mrok*. Jest Józek Czapski i Stach Witkiewicz.

Brunek Schulz. Czesiek Miłosz – którego na regale byłoby więcej (i to egzemplarzy z autografem!), gdyby nie to, że znajoma mu ukradła. Bardzo dużo ukochanego „Gombro".

– Gombro raczej nie pomaga w emigracji. Gombro wprowadza w rzewność. Jak są trudne chwile, to lepiej go odstawić.

– A te dwa zeszyty, które stoją obok Gombra, to co?

– To *Skrzydłogarb*, proszę pani.

Skrzydłogarb w przyszłości będzie się nazywał zupełnie inaczej, po angielsku. Mnie Emil Varda mówi, że nie ma jeszcze pomysłu na nowy tytuł. W jednym z wywiadów z nim znajduję jednak informację, że już go wymyślił: *Where to...?* W tak nazwanych przez siebie zeszytach Emil skrupulatnie zapisuje wszystko to, co w zakresie emigracji leży mu na sercu. To nie pamiętnik. Raczej impresje, z których kiedyś być może powstanie kolejna sztuka teatralna. W końcu teraz – gdy już na restauracyjnym biznesie zarabia kokosy – może swój teatr robić dla przyjemności. Nowa sztuka, gdy wreszcie powstanie, ma mu odpowiedzieć na pytanie, czy emigracja dodaje człowiekowi skrzydeł, czy doczepia garb. – Ja cały czas jeszcze nie znam na to pytanie odpowiedzi. Cały czas robię bilans.

Nie pozwala mi zajrzeć do notatek. Muszę pytać.

– Poda mi pan choć jedną myśl, którą tam zapisał?

– „Żyć, pierdolić, nie żałować – bida musi pofolgować". Jan Bryłowski.

Więcej powiedzieć nie chce, a ja od razu myślę o tym, czy po stronie garbów Emil zapisałby to, co przez trzydzieści lat wydarzyło się w jego życiu prywatnym. Już podczas naszego pierwszego spotkania zaznaczył, że mogę pytać o wszystko z wyjątkiem żon. Wiem więc tylko tyle, że miał trzy. Pierwsza to Polka, z którą ożenił się jeszcze podczas studiów w Polsce i z którą ma córkę Patrycję. Drugą żoną była Amerykanka. Trzecia to Isabelle, ta, z którą ma najmłodszą córkę – Romy. W południe zjedliśmy z nimi lunch, potem odwieźliśmy je do lokalnej biblioteki.

– Myśli pan, że pierwsze małżeństwo nadal by trwało, gdyby nie emigracja?

– Nie. To moja wina. Przecież moje drugie małżeństwo też się rozbiło w Stanach. To nie Ameryka rozbija moje małżeństwa, tylko ja. Wszystkie moje żony są absolutnie wspaniałymi kobietami. To ja nie potrafiłem ich potencjału wykorzystać. Tylko ja.

– A imigracyjna samotność? Jest garbem? – pytam już wieczorem, gdy Emil Varda podwozi mnie na stację kolejki, którą wrócę do Nowego Jorku.

– To na pewno. Ja tu nigdy nie przestałem być samotny. Rodzimy się samotni i umieramy sami, ale w Nowym Jorku tę samotność odczuwa się najboleśniej. Ponieważ jest się w tłumie. Ci wszyscy popierdoleńcy, którzy tutaj żyją, są popierdoleni właśnie przez samotność. Tu się w ogóle nie ma prywatności. Gdy mieszkaliśmy z Isabelle na Tribece, to nawet nasza Misia dostawała tam fobii. Wszędzie było za dużo ludzi, nawet w środku nocy. Nie mogła zrobić w spokoju siusiu ani kupy. Dlatego wyprowadziliśmy się do Larchmont, żeby spojrzeć przez okno i nie widzieć ludzi. Wyjść na ulicę i zobaczyć, że jest pusto. Nikogo nigdy nie namawiałem do emigracji do Nowego Jorku, bo to bardzo skomplikowane i indywidualne. Każdy zupełnie inaczej reaguje na emigrację. Tak samo jak na raka – jedni zwalczają, drudzy umierają.

Następnego dnia w porze lunchu znów przebijamy się przez nowojorski tłum, bo wszystkie białe kołnierzyki Manhattanu wpadły równolegle na ten sam pomysł co my – że wypadałoby coś zjeść. Dla Emila Vardy to sytuacja nieoczywista. Z reguły jada tylko jeden posiłek dziennie – kolację. I to najchętniej w którejś z japońskich restauracji na East Village. W tych amerykańskich byłoby niezręcznie – klientów obsługują tam często kelnerzy, których on sam niedawno wyrzucił z pracy. Ale nie tu, bo dziś jemy w Morandi – lokalu prowadzonym przez zaprzyjaźnionego z Emilem Vardą Keitha McNally'ego, pochodzącego z Londynu, jednego z większych i bardziej cenionych restauratorów na Manhattanie.

– To część biznesu? Chodzenie do innych knajp i sprawdzanie, co i jak tam gotują?

– Nie, proszę pani. Ja już jestem na to za bardzo zblazowany. Już mnie te inne interesy nie jarają.

Inna sprawa, że to raczej inni restauratorzy z Manhattanu starają się zazwyczaj równać do góry i czujnie obserwować, co podaje się w Waverly Inn. By to o nich było potem głośno. I by mogli przyciągnąć do siebie celebrytów od Vardy i Cartera. Każda informacja o ich lokalu jest na wagę złota. Niedawno jeden z amerykańskich magazynów chciał sowicie opłacić byłych kelnerów Waverly Inn, by ci zdradzili im najbardziej soczyste sekrety restauracji. Varda niespecjalnie się przejął – wysłał po prostu do redaktorów gazety wzór klauzuli poufności, jaką podpisuje każdy z pracowników. Dodając od siebie, że w razie czego nie będzie się sądził z nimi, lecz z gazetą. Odpuścili.

Nawet w Morandi Emila Vardę zna i szanuje cały personel. Widząc, że Emil walczy właśnie z guzikiem, który odpruł mu się od marynarki, co rusz się pojawiają, by zapytać, czy mogą mu jakoś pomóc w tym małym dramacie dnia codziennego. Nie ma w tym żadnej zagadki. Emil Varda w nowojorskim świecie kulinarnym rządzi od ponad dwudziestu lat.

Gdy w latach dziewięćdziesiątych solidnie mu już zbrzydło zasuwanie na budowie i w taksówce, zgłosił się do Carlosa Almady, który był reżyserem spektaklu *Lotto*. Almada prowadził wtedy nocny klub. The Building przy zbiegu 26th Street i 6th Avenue. Bez ogródek powiedział mu, że nie ma doświadczenia, ale chce u niego pracować. A ten po prostu się zgodził.

– Byłem u niego menedżerem. Musiałem robić tak, żeby wszystko działało i żeby nikt niczego nie ukradł. Byłem dobry. Szybko się nauczyłem, bo imigranci muszą szybciej się uczyć i lepiej pracować. Muszą udowodnić więcej niż tubylcy. I tak to się potoczyło, że potem byłem już arystokratą w knajpianym biznesie. Nigdy nie udając, że jestem hrabia de Bzitek.

Nad talerzem pysznego makaronu z włoską kiełbasą i parmezanem ławo odpuścić. Przyjąć za pewnik frazes, że od czasów The Building kariera Emila Vardy z impetem kuli śniegowej doprowadziła go na restauracyjne szczyty. Zahaczając ewentualnie po drodze o inne knajpiane sukcesy, w tym o ich punkt kulminacyjny – zarządzanie niezwykle modnym Bowery Bar, należącym do nowojorskiego przedsiębiorcy Erica Goode'a.

– To tam, można powiedzieć, dostałem restauracyjny stopień generała.

O ile tylko byłaby to prawda. A jest wyłącznie połowicznie. Za amerykańskim sukcesem Emila Vardy stoi bowiem głównie garb. Garb polski.

W 1991 roku Emil Varda po raz pierwszy wraca do kraju. Chce zobaczyć demokratyczną Polskę, czyli coś, o co walka zaprowadziła go na nowojorską banicję. Sytuację w ojczyźnie śledzi zza oceanu z wypiekami na twarzy. Czyta o tym, że formuje się nowy rząd. Że dzieje się to, o czym tak bardzo marzył. Chce spotkać dawnych „towarzyszy broni". Jest gotowy wrócić.

– Z większością kolegów z „partyzantki" nawet się nie spotkałem, bo nie znaleźli dla mnie czasu. Moi koledzy spod celi byli już zupełnie innymi ludźmi. Pozajmowali bardzo wysokie stanowiska, stali się szefami. Wszyscy mówili wyłącznie o skoku na kasę. O niczym innym. Nikt nie zaproponował: „A może ty coś wymyślisz? Może zostaniesz z nami?". Chciałem być w Polsce potrzebny. Ale nie chciałem się przepychać. Może oni pomyśleli, że wyjeżdżając, pokpiłem sprawę? Wie pani, jak się poczułem? Jak u Mickiewicza. Jakbym nasłuchiwał głosu z Litwy, a powiedziano by mi: „Jedźmy, nikt nie woła". Poczułem się jak w rosyjskiej tradycji *liszny czełowiek*. Zbędny człowiek.

– Ma pan o to do nich żal?

– Teraz już nie, ale wtedy tak. Zbędny facet. To wtedy wróciłem do Stanów Zjednoczonych, odsunąłem robienie teatru i zacząłem robić pieniądze na restauracjach.

Mimo zapewnień o tym, że co było, minęło, żal w Emilu Vardze tli się jeszcze przez dobre kilkanaście lat. Na jego fali stosunki z Polską zrywa praktycznie całkowicie. Do kraju przyjeżdża rzadko. Z drugą i trzecią żoną rozmawia wyłącznie po angielsku, podobnie z dziećmi. Polskiego używa wyłącznie wtedy, gdy dzwoni do Polski. Nie interesuje się tym, co się tam dzieje. Długo nie wie nawet, kim jest Donald Tusk.

I tak w zasadzie aż do otwarcia Waverly Inn w 2006 roku. Jakby ogromny sukces potrafił rozpuścić nawet najbardziej gorzką pastylkę. Jest też chyba jakaś satysfakcja w tym, że ci sami koledzy, którzy w 1991 roku nie znaleźli dla niego czasu na spotkanie, dziś sami się kontaktują, czasem prosząc o załatwienie pracy dla swoich dzieci.

Teraz Emil Varda z chęcią zaprasza do swojego lokalu polskich artystów, którzy przyjeżdżają do Nowego Jorku na występy. Była u niego Danuta Szaflarska, był Andrzej Chyra. Polska znów jakoś bliżej.

– Prawdopodobnie za parę lat przeniosę się z rodziną do Europy. Ale to chyba nie będzie Polska. Mam tu takiego jednego przyjaciela. On jest czarny, wyszedł z getta. I on mówi, że jak się wyjdzie z getta, to trzeba wszystkie nici odciąć, żeby ono cię nie wciągnęło z powrotem. I chyba ma rację.

– Nie żałuje pan tego, że poszedł restauratorską drogą? To był dobry wybór?

– Jedyny.

– Dał panu szczęście?

– Nie ma czegoś takiego jak szczęście. Szczęście to jest dążenie, dochodzenie, podróż. Droga, odyseja. Szczęście jest jak pływanie w oceanie. Jakby się za długo w nim siedziało, toby się rozmokło. Ja jestem mistrzem kompromisu.

– Zapisał to pan w *Skrzydłogarbie*?

– Nie. Zapisałem co innego.

– Co?

– Z Bryłowskiego: „Ikar ze mnie leniwy. Temblaku szmata roztapia wosk u skrzydeł”.

PODZIĘKOWANIA

Tę książkę roboczo nazywałam *Opowieściami z porczy*, bo w dialekcie Polonii amerykańskiej *porcza* znaczy „weranda", a od werandy wszystko się zaczęło. Latem 2013 roku na chicagowskiej *porczy* swoją historię – nielegalnego imigranta z wielokrotnie złamanym sercem – po raz pierwszy opowiedział mi Sebek. Nie wiedziałam, że kiedyś do Sebka wrócę. Kiedy jednak jesienią 2016 roku pojawił się pomysł książki o Polakach w Ameryce, nie miałam wątpliwości, że jego historia będzie tę opowieść rozpoczynać.

O Polonii amerykańskiej często myślę jak o mieszkańcach egzotycznej wyspy. Takiej, która trochę przypomina Polskę, a trochę Amerykę, nie będąc jednocześnie żadną z nich. Takiej, która swoją tożsamość buduje z jednej strony na (często już zatartych) wspomnieniach z kraju, z drugiej – na dostosowywaniu się do standardów zza oceanu. Jedna z polonijnych dziennikarek powiedziała mi kiedyś, że by znaleźć w Stanach szczęście, trzeba zapomnieć o wszystkim, czego w kraju nauczyła nas babcia. Ale patrząc na klientów moich ulubionych polonijnych biznesów – Polameru i sklepu Kurowski Sausage Shop – doskonale widziałam, że oni tam przychodzą właśnie po szczęście. Widać, jak przystało na egzotyczną wyspę, każdy musi zapuścić korzenie po swojemu.

Bardzo mi się ta polonijna egzotyka podoba. Uwielbiam jeździć chicagowskim metrem i słyszeć, jak pasażerowie z amerykańskim akcentem wykrzykują do telefonu: „Odgrzej sobie pyzy, są w lodówce". Z łezką w oku wspominam weekendowy wypad do zwanego Małą Polską miasteczka Monticello na północy stanu Nowy Jork w 2009 roku. Przez dwa dni w towarzystwie nowojorskich Polaków wędziłam tam wędliny i chodziłam (jak to się tam nazywa) „po kolędzie" do sąsiadów – po kielicha i opowieści.

Dlatego lata 2017–2018 spędzone na zbieraniu materiałów do tej książki były czasem, którego nigdy nie zapomnę. By dotrzeć do moich bohaterów, przejechałam prawie pięć tysięcy kilometrów – od Nowego Jorku przez Chicago i Glenwood Springs aż do Pasadeny i wsi Gonzales w Kalifornii. Na ten czas wtopiłam się całkowicie w ich rzeczywistość. Jeśli nie wprowadzałam się do moich bohaterów, to wynajmowałam mieszkania w polskich dzielnicach, rozmawiałam po polsku i robiłam zakupy w polskich sklepach, by choć na moment żyć jak oni.

W ten sposób zrozumiałam dwie rzeczy. Pierwsza to taka, że w XXI wieku postrzeganie amerykańskich Polaków w kategoriach znanych z filmu o Kargulach i Pawlakach jest jak wpychanie na siłę pendrive'a do magnetowidu. Druga – że Stany bardzo łatwo kochać z dystansu. O wiele trudniej, gdy stają się codziennością. Moim bohaterom Ameryka przynajmniej raz pokazała, że bywa zazdrosna. I że jeśli coś daje, to zawsze zabierze coś w zamian. Ale w końcu wszyscy wiemy, że kocha się nie za coś, lecz pomimo wszystko.

Dlatego chciałabym z całego serca podziękować wszystkim, którzy wspierali mnie w opisywaniu tej trudnej polsko-amerykańskiej miłości. Dziękuję inicjatorce całego pomysłu – Ani Steć z Wydawnictwa Znak i mojemu redaktorowi Przemkowi Pełce. Dziękuję Bożenie Nowickiej McLees, Małgosi Ptaszyńskiej, Sabinie Chrzan, Danielowi Pogorzelskiemu i Markowi Skulimowskiemu za inspiracje, pomysły i konsultacje merytoryczne. Monice Hobbs i Magdzie Tyburczy-Zioło – za porady językowe. Dziękuję przyjaciołom i pierwszym recenzentom: Uli Chincz, Violetcie Wiśniewskiej, Małgorzacie Wodnickiej, Paulinie Malesie-Środzie, Gosi Brodzińskiej-Peak, Izie Brodzińskiej, Anicie i Karolinie Dziedzic, Michałowi Kaczmarskiemu, Oli Rejnowicz, Jackowi Kaczmarkowi i wspaniałej drużynie z TVN-u za krytyczne uwagi, ciepłe słowa, a przede wszystkim za duchowe wsparcie histeryzującej debiutantki. Przede wszystkim jednak dziękuję bohaterom mojej książki: Sebkowi (który w rzeczywistości nazywa się zupełnie inaczej), Danucie Kowalik, Wiesławie Bochenek oraz właścicielom, pracownikom i klientom firm Polamer i Kurowski Sausage Shop, Arturowi Chmielewskiemu, Oli Błaszczuk, Basi Obrochcie-Hille, Markowi Żurobskiemu, Eryce Volker, Mariannie Dzis, Gosi Pisoni i Emilowi Vardzie oraz ich rodzinom. Bez Was nic by nie było!

Emil Varda ma rację, mówiąc, że emigracja czasami roztapia wosk u skrzydeł. Siła Polaków w Ameryce tkwi jednak w tym, że zawsze potrafią sobie te skrzydła – chałupniczo – zaklajstrować. *Yes, we can!*

ŹRÓDŁA ZDJĘĆ

s. 6 fot. Dorota Malesa
s. 36 archiwum prywatne Danuty Kowalik
s. 66 fot. Daniel Odroniec
s. 90 archiwum prywatne Artura Chmielewskiego
s. 116 archiwum prywatne Alex Błaszczuk
s. 156 archiwum prywatne Barbary Hille
s. 184 archiwum prywatne Marka Żurobskiego
s. 210 archiwum prywatne Marianny Dzis
s. 232 archiwum prywatne Margarette Pisoni
s. 252 archiwum prywatne Emila Vardy

SPIS TREŚCI

Projekt okładki
Zuzanna Weremiuk

Fotografie wykorzystane na okładce
© Patty Carroll / Chicago History Museum / Getty Images
© George Dolgikh / Adobe Stock

Redakcja
Przemysław Pełka

Opieka redakcyjna
Przemysław Pełka
Anna Steć

Weryfikacja merytoryczna
Bożena Nowicka McLees

Adiustacja
Magdalena Matyja-Pietrzyk

Korekta
Anna Gądek
Patrycjusz Pilawski

Projekt typograficzny
Anna Niklewicz

Łamanie
Piotr Poniedziałek

ISBN 978-83-240-4899-1

Książki z dobrej strony: www.znak.com.pl
Więcej o naszych autorach i książkach: www.wydawnictwoznak.pl
Społeczny Instytut Wydawniczy Znak
ul. Kościuszki 37, 30-105 Kraków
Dział sprzedaży: tel. 12 61 99 569, e-mail: czytelnicy@znak.com.pl

Wydanie I, Kraków 2019
Druk: Colonel

Przeczytaj, co o książce sądzą inni czytelnicy, i oceń ją na

lubimyczytać.pl